한국인이 잊은 문화·역사·인문학 총서

한국인 자부심

# 더 아리랑

"인류 문화의 고향과 그 근원을 갈구하는
세계인에게 이 책을 드립니다!"

"후세에,
이 책을 잡고 우는 사람이 있다면,
내 넋이라도 한없이 기뻐하리라!"

－북애자(北崖子)의 *규원사화

　　**박종원 작가**는 다복한 가정에서 부족함 없이 성장했으나 어릴 적,
국민소득 68 $의 대한민국의 존재감에 비감한다. 언어학 · 문학 · 문
자 · 역사학 · 민속학 · 인류학 등의 연구를 통해 우리 땅의 문화(文化)
가 인류를 숨 쉬게 했던 '시원문화'였고 '중국은 한국의 일부였다'는
사실과 그 속에 질식해 있는 한국의 불쌍한 역사(歷史)를 알게 된다.

　　누구도 보지 못한 한국의 웅혼한 역사와 아름다운 문화로 작가는
갈등의 우리 사회를 바꾸고 세계의 존중받는 국가가 되어 우리 땅의
평화를 원한다. 문제는 이 땅의 무책임이다. 작가는 지금 '역사의병'
(義兵)으로서 역사광복을 함께 이룰 동지를 간절히 원하고 있다.

2

# 추천의 글 | ENDORSEMENTS

## 백산 박성수

한국학중앙연구원(한국정신문화연구원) 명예교수 · 국제평화대학원
대학교 총장 · (사) 대한사랑 초대이사장 · 대한상고사학회 공동대표

이 책을 권하면서 – '머리맡에 두고 읽어야 할 책'

2008년에 노벨 문학상 수상자인 프랑스 작가는 서울의 어느 여자
대학의 석좌교수와 기자들의 한국문학에 대한 질문을 받고서 "일본
과 중국 같은 강대국 사이에 에워싸여 있으면서 **용케도** 한국은 독자
적인 문학을 발전시켰다." 라고 답하였다. 나는 이 기사를 읽고 경악
을 금치 못했다. 문학은 문화의 핵심임으로 문학을 문화로 바꿔도 상
관이 없을 것이다. 프랑스인이 한국에 독창적인 문화(文化)가 있었다
는 것을 시인한 것은 고마운 일이었지만, '한국이 대국(?) 사이에 끼
어 어떻게 독자적인 자기 문화를 발전시킬 수 있었는가?' 하는…

### 그릇된 인식에서 놀라운 충격을 금할 수 없었다!

하기야 한국을 대표하는 양심적인 지식인으로 유명했던 H씨는
*〈뜻으로 보는 한국사〉에서 "**우리나라에는 민족고유문화가 없었다.**
있었다면 **밀림에서 발가벗고 나와 북치고 춤추는 야만인의 원시문화**
였다. 그러니 **그것은 문화가 아니다.**" 라고 폭언한 일이 있었다.
이러한 책이 지금도 서점에서 버젓이 팔리고 있고 장기베스트셀러

의 대열에 있으니, 외국인에게 무어라고 변명할 여지가 없는 것이다.
**참으로 부끄러운 일이 아닐 수 없다!**

일제침략사관이 문제라 하면서 앞대문에 나타난 호랑이의 습격에 대비하고 있었는데, 얼마 전부터는 뒷문에 중국의 '**동북공정**'이라는 **이리떼**가 나타나 놀라게 했다. 그리고 미처 대비하기도 전에, 중국은 고구리(려)와 백제, 신라, 발해의 역사가 모두 중국사의 일환이며 **고조선 역사까지도 중국의 역사라 선언하고** 말았다.

우리나라의 학자들은 그동안 무엇을 하고 있었는가?

제 나라가 아무리 부족한 나라라 할지라도, **자신의 뿌리문화와 뿌리역사를 알아야 당당할 수 있고 세계는 그를 인정하는 법**이다. 우리에겐 중국과 일본의 문화와 다른 고유의 민족문화가 있는데, 그것은 **동양은 물론 세계의 중심문화**(中心文化)였다. 그런 훌륭한 문화를 가지고도 그것을 모르면 아무 소용이 없다. 우리 문화는 이미 세계화된 문화이다. 좁고 답답하고 오만한 민족주의 문화가 아니라 **겸손하고 아름다운 세계보편적인 문화**이다. 그런 문화를 가지고서도 우리는 외래문화에 오염되어 상처투성이로 살고 있다.

단재 신채호(丹齋 申采浩, 1880-1936)는 "지금 우리는 서양문화와 사상을 받아들이고 있는데 장차 그 노예가 되어 **민족문화는 영영 소멸하고 말 것인가?**" 하고 물었다. 우리가 비록 양복을 입되 우리의 정신문화는 우리 것으로 단장되어야 한다.

**서양문화를 받아들이되 우리 문화를 잊어서는 안 될 것이다.**

이 책은 바로 한국인이 잊어버린 아(我나)와 오(吾우리)를 알게 하는 책이다. 잃어버린 본(本, 근본, 정체성)을 깨닫게 하는 책이다. **이 책을 읽지 않으면, 내가 누군지를 모르고 일생을 마치게 될 것이다.**

이 책은 서가에 꽂지 말고 머리맡에 두고 눈만 뜨면 읽어야 할 책이라 감히 추천한다.

(고인이 되신 박성수 교수님께서 *한국인 자부심 문화열차의 원고를 보시고 "내가 쓰고 싶었던 책이다. 이 땅의 시원문화로써 우리가 세계의 중심문화였음을 꼭- 밝혀 책을 완성하라!" 하시던 遺志를 받들고 교수님 가족의 동의를 얻어 추천의 글을 싣습니다.)


### 이계진

방송인, 전 국회의원, 당 대변인

다변화하는 세계 속에서 지금 대한민국의 위상 또한 격변하고 있다. 미·중의 패권 경쟁과 미·중·일·러 4강체제에서 **국가의 생존과 존엄성을 지켜내기 위한 한국의 절대적인 존재감**은 무엇일까? 우린 왜, 저들처럼 당당할 수 없을까? 우린 언제까지 저들의 힘과 무례함에 휘둘려야 하나?

그러나 우리나라는 함부로 할 나라가 아니다!
**우리에겐 세계의 문명에 빛이 되었던 아름다운 문화와 문명**이 있었다.

조상이 물려주신 이 땅이 **저들 문명에 산모역할을 했던 문명·문화의 시원국**이었음을 우리 스스로가 먼저 깨닫고 저들에게 인식시킬 수 있다면, 군사적으로 좀 열등해도, 땅과 경제규모가 작더라도, 비록 인구가 적더라도 저들에게 존중(尊重)을 이끌 수 있지 않을까! 아름답고 품격 있는 **제 문화를 모르기에** 자신감이 없고 **당당했던 역사를 버렸기에** 남의 인정이나 바라면서 스스로 위축되었던 것이다.

시급히 당당하고 아름다웠던 우리 문화에 대한 소양을 갖춘 인재를 체계적으로 키워 나가야 한다. 그래서 우리 한국이 찬란했던 문화적 자존심을 되찾아 **품격(品格)을 갖추어서 존중 받는 나라**로, 변칙이 아닌 **원칙과 상식이 통하는 정의로운 나라**, 우리의 아들딸들이 조상의 혼을 느끼며 자랑스럽게 생각하고 그래서 **조국을 사랑할 수 있고 세계인의 존경을 받을 수 있는 나라**이기를 꿈꿔 본다.

수많은 역사 왜곡으로 굴종된 우리의 역사 속에서 심원한 시원문화를 더듬어 겨레의 정체성을 복원하려는 저자의 발상과 노력에 경의를 표한다. 저자는 역저 *한국인 자부심 문화열차에서 **우리나라가 얼마나 크고 소중한 가치를 간직한 자부심의 나라였는지를 조상의 혼으로 감동**시켰다.

이제 이 땅의 문명과 문화가 **우리가 아는 것보다 훨씬 더 장엄하고 크게 세계를 감동시켜왔음**을 〈한국인 자부심 시리즈〉인 *더 알씨랑, *더 물이랑, *더 코어랑, *더 아리랑 으로 이어지는 거대한 서사시로 밝혀낸 것에 대해 진심으로 축하와 감사를 드린다.

밖으로 한류(K-wave)가 세계를 감동시키고 있지만,

강대국의 일방적인 경제적·정치적 보복과 압력은 지금, 한국인으로 하여금 올바른 정신을 갖추어 **정체성의 패러다임을 바꿀 것을 시대사명**으로 하라고 한다. 나아가 역사 앞에 애국적인 분노가 필요함을 일깨운다. 그래서 우리의 선조가 결코 **인류문명의 조역이 아닌 주역**(主役)**이었으며 문화의 주인**(主人)이었음을 크게 깨달아 당당해져야 한다.

끝으로 **우리의 후손에게 당당한 한국인으로**, 존경받는… 부모로, 정의롭고 아름다운 미래를 살아가게 하고 싶다면, 이 땅의 정치가는 물론 각계각층의 지도자나 어른들이 먼저 *한국인 자부심 더(The) 시리즈의 필독을 진심으로 권한다.


### 이돈희

전 교육부장관, 전 민족사관고등학교장

우리나라에서는 그리스·로마신화를 알면, 품위 있는 사람으로 인정받아도 **우리의 신화**(神話)**를 말하면, 마치 미신을 믿는, 격이 떨어지는 사람**으로 폄훼하고 만다. 정작 **제 뿌리와 신화**는 알지도 못하면서! 국적 있는 교육이 이루어지고 있지 않다!

그래서 우리의 아들과 딸들은 **교육을 받아가면서 오히려 조상을 자랑스럽게 생각하지 않고** 우리나라를 사랑하지 않게 되는지 모른다. 이것이 우리의 교육현실이고 우리 사회의 모습이다.

**진정한 세계화를 위해선 우리를 먼저 알고 세계로 나아가야** 하는

것임에도 우리의 유학생들은 정체성에 대한 아무런 준비와 고민 없이 해외로 나가고 있다. 그래서 설혹 나름의 성공이 있을지언정 우리 모두의 기쁨으로 여겨지지 않고 있다. 심지어 조국을 버리고 외국에 귀화하며 '세계화'라고 자부하기까지 한다. 우리의 **뛰어난 인재들이 해외에 수없이 내던져지고 있다.**

우리에게는 **스스로 한국인임을 감사하며 세계에 감동을 주는 강한 글로벌 인재가 필요**하다. 그런데 우리의 피엔 **인류의 첫 문명과 첫 문화를 일구어내었던 DNA가 흐르고 있다.** 이제 한국인의 정체성 속에 들어 있는 문화의 잠재력을 깨닫게 하여 **큰 한국인, 큰 세계인으로 성장할 수 있는 기회**를 주어야 한다.

명저인 *한국인 자부심 문화열차에 이어 '더(THE) 시리즈'로 **이 땅의 시원문화의 자부심을 밝혀낸** 저자의 노고에 경이와 함께 힘찬 응원을 보낸다.

이제 **내 아들딸이 제 조상과 역사를 존중하고 나라를 사랑하게** 하고 싶다면, 해외의 많은 동포가 문화적 자긍심을 갖고 제 조국을 사랑하게 하고 싶거든 또한 **외국에 한국의 문화적 역량과 찬란한 역사를 알리고 싶다면,** 부디 이 책부터 읽기를 권한다.

**박종명**
시인, 前 예일여고 · 여중 교장 (사)시사랑문화인협의회 이사
생각이 다르고 느낌이 같지 않다면, 피를 나눈 형제나 겨레라도 언젠

가는 남이 되어버리는 것이다. 언제인가부터 우리 사회는 각기 다른 곳을 보면서 다른 생각을 하고 나와 같지 않다고 불평만 하며 '**우리**'**를 마음에서 내려놓은 것** 같다.

우리가 제 역사의 끈을 놓아버렸기 때문은 아닐까?

그래서 남의 신화를 마치 우리의 것인 양 착각하고 정작 우리의 신화는 '미신'이라며 구석에 던져버린 것은 아닐까? 신화가 없기에 우리에겐 금기(禁忌) 또한 없어지고 그래서 **어른도 스승도 무서운 것도 없이 치닫는 힘든 사회**가 되었다. 그래서 종로의 인사동에서마저 우리의 문화를 지켜내지 못한 지 오래되었다. **근본도 모르는 한국**이 되어버린 것 같아 마음이 쓸쓸할 뿐이다. 심지어 민족주의와 국수주의마저 분별 못하는 수준까지 되어서 개천절(開天節)에 국가의 원수인 대통령이 참석하지 않는 유일한 나라가 되었나 보다.

**역사와 문화를 찾지 않은 한**, 우리는 **세계사의 객쩍은 손님일 뿐**이요, 우리의 시(詩)는 고향을 잃은 통곡일 뿐이다. **문화**는 시멘트와 같아서 **사회와 겨레를 '우리'로 '하나'로 결속시켜주는 힘**이 있는 것이다. 나는 우리 겨레가 인류의 시원문화를 이끌어 온 문화대국으로서의 정체성을 깨닫고 자긍심과 자신감 속에 힘찬 맥박을 이어갔으면 한다.

마침 한류(K-wave)로 인해 KOREA의 언어와 문화콘텐츠에 궁금해하는 이즈음, **이 땅의 배꼽문화와 언어에서 인류시원의 문화**(역사)를 찾아내 **한국의 진정한 정체성을 밝히고 인류의 문화의 메카를 찾아낸** 작가의 혁신적 집필과 용기에 큰 박수를 보낸다.

첫 번째 책인 〈한국인 자부심 문화열차〉가 세상에 나온 지 벌써 6년이 지났다. 이제 4권의 책으로 '**우리의 문화가 세계의 시원문화였음**'을 밝히는 책을 완성하여 차례차례 나온다 하니, 벌써부터 설레는 마음뿐이다. 작가의 끝없는 겨레사랑과 그간의 노고에 깊은 박수를 보낸다.

" 독일이 왜 패했는가? 군대가 약해서가 아니다.

독일인 모두가 도덕적으로 타락하고 이기심이 가득차 있었기 때문이었다.

교육을 통해 국가혼(魂)을 길러야 한다.

내일로 미루지 말고 지금 당장 실천하자."

'독일국민에게 고함' (獨)철학자 피히테(Johann Gottlieb Fichte 1762~1814)

# 작가의 말 | PREFACE

"너는 누-구냐?" 라고 물었을 때, "나는 누-구다!" 라고
답할 한국인은 몇-이나 될까?
 · **한국인에게 역사**(歷史)**는, 고향**(故鄕)**은 있는가?**
 · 한국인의 **참 정체성을 알 수 있는 문화 · 역사책은 있는가?**
 · 고금(古今)이 절단된 우리의 역사는 **진정한 역사인가?**
 · 우리 한국인에게 '함께 소중히 받들고 가야 할 **무엇**'은 있는가?

BTS의 '아리랑' 노래에 세계인은 떼창과 추임새로 환호하고 세계
는 반전과 평화, 화합과 치유를 소망한다. 시대와 장소, 장르와 언어
와 인종을 뛰어넘어 지구를 하나(one)로 만들고 있는 우리의 문화(文
化)! 그(The) 거대한 세계성(世界性)의 원천은 무엇일까?

세상에 존재하는 것들은 존재감으로 살아간다. 그렇다면 우리는
살아있는 것일까? 한국인을 애틋한 마음으로 챙겨 줄 **어머니**(시조모)
**와 고향, 한국인의 영혼이 쉴 집인 신화**(神話)**는 있는가?**

세계의 학자들은, 우리 땅을 만 년이 넘는 '인류시원의 땅'이라 하
는 데도, 한국인은 2천 년, 길어야 3천 년이라며 제 역사를 낮추며 지
구에서 유일하게 자신의 땅과 조상(祖上)을 부정하고 있다.

그래서 세상의 주인 역사를 잊고 세상 밖에서 영웅을 찾고 뿌리를
느끼며 끝없이 떠나려 한다. 우린 **언제까지 뿌리 없는 사생아가 되어**
**이방인으로 세상을 떠돌며 고독하게 살아가야 하나?**

일찍이 인류의 문명을 시작하고 구석기·신석기 문화를 화려하게 꽃피워 세상의 질서를 잡고 문명을 이끌었던 배꼽의 땅, 신화의 땅이 있었다. 세상의 주인(CORE), 영웅(英雄)으로 세계의 지도를 바꾸었던 코리안들! '인류는 하-나(The)였다' 라고 학자들도 말한다.

그렇다! 한국의 역사는 지금껏 공허하게 외쳐왔던 '철학의 껍데기나 변두리 문명'이 아닌, 거대한 힘으로 인류에게 문화의 젖을 먹였던 그(The) 어머니였고 세계사의 큰 줄기 *팍-스 코리아나(Pax Koreana)였다! 세상이 전하는 *홍익인간(弘益人間)의 역사였다!

하얗게 잊은 자부심이다! 자신의 참 정체성에 대한 기억을 상실한 한국인에게 지금 세계는 묻는다. **"한국에서, 한국이 얼마나 위대했는지에 대한 역사를 쓴 사람이 한 사람이라도 있는가?"**

'21C는 문화가 지배하는 문화주권의 시대'라고 한다! 우리 한국인의 자존감과 자부심은 왜곡된 식민의 역사가 아닌, **이 땅의 문화(文化), -뜨거운 언어와 유물과 신화에 있었다.** 비록 지금 땅은 작아도, 힘으로 남의 땅과 역사를 왜곡하며 빼앗지 않아도 세상을 좌지우지할 수 있는 것은 '우리의 문화 자부심'이다!

이제 뜨겁게 살다 가신 조상님과 뜨겁게 이어갈 사랑하는 후손에게 이 책을 바친다. 그래서 한류를 따라 한국(문화, 역사)을 알려는 **세계인에게 제대로 우리를 알려야 한다. 세계의 어느 석학도 밝히지 못했던 한국의 역사, 그 모국(The Mother), 인류시원의 역사를 '그 한국인이 한국땅의 수많은 문화'에서 밝힌다.**

첫 번째 힐링코리아 \*한국인 자부심 문화열차(\*문화향기)를 세상에 내놓은 지, 벌써 6년이 지났다. 몸도 눈도 많이 약해졌지만, 우리 한국인이 **자존감을 넘어 자부심을 갖게 하고 싶은 마음**에 행복한 시간들이었다. 앞으로 \***한국인 자부심 더 알씨랑** \***더 물이랑** \***더 코어랑** \***더 아리랑** 으로 우리나라가 존중받을 것을 생각하니, 가슴이 벅차오른다. 더 완벽한 정의는 후세의 석학에게 기대하겠다.

**시원문명의 땅에서 한국인으로 낳아주신 부모님에게** 감사를 드리고 **이 글이 나오기까지,** 마음을 지켜준 내 아내와 가족, 그 뜻을 지켜주었던 내 동생 박종명 교장과 변희태 대표, 나를 알아준 스승이신 박성수 교수님, 역사와 문화에 눈을 뜨게 해 주신 율곤 이중재 회장님, **이 땅의 역사를 애달파 하시며** 후원을 아끼지 않으셨던 권철현 대사님, 이계진 의원님, 역사광복을 꿈꾸는 결의형제, 또한 나의 깊은 곳을 헤쳐 책을 쓰게 했던 이재성 화백과 벗 이재량, 글씨에 혼을 부신 가숙진 작가, 주옥같은 연구와 자료로 큰 도움을 주신 강호제현과 맑은샘 김양수 대표에게 **깊은 사랑을 전합니다.**

(추신: 무엇보다, 열정밖에 없는 가난한 역사작가가, **시간과 인적 · 경제적 능력의 부족**으로 도움을 받을 수밖에 없었던 주옥같은 연구와 자료에 큰 도움이 되어주신 분들께 **감사와 양해의 말씀**을 엎드려 올립니다.)

開天 5916년 역사의병 다물 박종원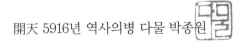

# 차 례

## 한겨레 자부심 더 아리랑

## 15부: 한국인이 잊은 배꼽, 천손 동이 19

아리랑, 우리는 어디로 가야하나? / 이(東夷)- 최초의 문명인(알)의 요건 / 동이- 군자, 대인 / 이(夷)- 사람의 시작, 사람의 주인 / '동이'(東夷) 명칭의 시작 / 동이- 천제(天帝)의 나라, 문명국 중국(中國)은 허구! / 우리말의 수수께끼 이(夷)-대인(大人, 君子) / 진정한 남녀평등의 땅 / 신의 대리자 단군, 한겨레의 나무 우주수 / 세상의 중심, 문명의 세계수 / 인류의 시원사의 주인- 동이 가로채기 / 공자가 시작하고 지나족이 왜곡한 역사 / 이-상한 나라- 대한민국을 슬프게 하는 것들!

## 16부: 천손이 잊은 신(神)의 세계 73

신(神)들의 나라 곰 / 신들의 인사 / 사람과의 당당했던 인사 / 해가 빚은 신, 소금 / 신(곰)의 상징, 세계 검(劍)의 조상 돌단검 / 비파가 아닌 우주수, 세계수 동검 - 무려 BCE30세기 / 우주수동검, 청동검은 당시 최상의 권력과 과학 / 최상의 권력과 유통, 고대조선 화폐 명도전 / 신(神)의 나라-쇠의 시작, 쿠리의 구리 / '한국의 청동기문화 늦게 시베리아에서 기원했나?' / 구리와 청동제품, 한국인의 통과의례 / 철을 발명한 동철족(東銕族), 돌쇠들 / '철기문명을 히타이트가 열었나?' / '강철도 중국(?)의 발명인가?' / 고구리와 로마가 싸우다! / 한국인의 신의 자궁 가마 / 신과 도깨

"이 구구(久久)한 세상이 어찌 자네를 알아 줄 것인가
자네가 그러한 세상으로 만들어야지!"

이규보(1168~1241)의 *역옹패설에서

비의 고향 / 철도깨비- 한국인의 문화의 정체성 / 해겨레, 불의 시스템 발명! / 불의 신 조왕신은 전통 / **인류의 프로메테우스 한국인** / 한식, 불의 소중함 / 인류의 신들의 이야기, 벽화 / **신들의 타임캡슐 한국암각화** / 디자인의 지평이 열린 땅 / **빼앗긴 것은 한국혼과 상상력!**


## 17부: 천손이 잇은 조상(신)의 불가사이 문화 185

불가사이1 **신의 한계, 다뉴세문경**(여러꼭지잔줄무늬거울)/ 불가사이2 신의 세계, 용봉금동대향로 / 불가사이3 **신의 음성, 신의 과학, 성덕대왕신종** / 종(鐘)의 기원 / 불가사이4 **신의 나노금속과학 감은사금동사리함** / 불가사이5 신의 그림, 수월관음도 / 불가사이6 **신의 문화 자부심, 활자** / 불가사이7 **신의 말씀 천부경**(天符經) / 신들의 깃발, 태극기 / 태극과 역(易)의 기원 / **명품의 원조-신과 주인의 DNA**


## 18부: 한국인이 잇은 신의 언어- 아리랑(알이랑)! 245

**시원역사를 간직한 신의 불가사이 언어** / 신의 배꼽, 엄마와 아빠 / 주인의 자리를 잃어버린 조상신들 / 글은 천손의 소통문화 / 신의 문자, 한글 / **한글은 문화의 혁명** / 한국인이 지켜내야 할 보물, 찾아야 할 소리들! / 헐버트를 잊으면, 한국사람 아니다! / **언어와 문자의 종주국, 한자**(이글)의 기원

디아스포라(Diaspora: 홑어 뿌려진 씨앗)!
어머니의 땅, 고향을 떠난 코리안 디아스포라,
지금 세계는 민족의 경계를 뛰어넘어 열정과 화합의 마음으로
아~리랑을 부르고 있다!

**은 한국어** / 한글과 한자의 어머니, 녹도문 / 이제, 한자(漢字)가 아닌 이글
(夷글, 夷契)로 합시다! / 녹도문은 세계의 어머니글 / **수메르문명어의 모
어, 한국어** / 인도의 드라비다어의 어머니언어 / '동 · 서언어의 뿌리– 산
스크리트어의 어머니언어는?' / 영어와 아리안어의 어머니언어 / 한국어
는 알타이어족 이–전의 언어! / 아메리카 인디언, 한겨레 / 인디언 수우족
의 \*자연과 사람을 위한 기도문 / **말과 문자와 문명의 종주국** / **시원역사
를 간직한 알~이~랑, 아사달!** / "겨레여, 어디로 가는가? 이제 '아리랑'을
부르고 돌아오라!"

첨부: 한국인 자부심 더 아리랑 참고 문헌/논문 335

"난 한국의 무게를 알아!
누가 말했듯, 거기엔 다른 누군가의 평가가 우릴 좌우할 수는 없어!
그래, 역사의 기록 몇 줄 달랑 보고 한국의 장엄하고 깊은 역사를,
한국인의 오묘하고 아픈 삶을 다 안다는 듯,
천손의 역사를 천박하게 굴리고 천손의 삶을 난도질 했지!"

# 고침 · 안내

(* ←출전도서)

☞ **우리나라:** 흔히 말하는 '국가'가 아닌, 옛날 '물가를 에둘러 많은 인종이 인류의 시원문명터(울)에서 시작했던 역사의 강역! 한겨레만의 자부심이 담긴 고유명사!
예) 당나라(X), 여러 나라(X) - 당(唐), 여러 국가!

☞ **겨레:** 일반적인(편협한) 혈통 중심의 '민족'이 아닌, 마치 물결의 결을 이루듯, 희로애락을 함께 하며 인류시원의 역사와 문명·문화의 결(경험, 역사)을 함께 했던 우리 땅 시원겨레의 자부심의 말!

☞ **한머리:** 대륙에 종속된 표현 '한반도'가 아닌 인류의 문명을 시작했던 머리와 같은 땅! 예) 마니산(X)
(땅)

☞ **고구리:** 고구[려](高句驪)란 유주지방 현토군의 3개 현 중 하나
(高句麗) (*한서지리지)로 폄하시켜 '중국의 지방정부'로 정당화하는 표현. 하늘(高) 같은 구리(九夷)의 영광을 이었기에 나라로 말할 때는 반드시 '리'로 함을 김정호, 신채호, 최남선 등 신신당부. *옥편과 *사기에 '리 동이국명야'(黎 東夷國名也: 리는 동이의 나라이름)라 기록

☞ **BCE:** BC(Before Christ)→ BCE, AD(anno Domini)→ CE
(Before 미국 공립 초·중·고등학교에서 시작된, 비종교인과
Common Era) 타종교인을 포함한 인류의 공통시기

☞ **CE:** <국립중앙박물관 표기법>
(Common Era)

☞ **임금:** 단순히 '지배하는 왕'이 아닌 시원문명을 이룬 땅의 백성을 맡아(임) 다스렸던(다 살렸던) 신(금)격인 하늘 임금(天帝) 王들의 王! 예) 순임금(X) → 순왕

☞ **재팬:**
(JAPAN)
재팬은 '日本'(근본 태양)으로 불리길 원하지만, 본디 태양의 근본은 광명을 추구해 왔던 우리나라. "일본이라는 말은 '삼한'(마한·진한·변한)사람이 사용하던 말로 그 뜻이 너무 아름다워 만 년에 변치 않을 국호로 삼는다."(*일본국호론)

☞ **지나:**
(支那)CHINA)
우리만 부르는 中國은 사대(事大)주의 호칭! 시원 문명·문화로, 큰 정신으로 이끌어 왔던 중심뿌리 '中國'(세상의 중심)은 정작 우리나라! China는 천손의 문명을 빌어 쓰던 '가지'(支)였기에 지나라 불렀음! ∴재팬은 지나, 서양은 차이나라 호칭.

☞ **이글:**
(夷契)
한(漢)족이 창안한 '漢字'로 불림은 잘못. 본디 한겨레 동이(夷)의 음과 뜻으로 창안한 글(契).
예) 한자(X) → 이글(夷契: 아름다운 천손 동이의 글)!
－한국학연구가 이재량 님 제안

# 15부
# 한국인이 잊은 배꼽,
# 천손 동이

천손, 한겨레 동이의 근원과 정체성을 상징하는 '日月扶桑圖'

아리랑, 우리는 어디로 가야하나?  021

이(東夷)– 최초의 문명인(알)의 요건  024

우리말의 수수께끼 이(夷)–대인(大人, 君子)  043

신의 대리자 단군, 한겨레의 나무 우주수  050

인류의 시원사의 주인– 동이 가로채기  057

공자가 시작하고 지나족이 왜곡한 역사  059

# 15부: 한국인이 잊은 배꼽, 천손 동이

세상에서 가장 아름답고 슬픈 민요! '아리랑!'

구전가사만도 1만을 넘는(10,068수 KBS-1TV) 세계유일의 민요! 우리의 자부심인 김연아는 아리랑을 주제로 아이스 쇼를 펼쳐 세계를 감동시키고 BTS의 아리랑 노래에 **세계인은 떼 창과 추임새로** 환호한다.

또 세계는 **반전과 평화, 화합과 치유를 소망하는 노래**로 아리랑을 부르고 많은 예술인들은 아리랑을 모티브로 발표한다. 3박자의 단순한 멜로디가 지금도 변주와 재해석이 계속되며 한국인을 하나로 묶고 **시대와 장소, 장르와 언어와 인종을 뛰어넘어 마음을 휘어잡으며 지구를 하나로** 만들고 있는 이 아리랑의 보편성(普遍性)과 세계성(世界性)의 원천은 무엇일까?

한국인이라면, 자기도 모르게 흥얼거리는 소리, **아리랑!**

선교사이자 역사학자였던 헐버트는 아리랑은 **한국인에게 쌀**(rice)**과 같은 것**이라고 말했다. 그러나 우리 한국인에겐 힘든 시기, 운명적 이별을 요구하는 **한**(恨)**과 억장**(億丈)**이 무너지는 슬픔의 곡**(哭)이고 눈물의 화수분일 뿐…, 그래서 *25시의 저자로 노벨상을 받은 게오로규 신부는 '한국의 노래는 <u>노래가 아닌 통곡</u>'이라고까지 했다.

그럼에도 마음 속 응어리를 신명으로 승화시키고 세계인의 마음을 일렁이게 하는 아리랑, 그(The) 거대한 힘의 원천은 과연 무엇일까?

그리고 퓰리처상과 노벨문학상 수상자인 펄벅이 "한국은 고상한 국민이 살고 있는 보석 같은 나라다." 라고 말하며 소설(*살아 있는 갈대)의 표지를 *아리랑으로 장식했던 이유는 무엇이었을까?

'아리랑'은 알들이 이 땅을 떠나 흩어져야 했을 때, **해처럼 밝고 공기처럼 숨쉬게 했던 알**(씨)들의 무리에 의해 불린 애절한 망향가(望鄕歌)였으며 **함께 살지 못하면, 함께 죽는다**는 사실을 통곡으로 일깨운 만류가(挽留歌)였기 때문이었다. 어쩌면 그(The) 시원의 어머니의 땅, 그 알의 고향을 떠난 디아스포라(Diaspora: 흩어 뿌려진 씨앗, 사람)들의 영원한 그리움이었을 것이다. 그래서 그 힘든 삶을 아리랑을 부르며 살아왔고 지금 국가의 경계를 넘어 열정과 화합의 마음을 갈구하며 아리랑을 부르고 있는 것은 아닐까?

> "경제적인 손실을 감수하고라도, 日·中의 역사훼손에 정면 대응하여
> 민족의 자존을 세우는 일이 더 큰 이익이라는 생각을 해야 한다.
> 세계엔 대한민국을 지켜보는 수많은 국가가 있다."
>
> – 대한민국의 소설가 조정래

## 아리랑, 우리는 어디로 가야하나?

지구에서 유일하게 **자신의 땅과 조상**(祖上)을 부정하는 사람, 한국인들! 이어령 교수님(초대 문화부 장관)은 말한다. "너는 누구냐? 라고 물었을 때, **나는 누구다**! 라고 답할 한국인은 몇이나 될까?"

'나를 버리고 (아리랑 고개를 넘어) 가시는 님은 십 리도 못 가서 발병

난다.' 는 말은 왜? 이며 왜, 한국인은 아직도 이별의 노래를 부르며 **'어디론가 떠나야만 한다'**는 생각을 갖는 것일까? 엄마의 얼굴을 잊은 **고독함**으로, 가야 할 **고향을 모르는 불안함**으로, 뿌리 없는 이방인처럼 늘 **공허한 마음으로** 왜 그렇게 살아가는 것일까?

세상은 '만 년이 넘는 인류시원의 땅'이라 일러주는 데도 **우린 2천 년**, 길어야 3천 년이라고 깎아내리며 제 역사와 가치를 스스로 낮추는 한국인들. 그리고 세상 밖에서 우리의 영웅(英雄)을 찾고 뿌리를 느끼며 떠나려는 사람들!

누군가 말한다. 우리가 왔던 고향을 찾아, 배꼽이 그리워 떠나는 본능적인 행위라고! **그렇다면, 찾아야 할 것이다.** 이 모든 것을-!

일찍이 인류의 구석기와 신석기문화를 화려하게 꽃피워 **육지**의 길과 **바다**의 길, **문화**의 길, **종교 · 사상**의 길, **하늘**의 길(天文), **시간**의 길(易, 책력), **언어 · 문자의 길**, **과학**의 길, **놀이**의 길 등 세상의 모든 길(road)을 열었던 겨레가 있었다. 세상은 전한다. 이 문명과 문화를 전했던 **'공기'**(air)와도 같았던 사람이 있었다고! '아리아'(Aria)를 불렀던 '아리안'(Aryan)들! 그(The) 찬란했던 영웅들!

세상의 배꼽이었던, 흩어진 바람 속의 씨앗(Diaspora)들…!

영화 아바타의 감독이 그렇게 꿈꾸며 찾고 싶어 했던, **그**(The) **평화의 땅**은 어디였을까? 대체 이 신비한 정체성을 간직했던 **'배꼽'**은 누구며 그(The) 배꼽을 나누고 젖을 물리신 '그(The) 첫 어머니'는 누구였을까? 세계의 석학들이 찾고 있는 문명과 문명의 주인과 영웅(英雄)과 신(神)들이 나온 땅은 어디였을까?

왜냐하면, **인류의 첫 문명의 뒤에는 언제나 한국인과 한국문화가** 있었기 때문이다! 이미 많은 문헌과 학자들은 그 땅이 CORE-A(해의 시작)였을 거라고 말했고 세상은 이들을 '이'(夷)라고 전한다.

**거-대한 엑소더스**(Exodus)! 아득히 먼 옛날, 인류의 문명을 시작했던 동방에선 '억장'(億丈: 우리나라)이 무너지면서 수많은 알들이 이 땅을 떠났다고 한다. 이들은 동(東)쪽을 바라보면서 다시 돌을 쌓고 판을 짜고 세상 끝까지 갔었다. 이 배꼽의 땅을 떠난 **디아스포라는 '알이랑'을 통해 문화정체성을 공유**하면서 희로애락에 수많은 이야기를 담아 변화무쌍하게 불렀던 것이다. 그리고 알들이 시원의 땅 해터(해의 땅)를 떠나며 "언젠가 다시 돌아오겠다!" 다짐하며 불렀던…, 이젠 가락도 가사도 전설이 되어버린 노래가 있다! '아리랑~'

**박제가 되어버린 천재들**이여, '생명의 아리랑'을 부르자!
세상에서 유일하게 자신의 **땅과 역사와 조상과 영웅을 부정하는 한국인들!** 우린 언제까지 선조의 뼈가 묻힌 이 땅에서 주인이 아닌 이방인으로, 동쪽 오랑캐로, 미개한 야만인의 후예로 살면서 영원한 방랑자로 떠나야 하나? 언제까지---!
이제 인류에게 문명의 젖을 먹여주었던 **신비한 동방의 영웅들 이**(夷), **동이**(東夷)**를 찾아 나서야** 한다. 그러면 사대주의(事大主義)와 식민사관(植民史觀)의 족쇄를 벗게 되고 **한국인의 기쁨과 슬픔의 근원**은 물론 진정한 천손의 정체성을 볼 수 있을 것이다. 이 영웅들은 저 밖이 아닌 **우리의 역사**(문화) 속에, **우리의 핏속에** 있다.

늦기 전에 우리의 영웅들을 찾아 세상에 알리고 배꼽을 떠난 알과 씨들이 '아리랑'을 부르며 다시 어머니의 땅으로 돌아오게 해야 한다! 이것이 이 땅을 살고 있는 불꽃들의 소명(김命)이다.

"고향이 있는 사람들은 어디로 가야 할지를, 그리움이 먼지를 안다." 모히칸 인디안

## 이(東夷)- 최초의 문명인(알)의 요건

인류학자들은 말합니다. "인류는 하-나였다!" 라고! 그렇다면, 인류의 문명이란 1대빙하기 생명체의 피난처로 신인류를 품어주었던 지구의 자궁(子宮) 어머니의 땅, 2농경 · 가축문화와 해양문화가 함께 시작된 곳, 그것도 3발달된 구석기 시대를 이어 신석기시대가 시작된 곳, 그래서 4알 · 씨가 퍼져나가고 천손신화와 난생신화가 함께 시작된 곳, '아리랑'이 시작된 곳이어야 합니다.(must be!)

그래서 **동쪽에서 해가 뜨듯**, 문명 또한 동(東)쪽에서 태동하였음이 '**아시아**'(Asia: 해 뜨는 곳)나 '**오리엔트**'(Orient: 해 뜨는 곳, 동방), '**빛은 동방에서!**'와 같은 말과 서양인들이 '**자기들**(문화와 선조)**이 온 곳이 동쪽**'이라 말해 왔던 전설과 수많은 유물과 문헌 등으로 웅변합니다.

*다시 동방으로(리 오리엔트)의 저자 프랑크 역시 "세계문명의 근원은 동양이었고 **동양역사의 시작**이 곧 세계역사의 시작이었다." 라고 했던 것이나 〈유네스코〉에서조차 '**인류**(문명)**의 기원**이 이집트인이 아닌 **한국인**'이라고 발표(2006.3.23)한 것은 만물이 탄생한 곳이 동방(東方)이고 그(The) 둥지는 우리 **땅**이었음을 알게 합니다.

그런데 '**동방**'(東方)이 이런 시원문명을 이루기 위해선, 1**발달된 구석기 시대를** 이어 2**다른 곳보다 이른 신석기시대를 시작했**어야 하고 3**무엇보다 기후나 호수나 갯벌, 맑은 물 등 좋은 환경이 있**어야 하지만, 동물과 달리 4**사람의 문화를 시작하기 위해선 중요한 조건들**이 있어야 했습니다.

바로 **고대의 반도체**라 불리는 '흑요석'(黑曜石 obsidian)이었지요. 흑요석은 돌칼, 돌도끼, 자르게, 긁게, 밀개 등으로 만들어 **동물가죽을 벗기고 고기를 자르고 모피를 가공하고 생활도구로 활용하고 먹거리를 잡기 위한** 화살촉, 창날, 작살 등으로 **멀리 있는 짐승도 사냥할 수** 있게 되었으며 낚싯바늘, 어구류로 **어로문화를 시작**하고 부싯돌로써 **불**(火)**의 문화를 시작**할 수 있었습니다. 이렇게 문명과 야만을 가르는 인류의 첫 도구였기에 '신(神)이 내린 축복'이라고 말하지요.

흑요석 산지는 **백두산 일대와 일본열도, 터키**(아라랏산)뿐! 차이나나 시베리아, 우랄산맥, 중앙아시아에는 흑요석 산지가 없지요. 동아시아에서 **유일하며 최고 품질의 백두산 흑요석!** 흑요석은 풍요의 상징이었다고 합니다. 한머리땅의 **흑요석 출토유적지는 110여곳**(구석기유적은 13곳)이 넘지요.

훗날 우리 땅이 '솜베문화'로 **석기시대 최고의 발명품, 구석기시대의 하이테크라는 인류최초의 기계장치인 좀돌날몸돌**(細石刃核, micro-blade core) **세석기제작기술까지** 갖추고 **세계 최대**(아시아 최대는 곧 세계 최대)**의 산업단지**(단양 수양개)가 될 수 있었던 것이나, 우리 동방이 인류의 시원문명지가 되고 풍요로운 문화를 이룰 수 있었던 것은~

바로 **백두산 흑요석** 때문이었습니다.

지나의 〈하남박물원 홈페이지〉는 "동이사람들은 1**깃털 달린 화살과 활**을 발명했으며, 2**문자**를 창조했고, 3**청동기**를 제작하고, 4**철**을 단련 했으며, 5**배**(舟)와 6**수레**(車)를 만들었고, 7**농업**을 발전시키고 8**치수**(治 水: 물을 다스림)를 하였다." 라고 소개합니다. 물론 이를 발명했던 동이 를 차이나땅의 동이라고 왜곡하지만, 분명 **활**(弓)과 **청동기와 철** 등을 처음 발명하고 **배**(舟)를 처음 만들고 **벼**(禾)를 심고 **농경**을 시작했던… 그(The) 땅과 선조가 '우리'였음은 널리 세상에 알려진 사실이지요.

그래서인지 동양의 고전이라는 *역경은 지화명이(地火明夷) 즉 '**땅**(온 세상) **위에서 불**(火, 문명, 해)**을 밝히는 것이 동이**(東夷)' 라고 하여 동이문명의 탄생이 **인류문명의 탄생**이었음을 밝혀 놓았고 *황 제내경 또한 '**동방**(한국)은 지구가 형성될 때, **최초로 문명이 발생한 곳**'이라고 기술하고 그래서 *후한서는 동이열전 첫머리에 "동방왈이 이자저야"(東方日夷 夷者柢也) 즉 '동방은 **夷**고 **夷**는 **뿌리**(근본, root)' 라 고 분명히 기록했던 것입니다.

여기에 한(漢)족 중심(왜곡된)의 역사서라는 *자치통감마저도 "중국의 본시 **뿌리는 사이**(四夷=九夷=옛 한국)이고 **중국은 그 가지와 잎** 에 지나지 않는다. 그러므로 중국은 사이를 받든다." 라고 기록하여 **중국문화의 조상이 실은 '우리'**였고 조상님께서 중원의 국가를 '中國' 이 아닌 '**지나**'(支那: 가지)로 불러왔던 까닭을 알게 합니다.

맞아요. 지나족이 들어오기 전부터 인류의 문명을 밝혔다는 원조

문명의 주인들, 마고의 자손들로서 '마'(엄마, 첫)문명, 한문명, 배달(倍達)문명을 탄생시킨 사람들이 '동이'였지요. 그래요. 세상 모-든 것을 다- 시작했다는 그 뿌리(The Root)였습니다!

지금 한국인의 두뇌(IQ)가 세계 제일인 것도 먼 옛날부터 이 땅의 뛰어난 사람들이 천문, 과학, 지리, 산업, 의학, 철학(종교) 등 거의 모든 분야에서 먼저 시작하고 노력한 결과였기 때문이었지요.

동시베리아 북극해 조호바 섬에서 발견된 백두산 흑요석 석기들 출처: ⓒVladimir V. Pitulko et al, 하남박물관의 동이 소개 출처: 品石齋, 산스크리트어(sanskrit 범어) 옥스퍼드사전, 강상원 박사님의 '동이' 열강 출처: YouTube

언어학자이며 사학자이신 강상원 박사님은 *산스크리트어(sanskrit 범어) 옥스퍼드사전에서 '동이와 배달의 어원'을 밝혀냅니다. "동이는 산스크리트어 퉁이(Tung-i)로서 만물에 통달한 사람, 최고의 도술을 발휘한 사람이었으며 배달(倍達)은 빼야이나 따(pyaina-tal) 즉 '모든 분야에 빼어난, 천부적인, 초월적인'의 뜻과 베다 아르 따(veda-artha) '지혜에 통찰한 겨레'라는 뜻이었다."

그래서 모든 것에서 차원이 달랐습니다. 1차원과 3차원의 차이이지요. 세상사람들이 돌멩이를 던지고 막대기를 휘두를 때, 북두칠성겨레는 당시 핵폭탄과 같은 화살과 활을 만들어 하늘을 갈랐지요.

인류를 **진정한 만물의 영장**으로 만들어주었던 '**활**'을 우리의 선조는 이미 3만 년 이전에 만들었습니다. 훗날 **깃털 달린 화살은 정확한 계산까지를 염두에 둔 발명품**이었지요. 이들이 **천손**(天孫) **동이**였기에 그래서 지나의 학자들도 **동이를 두려움과 경의의 대상**으로 보았던 것입니다.

그래요. '**근본**'(뿌리)으로서 **문명과 문화**(잎과 가지)를 꽃피웠으며 그 안에 해(日: 광명, 시작)를 품고 있는 '동'(東)이란 글자는 변두리가 아닌 **자부심**이었고 그래서 '동이'는 인류의 **중심**이었기에 **하늘**(天톈)이었고 그래서 동쪽나라에서 천명을 받은 분을 '**탱글**'(터키어, 몽골어; 단굴, 단군)이라 했던 것이지요. 지나(중국)가 지금도 주인을 '주어똥'(做東주동: 동쪽이 짓다)이라 말하는 까닭입니다.

혹자는 '동'(東)이란, 중심에서 벗어난, 중국의 **변방을 부르는 말**이니 **동이**(東夷)나 **동국**(東國)**이라는 표현은 쓰지 말자**고 합니다. 그러나 '동쪽'이란, **내**(사람)**가 있는 곳을 기준**으로 해가 동쪽에서 떴다는 표현이었을 뿐, 더구나 '東이란 **木+日** 즉 기후가 좋아 **나무**(木)**가 무성**했기에 **해가 뜨듯 문명이 태동**된, 그래서 동이 터 오듯이 동쪽(東)에서 인류문명이 시작되었다'는 역사를 고스란히 간직하고 있는 소중하고 고귀한 표현이었지요.

그래요! 동방(東方), 동국(東國)이란, 구태여 우월을 가르는 중국(中國)보다 더 큰 자부심의 표현으로서, **인류문명의 터전이었던 '우리나라'를 강조**하는 다른 표현이었고 무릇 동·서·남·북과 중앙을 뜻하는 **오방**(五方)**의 표현도 동방에서 나간 것**(출처: *중국사전사화)이었으니, 결코 역사가 일천한 '**지나의 동쪽**'이란 말이 아니었던 것이지요.

이때의 '이'(夷)는 한머리와 왜는 물론 요동, 요서, 바다를 끼고 산동반도(지나)에서 아래까지 넓게 퍼져 만 년을 넘게 큰 평원에서 화목하고 태평하게 살면서, 구석기문명을 이어 신석기문명을 열었던(開人) 문명인이었으며 세상의 주인(Master)이었지요.

> "땅이 크고 사람이 많다고 큰 나라가 아니다. 큰 사람이 많아야
> 위대한 나라인 것이다."  '이준 열사의 묘비어록'


## 동이─ 군자, 대인

그러하기에 후한(後漢) 때의 가장 오랜 옥편인 *설문해자는
이(夷)에 대해 더할 수 없는 수식과 찬사를 하고 있습니다.

> "이(夷)는 **東方의 사람**을 말한다. 大(바르고 정의로운 것)를 따
> 르고 弓(북두칠성: 하늘, 순리, 원칙)을 따르는 데에서 유래되었
> 다./ 사람은 대개 땅에 따라서 성품이 결정되는 것으로 (동이
> 는) 꽤 **진리에 맞는 성품**을 가지고 있다./ **오직 東夷만이 위
> 대함을 추구하는 대인들이다./** 夷의 풍속은 어질고(仁) 어질
> 면 장수하므로 **군자(聖人)가 끊이지 않는 나라**이다./ 하늘도
> 크고 땅도 크고 사람도 큰(人) 것에 근거한다./ 大는 **사람을
> 형상화**한 글자이고 夷는 **옛 글자 大**와 같았다./ 군자는 **夷와
> 같은 사람**을 말하며 이와 같은 행동을 해야 복을 받는다."
>
> (東方之人也 從大從弓/ 蓋在坤地 頗有順理之性/ 惟東夷從大大人也/ 夷
> 俗仁仁者壽有君子不死之國/ 按天大地大人亦大/ 大象人形而 夷篆從大/
> 君子如夷 有夷之行降福)

많은 왜곡 속에서도 지나의 많은 고전 또한 우리 동방겨레의 **근본과 천성에 대한 부러움과 사람다움에 대한 존경의 찬사로 그득**하지요!

'夷는 仁의 옛글자'(*설문통훈정성), '동이의 이(夷)자는 **떳떳하다, 편안하다**'(*시경), "구이(九夷: 수많은 동이)는 **동방에 있는데 태평**(太平)의 **사람**이라 칭한다. 그들은 **인**(仁)**하여 인간을 사랑**하는데 인은 **지기**(地氣)**에서 나왔다**."(*이아爾雅), "태연하게 앉아 서로 범하지 않고 서로 **기리고 헐뜯지 않았다**. 사람에게 근심이 있으면 서로 구해줘 **선인**(善人)이라 했다."(한무제 때 동방삭의 *신이경) *후한서 동이열전 또한 '夷는 **뿌리**다. 뿌리는 **어질고**(仁) **생명을 사랑하여 만물이 사는 땅**과 같아서 천성이 유순하고 **도**(道)**로써 다스리기 쉬우며 군자**(君子)**의 나라,** 불사(不死)의 나라'라고 합니다.

유교의 경전이라는 *예기(禮記) 왕제편(王制篇)은 "동방사람을 가리켜 이(夷)라 하는 것은 夷는 뿌리이기 때문이다. 다시 말하면 그들은 어질고 만물을 살리기를 좋아하는 **호생**(好生)**의 덕**이 있으며 땅을 존상한다. **세상 만물이 다 땅에 뿌리를 두고서** 나오는 것이다. 옛적부터 '동(東)이 주인'이라는 생각이 그러하므로 **하늘로부터 받은 성품**이 유순하여 쉽게 **도**(道)**로써 다스려지는 군자**(君子)**가 죽지 않는 나라**도 있는 것이다." 라고 하여 夷가 옛날 인류문명의 종가집안(엄마 마고문명)에 대한 지나인들의 존경과 부러움의 말이었음을 알게 하지요.

가장 이상적인 나라를 뜻하는 '**군자국**'으로, 신선의 나라를 상징하는 '**불사국**'이라 했던 우리 땅, **지구상에서 남으로부터 이러한 표현을 받은 나라가 또 어디에 있었을까요?**

그래서 이 땅의 부모는 늘 '**사람이 되거라! 정신을 똑바로 차리고 말조심 하거라!**'는 말을 첫 번째 가르침으로 했던 것입니다. 코로나바이러스가 창궐하는 이즈음 한국인이 세상에 군자의 모습으로 존경을 받는 것이 우연이겠습니까? 삼각산(북한산) 둘레길에는 '이준 열사의 묘비어록'이 있습니다. "땅이 크고 사람이 많다고 **큰 나라가 아니다. 큰 사람이 많아야 위대한 나라인 것이다.**"

김홍도의 군선도(群仙圖) 소장: 국립중앙박물관, 허신의 한자 교본 *설문해자
ⓒ오성서국, 이준 열사의 묘비어록 출처: 검은 돌

## 이(夷)- 사람의 시작, 사람의 주인

지나의 문자의 아버지라 추앙받는 낙빈기 선생은 그의 필생의 역작인 *금문신고에서 '이(夷)와 인(人)은 사람이라는 같은 뜻'이라고 말합니다. '夷'는 오랜 갑골문에도 나오는 문자로 **처음 의미는 인(人)**이었기에 고대 지나 산동성을 비롯한 중원에서는 '夷'와 '人'의 발음이 같았으며 또한 제사를 주관하는 사람을 뜻했던 **시(尸)와 같은 뜻**이었다고 말합니다. 윤복현 교수 역시 '夷 자는 태양족인 성인(saint)을 의미하며 무릎을 꿇고 제사를 주관하는 대표자 **시와 같은 뜻**으로 쓰였던 옛 글자'라고 하고요.

아! 제사를 처음 올렸다는 것은 우리가 당시 문화의 중심(Core)인 천제(天帝)의 나라였다는 것이고 **제사에 집착을 했던 이유** 또한 우리가 **인류의 시원문명을** 시작한 천손이었기 때문이었습니다.

'사람(夷)다움'을 강조했기에 **이**(夷)는 **사람이 지켜야 할 기준!** 그래서 '이'답지 못한 경우엔 **"사람이 그럼 쓰나!" "사람의 탈을 쓰고 어찌 그럴 수 있는가!"** 라며 지탄을 하셨지요. 어원연구가인 박병식님과 박현님은 '**사람**'(夷)**의 어원이** '**사**(빛나는)+**라**(태양)+ㅁ(생명체)' 이었음을 찾아냅니다. 이렇게 옛 한국인에게 **이**(夷)**는 사람다운 사람**(대인)이었고 '사람은 서로에게 **빛나는 태양 같은 존재**'였기에 나라도 '**밝달**(배달: 밝은 땅)**나라**'라고 했던 것이었지요. 물방울이 얼굴에 튀기자, 세 살의 아가가 정색하며 말합니다. "하비, **사람한테** 그러는 거 아냐!" 이렇게 사람의 의미를 말할 수 있는 나라가 세상 어디에 또 있을까?

이분들은 **사람**(人, human)**의 모습**과 **사람의 생각으로 살아간다는** 자부심으로 그만큼 당당했기에 **이**(夷)**자에 하늘을 향하여 팔 벌리는 모습**인 '**大**'가 있는 것이고 또 우리 땅에서 도인과 군자들이 엄청 많이 배출되었기에 夷를 '大人'이라 한 것이고 그래서 크게 어지셨던 임금님인 **환인**(桓因) **마음**(心)에서 '**恩**'(은혜)이라는 글자를 만들어 기억해 왔던 것입니다.

그래서 **지나한**(漢)**족을 천하의 주인으로** 받들었던 공자마저도 "중국실예(中國失禮) 구지사이(求之四夷)" 즉 '중원의 국가들이 **예**(moral)**를 잃으면, 사이**(사방 동이)**에게서 구한다**'(출전: *삼국지 위지동이전)라고 하여 일찍이 사람의 예(禮)와 기본(根本)이 夷에게서 나왔음을 고백했던 것이지요.

그래요. 이 땅의 **한겨레 동이**는 편협한 혈통주의가 아닌 **관대한 문화주의로 함께** 밝은 문화를 공유했던 문명인들이었습니다. 그래서 사람의 대표로서 **전 세계에서 유일하게 '홍익인간'**(弘益人間)**이라는 높은 이상**을 추구했던 것이지요.

이들이 바로 **높은 문화와 세력으로 천하의 질서를 잡았던** 굴기(崛起)의 상징이 구이(九夷) **'구미호'**(九尾狐)였음을 *산해경도찬(山海經圖贊)은 이렇게 표현합니다. **"청구**(우리나라)**에 사는 기이한 짐승/ 꼬리가 아홉 달린 여우**(구이)**라네/ 도**(도를 따르는 겨레)**가 있는 세상이면 나타나는데/ 나타날 땐 글을 물고 나타난다네. -생략"**

아, 유레카! 한머리땅 여러 곳과 산동지역(옛 우리나라)에서 **서구인의 옛 유골이 자주 발견되고** 우리의 알(밝달)**문명을 갖고 사방으로 갈라진** 아리안(동이)들이 동북아시안뿐만 아니라 **서양인도 있었던 것이나 우리 땅에서 시작한 고인돌**(지석묘)**이 전 세계에 지천으로 널려 있고** 여기서 동북아시안이 아닌 **서양인 유골도 출토되는 수수께끼도** 이제 알겠습니다.

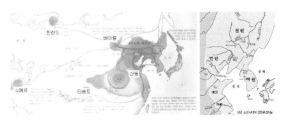

동이의 확산 출처: 김산호의 *대쥬신제국사, 단군왕검의 동이강역 삼한 출처: 환단고기

# '동이'(東夷) 명칭의 시작

우리에게 '이'(夷, 東夷)라는 명칭이 붙은 것은 언제일까요?

동이는 **진(秦)의 통일**(? BCE221) **이후** 예맥(濊貊)으로 바뀌어 불리기 전까지, 중화사상이 성립되는 **춘추시대**(770-476BCE)**까지도** 우리 겨레를 일컫는 보편적 명칭이었다고 합니다. 하지만, 어느 학자는 은(殷)시대의 갑골문자 이(夷)에 해당하는 尸(시)라 하고 누군 **동이**(\*서경書經, \*주서 周書 주관편)라고 합니다.

　　2300년 전 공빈(공자의 7대 손)이 쓴 \*동이열전입니다.

"**먼 옛날 '동이'라는 나라가 동쪽에** 있었는데, 그 나라에는 **단군**(문맥상 환웅)**이라는 훌륭한 분이 태어나** 아홉 부족인 구이가 그를 받들어 임금으로 모셨다. 그 나라는 막강한 군대까지 있지만 다른 국가를 업신여기거나 침범하지 않았다. -중략- 그 나라에는 **도통한 자부선인이** 있었는데 (지나문자의 시조라는) 창힐은 **문자를 얻고** (지나의 시조라는) 헌원도 **그에게 배우고 내황문을 받아** 백성을 다스렸다."

　　어때요? 역사가 오청환 씨는 "환인과 환웅, 단군으로 이어지는 태양신의 혈통인 천손(天孫)을 천하에서 선발하여 우물(井 우리나라)에서 교육시킨 신녀(금녀)들**과 동침시켜 하느님의 씨를 세상에** 퍼뜨렸다. 이렇게 천손의 씨를 받은 여신(금녀, 신녀)들은 삼신산의 조정에 조회(朝會)하는 **제후들의 왕비로 시집보내졌다.** 그녀들은 **천국을 친정으로 두고 있으므로,** 왕들도 그들의 지시를 따르지 않을 수 없다. -중략- 나라를 **아홉 지역**(九州)**으로 나눈 통치제도도 동이가 만든 것**이요, 그래서 **구이**(九夷)라는 말이 생겨났다."

그래요. '이'(夷)란 밝은 사람의 씨를 이어 밝은 땅(붉달)을 이루고 밝은 문명을 **세상에 퍼뜨린 사람들**이었다고 하지요. 이때의 동이를 '**사이**'(四夷: 온 세상의 이)라고들 하지만, *후한서 동이전이 특히 **구이**(九夷)라 하여 '풍이(風夷)·양이(陽), 견이(畎)·우이(于)·방이(方)·황이(黃)·백이(白)·적이(赤)·현이(玄)'라 한 것은 **수많은 이**(夷)**라는 상징일 뿐**, 중요한 것은 **황이**(黃: 황인종)·**백이**(白: 백인종)·**적이**(赤: 붉은 인종)·**현이**(玄: 흑인종)라 하여 동북아시아인 외에도 **많은 인종이 동이를 형성하며 함께 우리 땅에서 밝달문명을 함께 일구었다**는 것을 알게 한 것입니다.

지나 최초의 정사라는 *사기와 우리의 *신시본기도 기록합니다. "**치우천왕**(14대 자오지한웅 蚩尤: 갈아치우다, 산하의 땅을 바꾸다)**의 법력이** 너무도 고강하여 **큰 안개를 잘 짓고**(火攻) **위대한**(큰) **활을 잘 쏘므로** 두려워하였기에 우리 겨레를 夷(이)라고 불렀다."

그래요! 고천자(古天子: 최초의 태양의 아들)로 표현되었던 **구이**(九夷)**의 우두머리, 치우천제**께서 지나의 수장 헌원을 물리칠 때, **철과 구리로 갑옷과 투구와 무기를 만들어** 지나족(한족)의 혼을 빼자, 저들이 우리를 '과연 동쪽의 이(夷)답다'라고 부르기 시작하면서 나온 이름이었을 뿐, 동이란 결코 오랑캐라는 개념이 아니었지요.

따라서 **쇠**(金금속)**문명 또한 처음 시작한 사람들이 이**(夷)였기에 철을 夷로 또는 夷가 들어간 **銕**(鐵의 옛글)로 쓰고 동이(東夷)를 **동철**(東銕)로도 부르며 **구이**(九夷)**를 구리**(철이름)로 대치하여 불렀음을…

\*사기(史記)는 '철(鐵)자는 **옛날에는 夷자**'(鐵古夷字也), \*한서(漢書 권28)는 '철(鐵)자는 **夷자가 변한 것**'(鐵夷通借作)이라 기록하고 있었습니다.

이렇게 **문명을 시작(여명)한 이를 구리**(九黎)라 부르면서 '동방불패'(東方不敗)라는 말과 구리(구이)가 한번 뜻을 품고 함께 움직이면, 세상을 움직이고 천하를 바꾼다는 '**구미호**'(九아홉尾꼬리狐여우) 이야기도 전한 것이고 '**고구리**'(위대한 구리)**라는 나라이름**도 나오게 된 것인데, **역사왜곡으로 이러한 의미가 감추어진 말이 '구려**'(句麗 예: 고구려 \*더 코어랑 P186참고)였을 뿐, 실로 **동이와 구리야말로 선조의 문명에 대한 자부심**을 보여주는 말이었고 또한 정당함과 정의의 기준이었습니다.

문제는 이러한 이(夷)을 지금까지 오랑캐로, 남의 역사로 내쳐버렸으니 우리 천손은 역사(실체, 魂)를 알 수 없었던 것이지요. 그래서, 한(漢)의 사마천이 \*사기의 동이전에서 또 제갈량이 \*심서(心書) 동이편에서 고구리·백제·신라를 구별하지 않고 기록함은 **요동에 있는 나라 모두를 동이**(東夷)라는 같은 씨족으로 보고 있었음이니 이들이 밝은 하늘사람의 씨를 받은 같은 동이였기 때문이었습니다.

고천자 치우천왕 九黎(동이)의 임금 '지나의 수장 헌원을 토벌하여 신하로 삼다' 출처:
김산호 화백님, 출처: 장부다(축구전문 디자이너), 동방불패, 회본삼국요부전
(繪本三國妖婦傳)의 구미호 출처: 이선생의 신화도서관

*중국고금지명사전(中國古今地名大辭典)은 지나족이 자랑하는 시조 '복희를 시작으로 신농, 황제(黃帝)의 **3황**(三皇)과 소호금천씨, 전욱고양씨, 제곡고신씨, 요, 순의 **5제**(五帝)와 훗날의 **하, 은, 주, 진**(秦), **한**(漢), 서한, 동한, 후한, **삼국** 위, 촉, 오, 진(晉), 서진, 동진, **남조**(南趙)의 송, 제(齊), 양, 진, 후양, **북조**(北趙)의 북위, 동위, 서위, 북제, 북주, 그리고 수, **당**, 무주, 오대(五代: 후량, 후당, 후진, 후한, 후주)그리고 북송, 남송, **거란, 요**, 서요, **금**(金), **몽고, 원**(元), **명**, 후금, **청**(淸) 등이 모두 고조선(古朝鮮 동이)이 뿌리라고 밝혀 놓고 있습니다. 아, 다 천손 동이의 가지들! 우린 이런 고조선을 부인합니다.

이제 **어머니의 나라가 품어야 할 역사이지요!**

이을형 박사님(전 숭실대 법대)은 "인류의 문명·문화를 시작했던 동이에는 1**마**(엄마)**문명과 이**(夷)**의 정통성을 이었던 환**(桓)**국과 배달국, 단군조선** 그리고 이에서 갈라져 2서쪽으로 가 지금 지나의 **산동지방을 중심으로 한 순**(舜)**왕 계열**이 있었으니, 이들이 1.2**정통문화계 동이**로 *회남자에서 '존경할 민족이요, 특이한 민족'이라고 말했던 **숙신씨**(肅愼氏)**로서 동호, 맥, 예맥, 선비**라 불렸다.

그러나 점차 정통문화에서 벗어나간 이들이 3**비정통문화계 동이**였다. 퉁구스, 읍루, 물길, 말갈, 오환, 거란, 여진, 돌궐(터키), 몽골, 흉노 등이었다. **고대 아시안은 거의 배달조선의 후예로 이들이 구이**였다." 라고 하여 지나의 정사인 *양서(梁書)가 "동이국은 조선이다."(東夷國 卽朝鮮) 또한 권54 동이제융에서 "동이의 나라는 **조선이 컸다.**"(東夷之國 朝鮮爲大) 라던 동이의 실체를 '고조선'에서 밝힙니다.

그럼에도 지나족은 주제넘게 **세상 만물이 저들 한족**(漢族)**으로부터 나온 것으로 꾸미고 스스로 천자**(?)**라며** 오히려 **천손 동이**(東夷)**를 사서**(*설문 등)에서 **오랑캐라 폄훼**하며 왜곡해 왔지요.

그래서 고조선을 이르고 시원겨레의 의미가 있는 **예맥**(穢貊)**과 동호**(東胡), **동이를 야만족의 역사로 각색**하지요. **동호는** '동쪽에 사는 오랑캐'(胡)로, 한겨레의 근간이 되는 '**예**(穢)**와 맥**(貊)' 또한 **벼를 발명했던 최초의 신석기문명인 예**(穢)는 '더럽다'는 뜻의 예(濊)로 바꾸고 무엇보다 충직한 성품으로 올바르지 못한 사람을 뿔로 받거나 물어뜯는다는 전설의 짐승 맥(貊)은 단지 똥고양이라 폄훼합니다.

貊의 '**치**'(豸)란 전설로 이어져 온, 발 없는 짐승…, 생각해 보면, 우리 땅은 **공룡**(Dinosauria)**과 고래의 천국**이었고 70만 년 전 **큰쌍코뿔이**(검은모루동굴)화석이 나오고 또한 **용**(龍)**이 탄생**하고 **범과 곰들과** 전설의 **부여견**마저 전해진 장쾌했던 땅…, 저 지나는 어쩌면 이들을 다 합친, **동북지방의 뿔 달린 하늘동물인 신수인 '해치'**(獬豸 출처: 후한의 *이물지)를 왜곡하고 싶었을 것입니다.


## 동이 – 천제(天帝)의 나라, 문명국 중국(中國)은 허구!

지구상에는 유일하게 '하늘의 아들·딸, 하느님의 자식'이라고 당당히 말해 왔던 사람들이 있습니다. 그래요. **하늘과 땅을 처음 개척했기 때문**이지요. 이(夷)들이 하늘백성으로서 **하늘제사인 천제**(天祭)**를 처음 올리고** 하늘나라백성의 임금을 천제(天帝)라 했으니 '**천제**'나 '**천자**'(天子)라는 말조차 우리에게서 처음 나오는 말이라고 합니다.

후한 때의 채옹은 *독단(獨斷)에서 "천자는 동이 임금의 호칭이다. 하늘을 아비로, 땅을 어미로 섬기는 까닭에 하늘의 아들이라 한다." (天子 夷狄之所稱 父天母地故 稱天子) 라고 했고 *역경 또한 "제(帝)는 진방(震方) 즉 동(東)쪽에서 나오고 모든 **진리의 말씀**은 간방(艮方)인 동북쪽에서 이루어진다."(帝出乎震 成言乎艮) 라고 했던 것이지요.

그래요. 천제(天帝)의 나라는 실로 **우리나라**, 한국뿐이었으니 당시 **모든 벼슬과 (황)제의 권위와 명령**이 동방으로부터 시작했다는 것으로 **고대조선 이전 세계의 질서**를 확실히 보여주는 귀중한 기록입니다. 그래서 고구리는 시조 추모를 동명(東明), '**천제의 아들**'로 기술하고 광개토태왕비에 '**국강상**'(國罡上)−**북두칠성이 비추는 땅의 왕**이라는 말을 앞에 두어 인류의 문화가 시작되었던 곳이 '**우리나라**'였고 이 땅이 태왕(太王: 인류최초의 나라의 임금)의 나라였음을 밝혔던 것이지요.

다행히 **지나측 기록**에는 '**천제**'(天帝)에 대한 기록이 많습니다. *초(楚)사에 '동황태일'(東皇 太一: Gland One) 즉 동방의 (천)제가 가장 오랜 역사의 최상의 임금이라는 기록으로 **우리의 장쾌한 역사**를 대변하고 *사기는 "배송지가 평하기를 3황5제를 천자라고 칭한 '본기'(本紀: 제왕의 이야기)는 **사실은 제후(신하)로서의 '세가'(世家)라야 한다." 라고 하여 지나의 자부심이며 전설적인 황제로 전해지는 복희씨, 신농씨, 헌원씨(軒轅氏)의 **3황과** 소호금천, 전욱고양, 제곡고신, 요(堯), 순(舜)의 **5제가** 사실 황제의 위치가 아니고 중심국도 아닌 모두 배달나라 밑의 제후(신하)였음을 알려 줍니다.

이렇게 중원의 작은 왕들이 **우리 이**(夷)**에서 갈라져 나간 사람들**(支)이었기에 **지나**(支那: 배달나라의 가지, 분국)**라고 불렀던 것**이지요.

그래서 \*제왕세기도 "**태호**(太昊) **복희씨가 동방**(震, 배달국) **출신**으로서 왕위를 취한 바 없을 때의 벼슬(位)은 동방에 있다." 라고 하여 지나인의 첫 시조라고 우겼던 **복희씨**(BCE2800년경)가 사실은 **천제국 배달나라**(환웅의 아드님)**사람**으로서 지나로 파견된 본국의 관리였음을 기록합니다.

또한 **요왕이 북적인**(北夷)으로서 지나땅(태원)에서 국가를 세울 때, **동방의 천제인 준**(俊=踆)**이 예**(羿: 활에 능했던 부하)**를 보내 어지러운 정국을 정리**하게 한 것은 동방천제국**이 요를 제후국으로 인정**을 해 주었다는 것을 말하고요. \*사기 또한 "**순**(舜)은 우(虞: 강소성)**지방 사람으로 동이인**이고 **도군**(고조선의 지방도시 지도자)이었고 **뒤에 제후라 했다**." 라고 하여 이 분들도 동이인으로서 사실은 **고조선의 지방 지도자로 출발한 고조선의 제후**였음을 밝혀 놓습니다.

이처럼 지나의 기록으로도 '**중원에는 황제국이 없었으며** 제후국만 있었음'을 기록하고 있기에 윤복현 교수는 "요 · 하 · 은(상) · 주의 왕은 **번조선의 단군의 감독을 받는 제후**들이었다. 그래서 이들은 왕으로 인정받으려 산동지역 태산(泰山)에 올라 **단군조선을 다스리는 단군천왕에게 망제**(望祭)**를 지내고 절을 했던 것**이다. 오늘날 '중국'(中國)이란 국호는 공자의 후손 공빈이 진술하고 있듯이 **단군조선의 선인 유위자께서 지어 주었다**." 라고 말하는 것이지요.

아, 옛날이여, 얼마 전(?)까지도 대한민국의 대통령이 바뀌면, 미국이나 중국의 인정을 받는 것이 의례였듯이, **고대엔 모두 임검님**(천제)**이 계신 하늘나라의 인정을 받아야 했던 것이지요.** 그래서 세상에 회자되는 말들- **요·순시대**를 '**격양가**'(擊壤歌: 태평성대의 기쁨을 나타낸 노래)가 불렸던 **태평시대**(?)니, **동양**(?)**의 유토피아**니 했던 말이나, '**요임금**'이니, '**순임금**'이니 불러왔던 것들이 온통 잘못된 표현이었고 허상이었음을 알게 합니다. '**임금**'(임검: 땅을 맡아 다스리는 신)이란 **천제국인 '우리나라'**에서만 일컫는 **왕들의 왕**의 표현이었기 때문입니다.

일제하 '國罡上광개토경평안호太王비' 출처: 나무위키, 동황태일 출처: STB, 진시황이 태산에 올라 망제·봉선의식을 치렀다(사근동후)는 태산석각(石刻) 출처: 양효성, 요순시대 격양가 출처: 이야기 한자여행, 독단(고금일사본) 출처: 한국고대사

서울대 전해종 교수는 "중국에서 **제**(帝) 또는 **천**(天)의 관념을 사용한 기록은 은(殷1600경~1046경BCE)의 말기부터이다." 라고 하여 **우리나라가 환인**(桓因)**천제의 桓國**(BCE7197경~)**을 시작으로 배달국시대**(BCE3898~), **단군조선**(BCE2333~)에 이르기까지 천제(天帝) 칭호를 사용했던 것에 비해 지나한족이 **훨씬 늦었음**을 알려줍니다. 우리가 대략 **반 만 년 앞서 천제 호칭**을 했지요!

그래서 **고대지나**(황하 상류)**땅에선 왕**들이 되면, '**동북쪽**(한국의 임금이 계신 쪽)**을 향하여 올리는 일종의 신고식인 '망제**'(望祭: 직접 못 가고 바라보며 제를 올림)**의 관습**'이 있었다고 합니다. 그것은 천제의 나라 **동이**(東夷)**의 근원**(배달국, 단군조선)이 그들의 **동북쪽**에 있었고 **동북쪽 간방**(艮方)은 '개(犬)가 나왔던 이(夷)들의 땅'으로 아침해가 뜨듯 '인류의 문명문화가 시작되었던 땅'이었기 때문이지요.

그래서 '동순망질 사근동후'(東巡望秩 肆覲東后)란 글이 전합니다.
-순(舜)왕이 동쪽으로 순행해 (泰山에 올라 왕의 왕인 天帝에게 관직을 인정받으려) **동북쪽 조선을 향하여 망제**를 하고, 멀리서 동방의 임금님을 뵈었다.- 라는 뜻으로 마치 시집 간 딸이 친정 어버이를 뵙는다는 '근친'(覲親)처럼, 하느님 나라(천제국)의 씨를 받은 **제후국 은**(殷=商)**의 군주인 순이 아랫사람으로서 높은 분을 찾아뵙는다는 뜻의 '근'(覲)자를 쓰며 단군을 뵈었다**(*서경 순전)는 것이지요.

세월이 흘러 **중원의 소왕들이 참람하게도 천자**(天子: 하늘의 아들)**라 칭하고 제**(帝)**를 칭하며 천제**(天祭: 하늘제사)**를 지내고, 진**(秦)**의 영정**(嬴政: 본명)**도 스스로 시황**(始皇: 첫 황제)**이라** 칭해도(자기들끼리만), **천왕, 천제**(하늘나라의 임금)**, 천군**(天君: 천제의 아들) 그리고 **상제**(上帝: 땅의 왕 위의 임금)**라 칭하지 못한 것은 문명·문화를 시작한 천손으로 내려온** 배달국의 환웅이나 고조선의 단군(壇君)檀君)처럼 진정한 하늘제사를 지낼 자격을 세상이 인정하지 않았기 때문이었습니다.

영정도 **진시황제**라 자칭했음에도, 태산에 올라 동북쪽을 향해 망제를 올렸던 것은 이렇게 해야 **천하의 인정**을 받을 수 있었던 법도(질서) 때문이었고 **흉노·돌궐·거란** 같은 유목민들도 동(東)쪽을 향해 예를 올리는 전통이 있었던 것 역시 그들의 문명·문화의 근본이 시원의 땅 '우리나라'에 있었기 때문이었지요.

만약 **근본**(한국)을 무시하고 **칭제**를 하고 천제를 올렸다간 천하의 구이(동이)가 이를 가만 두질 않았던 것이니 이것이 바로 하늘의 벌, **'척살'**(擲殺: 세상에 내던져 죽이다)이었던 것입니다.

### *우리말의 수수께끼* 이(夷)-대인(大人, 君子)

위당 정인보는 *조선사연구에서 **한겨레의 호칭이 194종**이나 된다고 합니다.

그러나 이 모두를 하나로 쉽게 말한 것이 '이'(夷)이지요. 이(夷)는 **존중과 배려를 의미하는 사람**을 말함이지요. 그래서 이들은 **사람다운 사람, 훌륭한 사람**의 또 다른 표현인 '**이**'(夷)를 약방에 감초처럼 우리말에 붙여 써 오면서 기원했습니다! ☀예쁜**이**, 착한**이**(↔악한 놈), 어린**이**, 아주마**이**(아지매), 늙은**이**, 아**이**(이들의 떠오르는 해, 맑은 태양의 씨를 갖은 이), 술래잡**이**, 땜장**이**(→땜장인), 애숙**이**⋯.

그리고 **이**(夷: 사람다운 사람)**와 가까운** 사람이나 물건 등을 부를 때(대명사)는 '**이이, 이것, 이 사람**'이라 부르고 이(夷)와 멀어질수록 '**그이-저이, 그것-저것, 그 사람-저 사람**'이라 하여 구별했던 사람들이었습니다.

무엇보다 세상의 주체(주어)에도 '이'(夷)를 조사로 붙이며 세상에 존재하는 모든 주체가 서로에게 대인임을 일깨웠습니다. ◈하늘이, 땅이, 사람이, 왕이, 백성이, 말쓰미 …. 훗날 17C 조선 숙종 때는 받침으로 끝나는 주어 아래 존경의 '이' 말고도 '가'(금 세상을 조화롭게 하는 땅의 주인, 신)라는 주격조사를 더하여 신(神)적인 존중을 표시했습니다. ◈엄마가, 정림이와 세니가, 영환이와 예니가, 상민이가….

이때 우리의 말은 온통 비나리('축복의 말'의 우리말)였지요. 곁에서 사는 이(夷)들은 늘 보탬이 되고 웃(上)사람 역할(배려)을 하였기에 '이웃'이라고 말하였고 그래서 이(夷)들끼린 서로 끌리고 또한 끌어주는 미덕을 '이-끌림'이라 말해옵니다. 또한 이와 같은 존재를 '임'(이+ㅁ존재), 임자, -님'(접미사: 임검님, 어머님, 스승님)이라 불러왔습니다.

이젠 외국인도 흔히 쓰면서 무척 궁금해 하는 호칭이 있습니다! 엄마 다음으로 많이 쓰는 말인 고모와 이모이지요. '고모'(姑母)가 우리 땅의 어머니이신 마고(姑)삼신을 대신한 말로 샘물 같은 지혜로 '우리'(울타리)의 정체성을 품게 하는 분이라면, '이모'(姨母)는 단순히 엄마의 자매라는 뜻 외에 엄마 대신 비나리를 해 주며 따뜻한 정과 아름다움을 느끼게 하는 동이(夷)의 여인을 뜻하는 소중한 말이었습니다.

술래잡기(숨바꼭질) 출처: 우리학교(중국조선동포 교육대표사이트), 송소희의 비나리
출처: KBS1, '도리도리' 출처: 체인지TV

그래요. 사랑이란, '소-중히 여기는 것!'

사랑을 몸으로 느끼며 살았던 이때의 세상을 '**바나리**'(처음의 이상적인 세상, 신이 내린 땅, 밝은 해가 임한 땅, 참사람들의 참세상)라는 말로 우리 겨레는 전설처럼 전해오고 **비나리**로 세상을 축복해 오지요. 재팬과 지나가 그냥 **米國**(쌀나라)이라 하고 **獨逸**(외롭다)이라 하는 것도 우리는 아름다울 美를 써 '**美國**'이라 하고 독일은 덕(德)이 있다 하여 '**德國**', 이탈리아는 크게 이로운 나라라고 축복하며 '**이태리**'(伊太利)라 했던 사람들! 아름다운 사람이었기에 세상을 아름답게 말해 왔습니다.

임도, 사람도, 세상만물을 함부로 대하질 않고 **소-중히 생각하고** **그래서 이들과 조화를** 이루며 살아왔던 이들이었습니다. 이(夷)처럼 **이(夷)는 아름다운 말의 기본**이 되는 말로서 **우리 겨레만이 갖고 있는** 참으로 소중하고 보배로운 말이었고 서로가 서로에게 희망이며 사랑이었던 사람들이었지요. 지금은 이가 서로에게 **힘겹고 부담스러운 짐**이 되고 말았지만…! "**임자들, 함께 우리 역사 바꿔**보시죠?"

우리가 **천손이고 진정한 군자**(君子)라는 증거가 또 있네요. 바로 **사람에 대한 예의와 격식을 갖추며** 어느 민족에도 없는 많은 존경어와 존대문화가 전해왔다는 것입니다. 도리와 예절을 지킨다는 것은 **감사하는 마음에 기쁨과 여유와 희망**이 있기 때문이지요. 사람을 사람답게 만들어 주었던 **풍요로운 땅**, 사람(夷)으로 이(夷)끌어 주셨던 이(夷)들이 있었기에 대상을 높이고 때론 **살아있는 신**(곰)**으로서 군자로서 존경하고 배려**하는 한국의 가치관이 전해진 것입니다.

반면, 지구의 문명인(?) 노릇을 하고 문화굴기를 내세우는 서양과 차이나(지나)는 자신의 **어머님이나 아버님**한테는 물론 **할아버님**마저 'You, 니'(너)라고 말하는 **언어문화**인 것을 보면 저들의 근본이 **품격과 아름다움의 문화와는 거리가 멀었음**을 알 수 있습니다.

또한 **겸양**(겸손과 양보: 여쭙다)은 물론이고 **일반적인 존대어** 이외에도 **주어**(아버님께서)나 **목적어**(어머님을 모시고)나 **부사어와 서술어**(할머니께 드리다), 그리고 **듣는 이**(그렇게 하십시오)에게까지, 심지어 **단어의 끝에 붙이는 말**(접미사; -님)마저 온통 존대법으로 꾸며져 있는 나라는 세계에서 유일하게 우리나라뿐입니다.

그래서 한국을 찾는 많은 **외국인**(200여 국)**들이 한결같이** 생소하고 **어려워하는 문화가 우리의 존대법문화**라고 하는 사실은 그만큼 다른 민족에 비해 높은 정신문화(고급문화)로 **역사를 아름답게 시작했다는** 흔적들이지요. 맞아요. 태교에서 '도리도리'(道理道理) 등 **무릎팍 교육**에서 **밥상머리 교육**으로 그리고 **훈장님으로 가르침**으로 존경과 배려와 도리를 배우며 교육을 중시했던 천손들이었습니다.

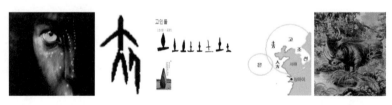

"I SEE YOU!" 출처: 영화 아바타, 이(夷: 사람들의 존경을 받는 모습)의 옛 갑골문자 출처: Chinese Etymology, 토(土)는 고대 한국땅 출처: 윤복현 교수' 큰쌍코뿔이 출처: egloos

**훗날 이 땅을 떠나간 해**(알) **같은 사람들**이 있었지요.
초원으로 간 이(夷)들은 **알타이어**(알을 품은 말: 퉁구스·몽골·투르크어)를 사용하나 알(해)의 마음과 생각을 점차 잊었기에…

우리와 말이 통하지 않게 되고 또 지나땅(하북 · 하남 · 산동 · 산서 · 강소 · 안휘 · 광동성 등)으로 간 이(夷)들도 동쪽 성인의 땅(대방. 土方: 고인돌 지역)에서 **멀어지면서 품격이 떨어져** 대(大)인의 땅이 아닌 그냥 **인(人:보통사람)의 땅**이 되면서 차츰 **남이 되어** 변해 갑니다.

그러다보니 동이가 개척했던 지나의 동해안 지역도 차츰 대방(大方)이 아닌 **인방(人方)**이라 불리게 되고 게다가 지나한족과 섞이면서 **이(夷)들이 처음 창안한 글자**(한자)를 한(漢)의 문자로 착각하면서 이(夷)를 의미하는 인(人)을 '**나**'(본인)라고 하고 또 '**남**'(타인)이라 해석하는 알 수 없는 글자가 되어 점차 자신들(夷)마저 **남으로 알게** 되었던 것이지요. 또한 지금 대인(大人?)이라고 자처하는 한족(漢族)이 **대인**을 정작 1인칭대명사(나)가 아닌 **3인칭대명사**(그)라고 말하는 것은 **大人의 근본이** 원래 지나족이 아닌, '한국인'이었다는 비밀을 담고…!

여기에 지나는 부모나 할아버지에게도 **니(너)라고** 말하고 심지어 **인육문화마저** 즐긴 족속들이었으니 어찌 아름다운 대인(大人)일 수 있을까요? 그래서 우리의 조상님은 사람을 사람(夷)으로 대접하지 않았던 자를 '못된 눔'(者: 태양의 가치를 땅속에 가둔 자)이라고 했던 것이지요. 못−된 눔(놈)들! 중(中?)국의 정체성이 얼마나 허구였는가를 보여주는 최대의 블랙코미디입니다.

### 진정한 남녀평등의 땅

그래서 지금처럼 문명화된 세상에도, **지구의 대다수의 국가들**…

더구나 선진문명국이라는 유럽국가에서도 **결혼하는 순간 여성의 성** ㈜**마저 빼앗고** 남성의 갈비뼈로 치부하는데 비해, **남녀가 구별 없이** 다 같이 존중받았던 평등(平等)문화를 이어온 나라는 지구상 우리나라 (한나라, 배달나라)밖에 없었습니다.

우리가 우리를 너무 몰랐을 뿐, 고려시대엔 **과부가 된 출가한 딸에 게도 똑같이 유산을** 남기고 심지어 여성을 철저히 무시했다고 알고 있는 **조선왕조시대조차 남녀 균등하게 상속**했던 사실이 조선시대 최 고의 법전이라는 *경국대전(經國大典)에 전하며 *분재기(分財記: 조선시 대 상속문서)에는 **어미 잃은 외손에게도**, 또한 퇴계 이황은 **혼인한 딸 에게도 장자와 똑같이** 재산을 남겼던 기록이 전합니다.

'동이의 문명은 한국의 문명'이라고 말하는 것은 지금은 다 버렸지 만 우리가 **모계사회에서 비롯된 평등문화**를 비롯한 **많은 동이의 전통 과 풍습**을 고스란히 **간직하고 있는** 종가집안이었기 때문입니다.

퇴계 이황의 분재기
출처: 신관철의 역사산책

박현 님(한국학 연구소장)은 *한배달(61호) '고한어 산책'에서 우리가 잊었던 우리말의 배꼽들을 소개합니다. 아름다운 단어로 전 해진 '**각시, 가시, 아가씨, 가시내, 가시버시**(부부)'의 원형이 우리의 **옛 만주말** '고시'(사랑)였음을 일깨우지요.

또 박현 소장은 환웅 이전의 환인님의 이름 중에 '2대 혁서(赫胥), 3대 고시리(古是利), 4대 주우양(朱于襄) 5대 석제임(釋堤任) 6대 구을리(邱乙利), 7대 지위리(智爲利) 환인' 끝에 붙은 '서, 리, 양, 임'이 옛날의 존칭어로서 우리 한겨레가 잊고 있는 향그러운 마음을 오롯이 간직한 말이라고 합니다.

'서'의 현실적 발음은 '쇠'로서 남성에 대한 극존칭어(태양, 써ㄹ sir)였다고 합니다. 훗날 역사가 변질되어 '돌쇠, 마당쇠'처럼, 존칭의 뜻이 사라지며 이 나라 남성의 격을 낮추어 부르게 된 말입니다. '양'은 '얀'으로 옛 우리말의 '어르신'이라는 존칭이었다고 하는데 지금은 맥이 끊어진 말입니다. 애재라!

'임' 또한 남성에게 붙이는 극존칭어였다고 합니다. 크게는 환인(桓因)의 인이 임(壬)으로 변하고 지극히 높이는 접미사 '-님'(태양처럼 밝고 빛나는 이)이 되어 '임금님, 선생님, 어머님'으로 쓰이게 된 말이지요.

'리'(利)는 여성을 높이는 존칭어로서 '니'(뉘)로 되어 '어머니, 언니, 누이'의 뿌리말이었음을 일깨우면서 일곱 환인님(임금) 중 고시리, 구을리, 지위리 환인(임검님)이 여성이었음을 밝혀냅니다. 감사합니다!

이들이 첫 한국인으로서, 진정한 사람(人 human)의 시작이고 최초의 뿌리문명인(文明人)이라 불리는 사람(夷)의 뿌리, 첫 이(夷)로서 세상에 문명을 시작한 동쪽에 사는 '사람다운 사람!'이라 하여 동이(東夷, 동이)라 불렸습니다. '아름답고 고귀했던 사람들!' 선조께서 "우-리가 누군데…, 우린 한국인이다!" 라는 자부심의 근거이지요.

이런 이 땅의 사람들을 세상은 그냥 사람이 아닌 '사람에게 존경을 받는 사람'(仚)이라 하여 성인(聖人), 대인(大人), 군자(君子)라 하고 '고대 한국(본터)에서 온 뛰어난 성인'을 일컫는 말인 대(大)를 붙여 '우리나라'를 크고 위대한 땅 '대방'(大方)지역이라 했던 것이지요.

이 신비롭고 존경받는 사람들 '동이'가 분명 지나족(한족)은 아니었음을 자유중국의 희늑격 교수는 그의 저서 *중국사승중미상제국고증(권7)에서 놀라운 고백(1975.4)으로 밝힙니다. "**고대중국역사에 기록한 군자국은** 어느 나라인지 미상이었다. 그런데 옛날의 *천문지와 *상서우공(尙書禹貢) 등 문헌을 고찰해 보니, 그 군자국은 바로 한국이다." 라고 고증까지 해 놓습니다.

동이의 원뿌리가 **한국**이었고 지나인이 받들었던 4천여 년 전, 군자국(君子國)은 **한국뿐**이었다는 학자적 양심선언이었지요. 그러나 한족(지나족)은 **너무나 부러운 이름**이기에 지금 '동이'를 지나의 **뿌리**라고 합니다. **우리가 '夷'를 오랑캐라 저주하며 스스로 버렸기 때문이지요!**

"볼 수 없는 것을 보는 것 그를 일컬어 이(夷)라 한다."

(視之不見, 名曰夷) * 노자 도덕경

## 신의 대리자 단군, 한겨레의 나목 우주수

훗날 이(夷)들이 **상투를 하고 갓**[갈 cap]을 쓰고 나가 높은 문화(文化)로 세상을 이(夷)끌었기에 이들을 보고 **신(God)**이라 부르고 세계는 이 **우두머리**를 '단군'(壇君, 檀君Tangun, 天君Tengri)이라 불렀습니다.

학자들에 의하면, '단군'은 **삼신**(三神: 천지인)**의 인격체**(대리자), 또는 천(天), 태양, 신, **최고의 제사장**(大祭司長), **무**(巫: shaman), 임금(王), 머리, **중심적 존재** 등의 뜻을 갖고 있는 언어라고 합니다. 그러나 단군이 **대제사장의 역할** 외에 **나라를 통치하는 대군주**(大君主)로 말할 때는 '단군왕검'(王儉)이라 불러 왔다고 하지요.

이렇게 천제국의 우두머리였던 '단군'은 훗날 수메르에서는 **딩기르**(Din-gir), 알타이계통의 카자흐스탄과 몽골은 **텡그리**(Tengri), **텡게리**(Tengeri), 터키는 **탕그리**(Tang-li)로 변했지만, 공통적으로 '이'(이, 리)를 넣어 스스로 '**해 뜨는 동방의 신성한 존재**'였음을 한결같이 드러내고 있었던 것이지요. 지나 또한 **천제**(天帝)를 **티엔 이**(Tien-i)라 했으니 '**이**'(夷)의 위상을 짐작할 수 있겠습니다!

훗날 단군의 후예들도 구(高)**리**, 고구**리**(려), **카**(까)**우리**(Caule), **꺼레이**(Caray. 겨레)라 하여 동방계의 이(夷)의 권위를 승계하려 했던 것이지요. 지금도 전해지는 "**니 마음대로 해라!**" 라는 말은 이렇게 순리(順理)로 살아가는 니(이夷. 동이)에게 천하의 질서를 위임해 왔던 말이었습니다. 찬-란했던 조상의 자부심이지요.

'**단군의 모습**'을 처음 그려 남기신 분은 신라의 화가 '솔거'였다고 동사유고는 전합니다. 그런데 혹자는 단군께서 황금이 아닌 '**나무의 잎으로 된 옷**'을 두르고 계신 것을 가난하고 보잘 것 없는 부족의 족장이라서 폄하하지만, **나무**(木)**는 조직과 체제와 질서를 갖춘…**.
국가를 상징했던 고매한 정신을 몰랐던 무지 때문이었지요.

이에 대해 〈한국학연구소〉 박현 소장은 '고구려 옛 무덤(각저총 등)에서 곧잘 보이는 고사리처럼 생긴 큰 나무가 '사(社)나무'로서 체제를 갖춘 나라를 뜻하는 것이며, 그 나무가 있는 곳이 바로 솟터(솟터, 수 릿터, 해가 있는 곳)로서 제천의식을 치르는 곳이다. 나라나 조정을 뜻하는 말을 '사직'(社稷 예: 종묘사직)이라 했던 것이 여기서 유래된 것이다.' 라고 하여 고대조선이 큰 뿌리의 엄격하고 정밀한 조직과 체제를 갖추고 있는 동(東)방의, 고도의 문명국가였음을 증명합니다.

이것이 고리(려)의 천재 이승휴(1224~1300)가 한겨레 문화와 역사의 자부심과 독자성을 기록한 *제왕운기에서 '흙(土)으로 제단을 쌓고 세상을 지배한다(壇)'는 의미(壇君)를 넘어 나무 목(木)변이 있는 '단군'(檀君)을 쓴 이유이지요. 멋지죠?


그래서 신라도 나라를 세울 때 동방(木)동이를 근원으로 한 체제를 갖춘 나라를 밝은 땅(붉달)에 세운다 하여 나무목(木)이 들어 있는 글자 '박'(朴, 붉달의 후예-木)으로 성씨를 정한 것이고 마찬가지로 이(李)씨의 시조인 노자(老子) 또한 자신이 동방 동이임을 밝히기 위해 동방을 뜻하는 목(木)에 아들(子)을 붙여 '李'라는 성을 써 이이(李耳)로 바꾼 것입니다. 朴씨와 李씨 성이 이렇게 나온 것이지요.

고구리 각저총의 무덤벽화에 나타난 우주수 출처: 국립중앙박물관, 우리에게 몇 없는 단군영정 (부여 천진전) 출처: 국립부여박물관, 한국인의 세계수 일월부상도 출처: 조봉석

예부터 '동(東)쪽'은 **생명체가 살기에 기후가 좋아 나무**(木) **또한 가장 무성했던 곳**으로 문명·문화가 처음 나오고 그래서 나라가 처음 생겼던 곳이었지요. 그래서 나무(木)는 5행에서 **동방 동**(東)**쪽**을 뜻했고 그래서 東이란 소위 중(中)보다 큰 자부심의 말로 우리 동이가 사는 곳을 뜻했던 것입니다. 따라서 **해와 달이 뽕나무 숲에서 뜨고 소나무 숲으로 진다**는, 우리 왕실의 '**일월부상도**'(日月扶桑圖)는 '우리나라'가 남과 동으로 온통 뽕나무 천지였고 북과 서로 소나무가 있는 광활한 강역이었음을 전하는 것이며 하늘나라로 떠난 **망자의 묘지 주변에 소나무숲을 조성**해 놓은 것은 천손의 생사를 관장하는 별인 '**북두칠성**'이 있는 북쪽의 **나무**로 영혼을 달랬던 풍습 때문이었다고 합니다.

이렇게 우리 겨레가 높은 나무나 숲을 신성시했던 것은 하늘높이 솟은 **신단수**(세계수)나 **숲**을 통해 영혼이 천상계와 지상계를 오르내릴 수 있다고 생각했기 때문이지요. 신단수(神壇樹)는 '**신단**(神壇) 즉 고인돌이나 피라미드 **꼭대기에 심은 나무**'라는 말이었다고 하며 점차 풍습이 간략화 되어 **피라미드 대신 마을 어귀에 성황당**(聖皇堂)을 짓고 **위가 아닌 옆에 당산**(堂山)**나무를 심었다**고 합니다.

### 세상의 중심, 문명의 세계수

그래요. 기후가 좋았기에 **나무**(木, 東)가 가장 무성했고 그래서 **생명체와 사람이 살기에 가장 적합**하여 **여러 인종이 어울려 살았으며** 그래서 인류의 문명·문화가 처음 나오고 그래서 **나라가 처음 생긴 땅!**

지구의 미스터리로 인류가 그렇게나 찾으려 했던 세계수, 우주수(宇宙樹)는 **인류의 문명문화가 처음 시작**해서 세계로 퍼져나갔던 우리 땅의 나무를 상징하는 것이었습니다.

〈산림문화원〉 전영우 님의 '**한국의 세계수**'(전영우)라는 글입니다. '세계수는 세상의 중심에서 지상을 떠받치는 거대한 신화적 나무로서 **우주의 기원과 구조** 및 **삶의 근원**을 상징하는 우주목(world tree, cosmic tree)이라고도 하며, **천지만물을 주관하는 신들의 거처**(나왔던 곳)로 상징되는 나무라 할 수 있다.'

그래요. '**한국의 신단수**'가 아시아, 시베리아, 북아메리카, 인도-유럽, 오스트레일리아 등 전 세계의 신화와 민담으로 퍼져 있는 생명과 지혜의 나무(tree of knowledge)의 원형이었음이 밝혀진 것이지요.


아, 단군(檀君)의 나무(붉달나무)는 **조직과 체제와 질서를 갖추는 나라**를 상징하는 것을 넘어 크게는 우주(univers)를 상징한다는 '우주나무'였습니다. 나무는 위나 가운데나 아래나 밖이나, 가지와 잎의 **같은 구조로 일정한 규칙과 통일성**을 갖추고 반복하고 있지요.

이처럼 **하나하나에 한 전체가 무한히 들어 있는 것**을 양자역학 물리학에서는 '**프랙탈**'(Fractal: 부분이 전체와 비슷한 형태로 끝없이 되풀이 복제되는)구조라고 합니다. 세상에 존재하는 **삼라만상의 구성원이 서로 연결되어 뗄 수 없는 구조**에서 서로에게 생명을 주고받는 밝고 조화로운 관계를 이루고 있음을 일깨워 서로 **경쟁이 아닌 협동**으로서 '**조화**'를 이루고 살아가야 한다는 **우주의 법칙, 우주의 진리**(眞理)를 깨우치게 하는 신목(神木)이었습니다.

그래요. 너와 내가 '**우리**'가 되고 너의 우리와 나의 우리가 모여 '**큰**(우리의) **우리**'를 이루어 '**더 큰**(우리의 우리의) **우리**'를 지향하며 온통 '**우리**'를 써왔던 **우리 한국인**이 바로 우주의 진리를 느끼며 우리의 우주수를 지켜온 사람이었지요.

코로나바이러스가 창궐하는 이때 서로 문을 걸어 잠그고 나만 생각하는 세상과 달리 '**우리**'로서 '**사해평등**'으로 '**홍익인간**'(弘益人間)을 실현하며 **사람의 품격**(品格)**을 보이는 것은** 우리가 이러한 '**천손**'이기 때문입니다. 영화 '아바타'의 감독이 **그토록 찾고 싶었던 '사람들의 땅'**이고 인디아나존스가 숙제로 남겨놓은 땅이지요.

세계수 상상도 출처: WOWPEDIA, 출처: 위키백과, 죽어가는 우동리 당산나무 출처: 부안독립신문

옛 *산해경에는 '**부상**'(扶桑: 해 뜨는 곳에 있는 뽕나무)**이** 동해의 끝에 서 있는 신의 나무(神木)'라 하여 한겨레의 세계수(世界樹), 우주수로 등장하고 있는데, 이 나무는 '**열 개의 태양**이 까마귀를 싣고 있으며 아홉 태양은 아랫가지에, 하나의 태양은 윗가지에 걸려있어 높이가 수천 장(3백 리)에 둘레가 2천여 아름에 달하는 **거대한 신화적 나무였다**'고 기록하고 있지요. 이제 알겠네요!

그러하기에 한족(지나)들은 우리나라를 온통 나무로 푸르다고 해서 푸른 언덕 즉 '**청구**'(靑丘→청구영언)라 불렀던 것이고 **동이가 아홉 부족**

(구이)이기에 '아홉 개의 까마귀'(태양)로, 그리고 **중심을 이루는 큰 줄기 윗가지에 세상을 아우르는 하나의 천제국**(인류의 문명을 시작한 종주국)을 '**큰 태양**'으로 기록하여 우리 한겨레의 정체성을 고스란히 나타냈던 소중한 신화였습니다.

그래서인지 지나의 우주수는 **동해 복판에 있는 소나무**였다고 하니 저들의 **동해란 우리의 옛 서해평원**을 말함이고 재팬 또한 **소나무로서 세계의 중심인 북쪽**에 있다 했으니 **북쪽이란 '우리나라'**를 말함이지요. 그래서 우리 천손동이는 **우주수의 상징**으로 '솟대'를 세우고 **세계로 나갔던 것**입니다. 그래요!

프랙탈 구조의 조화로운 우주 출처: 문수만, 양치식물의 프랙탈 구조 출처: 다음백과, 백남준 그가 한국인이고 천재임을 증명한 '프랙탈 거북선' 출처: 대전일보

세계적인 **비디오 아티스트 고 백남준**(1932~2006) 씨는 이러한 한국의 사상을 일찍이 1993년 〈대전엑스포〉에서 가로 18m와 세로 10m, 높이 4m에 달하는 **프랙탈구조의 거북선**을 제작하여 세계를 놀라게 합니다. 84대의 낡은 TV를 곳곳에 설치하고 수족관, 전화기, 라디오, 폴라로이드 카메라, 토스터, 심지어 부서진 피아노와 자동차, 박제 거북 등으로 **삼라만상**을 표현하고 이것들이 과거와 현재를 넘어 **규칙성과 통일성으로 전체에 조화**하는 한국의 우주정신, 홍익정신과 시원문화에 대한 향수를 **프랙탈**(Fractal)**구조**를 통하여 표현했던 것이지요.

그가 **세계미술사**의 **거목**이 될 수 있었던 것은
그의 작품의 심층에 천손 한국인의 오묘한 정신을 오롯이 담아냈기
때문이고 그래서 "저는 **장벽을 부수는데** 공헌하고 싶었어요."라는
말을 할 수 있었던 것입니다.


## 인류의 시원사의 주인- 동이 가로채기

지나의 역사학자 서량지는 이미 *중국사전사화(中國史前史話 1943 초판)
에서 "**4천여 년 전**, 지나한족이 중국 땅에 들어오기 전에 중원의 북부
및 남부를 이미 묘족(苗族: 인류의 씨앗, 東夷)**이 점령하여 경영**하고 있었
다. 한족이 중국에 들어온 뒤에 서로 접촉하였다."라고 하여 동남아
에서 한족이 지금의 중공땅으로 몰려오기 **5천 년 이전**, **오랜 세월을
동이는** 지배를 받은 존재가 아닌, 원래 이들 땅의 주인(主人)이요, 지배
세력이었음을 알게 합니다.

그러나 이어 "은(殷 1600경~1046경BCE) 주(周 1046~256BCE) 대에 **동
이의 활동무대**는 오늘날의 **산동**, 하북, 하남, 강소, 안휘, 호북지방,
**발해 연안**, **요동반도**, **조선반도**의 광대한 지역을 모두 포괄하였는데,
**산동반도(√)가 그 중심지**였다."라고 하면서 시원문명의 주체인 동이
를 한반도와 만주의 동이(東夷)가 아닌, 산동지역을 중심(√)으로 한 동
이로서 **그들은** 중국인(√)이었다며 오히려 한족의 문명권으로 왜곡해
버리지요. 이 자는 **화존이비**(華尊夷卑: 화를 높이고 이를 낮춤)와 **대일통천
하**(大一統天下: 큰 중화 중심의 세상)를 부르짖는 '**중화주의자**'로서 오히려
시원문명의 주체인 동이를 중국인으로 가로채 버립니다.

그래서 지나의 하광악(何光岳 ~2015)의 *동이원류사에서 동이의 솔직한 역사를 찾을까 했었는데, 이 자 또한 **동이의 원류를** 한족(중화족√)으로 보고 온통 한족 중심의 중국기원설로 일관된 역사였을 뿐이고 "중국의 고대사는 **모두 동이의 역사다.**" 라고 하여 한때 한국을 흥분시켰던 엄문명(북경대 고고학교수)마저 '**동이의 본거지는 지나의 산동·하남 일대(√)**'로서 만주나 한반도의 동이는 겨우 은(殷)의 멸망이나 나중 진·한(秦漢)의 멸망으로 그 유민들이 옮겨와 이루어진 그저 동이의 변방(√)이었을 뿐, **동이의 뿌리가** 차이나땅(√)이었다'며 아예 **동이의 근원마저** 바꾸고 지구최초의 문명인의 땅을 **지워 버립니다. 우리가 동이와 그 시조(마고)를 버렸기 때문이지요.**

이미 한족 중심의 역사책인 사마천의 *사기조차 '은(殷)을 가리켜 이(夷)라 했고 주(周)를 가리켜 **화(華)라 했다**'라고 구별하며 은이 **지나족과 같은 민족이 아니었음을** 기록으로 남기고 그래서 이(夷)는 바다를 끼고 동쪽에 있고 지금 지나의 조상이라는 화(華: 한족)는 내륙(서쪽 산악과 사막)에 있어 '**서화동이**'(西華東夷)**라 하며 정책적으로 동이를 멸시해 왔던 것인데**…, 그래서 산동을 중심으로 한 동쪽지역에선 우리문화의 증거인 **고인돌과 우주수(비파형)동검과 갑골문 등이** 나와 우리한국과 정체성이 같은 동이였는데도 말입니다.

그러나 만주땅(요하)에서 **세계4대문명보다 앞선 홍산문화가** 발견되었음에도 한국인 스스로 동이를 '오랑캐'라며 **한국과 관계없는 남의 역사로 배우고 알고 있는 한국사학계의 상황을** 파악하자~,

오히려 '오랑캐'라 비하하던 지나(중국)의 역사계는 **동이**(東夷)**를** 자의
적으로 해석하며 **시원문명의 주인인 동이를 제 민족**(√)이라며 '**동이
빼앗기**'라는 프로젝트를 시작한 것이지요!

　아직도 '오랑캐의 칼'을 쓰고 **태평성대**(?)를 누리는 한국인들!
임자들이여, 언젠가, 아이들이 **조상을 물어오거든**, '이렇게 말해 주시
오! '우리 **동이**는 동(東)쪽에서 해가 뜨듯 **세상의 이치**를 가장 먼저 깨
달아 **인류의 문화**를 잉태하여 씨처럼 세상에 퍼져 다스리며(다 살려)
**홍익과 평등을 실천**했던 천손(마고)의 겨레였노라'고. **세상을 크-게
보고 세상을 아름답게** 보았던 사람들이었다고. 그래서 당당히 하늘
(하느님)의 아들이라고 말해 왔던 사람들이라고!

중국 산동성 왕모산의 고인돌 출처: 박준형 해군사관학교 교수, 산동성 출토 우주수(비파형)동검과
유사한 동검 출처: 강인욱, 조선 말 칼 쓴 죄수(?) 출처: *조선에서 온 사진엽서 민음사

## 공자가 시작하고 지나족이 왜곡한 역사

"**지나**(支那)**역사의 진실은 5%도 안 된다!**"는 지나의 역사학자 위안
팅 페이(袁騰飛)의 말을 두고 고 박성수 명예교수님(한국학중앙연구원)은
이 역사왜곡의 근본원인을 공자에서 찾고 탄식하신 적이 있습니다.
　"공자가 **고대-문화의 원류를 담았다는 역사서** \*서경(書經)을 쓸 때,

우리나라의 서적 3000권을 갖고 가 썼으며 후에는 버렸다. 이렇게 공자의 글이 나오기 전까지 중국의 역사책이란 없었다! **동이인의 역사밖**에 없었기 때문이다."(2012. 11 '치우학술대회') 맞아요. 그래서 공자는 \*논어 에서 '자신이 성현의 글을 풀이했을 뿐, 지어내지 않았다'(述而不作)라고 하여 **옛 나라의 서적과 역사를 참고한 것임**을 밝혔던 것이지요.

지나의 역사가 량치챠오(梁啓超 1873~1929) 또한 '요가 제위를 순에게 **선양**(禪讓: 왕위를 덕이 있는 사람에게 양위)했다'는 **공자의 \*서경의 왜곡**(\*한비자의 說疑에도 나옴)을 지적(선양이 아닌 왕위 찬탈)하면서 "중국역사는 **자기의 목적**을 위해 자기중심으로 **위조**하여 사가의 신용이 떨어졌으며 이 왜곡의 악습이 공자로부터 시작해 2000년 동안 유전되었다." 라며 **공자의 역사왜곡의 폐해**를 지적합니다.

오호, 통재라! 이러한 양계초의 지적은 노(魯)의 대표로 제(齊)에 간 공자가 동이인(萊人)으로 구성된 악사들의 음악연주 중 '군자의 도를 논하는 자리에 오랑캐(夷 ?)**의 음악을 연주한다**' 며 **춤추는 광대들의 손발을 그 자리에서 자르게 했던** 공자의 '협곡회제'(夾谷會齊)라는 일화를 떠올리게 하면서 편향된 공자를 기억하게 합니다.

고 박성수 명예교수님 출처: 한겨레, 양심사학자–양계초 출처: J제이누리, 조선시대 화가 김진여
(1700년) 作 '협곡회제' 공자성적도(32×57㎝비단) 출처: 국립중앙박물관 소장

이러한 공자는 노(魯)의 역사를 기록한 *춘추(春秋)에서 주(周)를 높이고 주변의 민족을 모두 '야만인'으로 매도하여 깎아 내리는 '존화양이'(尊華攘夷: 중화는 받들고 이는 배척하라)의 태도를 보이며 '중화주의'를 취합니다. 자국은 높이고 주변은 낮추고 자국의 수치스런 일은 숨기는 '춘추필법', '휘치필법'(諱恥筆法)이지요.

이러한 역사관은 이후 지나역사 서술의 기본지침이 되어 거의 모든 사서에서 동방문화의 주인이며 거대한 천제국의 실체인 '조선'이라는 나라 이름을 의도적으로 기록하지 않게 됩니다. 이 시작이 공자로부터 시작되었다는 것이지요.

4~5천 년 전 지금의 중국땅 남쪽으로 들어온 지나 한족은 대대로 이어온 토박이 천손 동이겨레에게 문명과 문화의 은택을 입고 살아왔었습니다. 그러나 지나는 이러한 은혜를 오히려 주제넘게 지독한 한(恨)을 품고서 정책적으로 천손 동이를 천박한 역사기록으로 남겨 놓습니다. 우리가 중공을 경계해야 할 이유이지요.

지나족에겐 동방의 천손의 문명과 대인·군자란 저들에겐 넘을 수 없었던 부러움이고 서러움이었지요. 그래서 시원겨레와 종가의 의미가 있는 예맥(穢貊)과 동호(東胡), 동이(東夷)를 야만족의 역사로 각색하고 사람을 뜻하는 고대 유목민의 언어인 '훈'에 태양을 뜻하는 '누' 훈누(태양의 사람들)는 '흉'(匈: 오랑캐)과 노(奴: 노예)를 붙여 흉악한 노예로 바꾸어 버리자, 하나의 큰 천손의 나라는 마치 각기 다른 자그마한 야만의 소국처럼 인식하게 됐고 동방의 천제나라인 '조선'의 이름과 실체를 왜곡하여 없애고… 무엇보다 동이의 역사책을 불사르면서……

태초(사람의 역사를 시작한)의 역사와 드넓은 강토(疆土: 북두칠성ㄹ기이 비추는 동이의 땅土)는 **사라져** 버립니다.

점차, **주인이 없어진 역사와 땅**은 왜곡으로 인해 지나족의 영역이 되면서 **변두리역사였던 지나사는 문명의 중심역사가** 되었고 중심사였고 세상의 주인이었던 우리의 역사는 지나사의 주변사**로 둔갑**된 것이지요!

아, 그리고 지나족은 천손의 문화와 역사를 담은 **동이의 책들을 깡그리 불태워**버립니다. 대진(大震: 발해)의 시조 대조영의 아우 대야발(大野勃)이 쓴 \*단기고사(천통 31년, 727년) 서문에 나오는 문장은 후손의 가슴을 찢어놓습니다. "신이 삼가 당의 장군 소정방과 설인귀를 몹시 원망스럽게 여기는 이유는, 백제와 고구리를 멸망시킬 때에 그 국서고(國書庫)를 부수고 \***단기고사(檀紀古事: 이전의 사서)와 고구리와 백제의** 사서를 전-부 불태워 **버렸기 때문입니다.**"

이렇게 장엄하고 거대했던 인류문명·문화의 뿌리를 고스란히 빼앗기자, **가지와 잎같이 하찮았던 지나**는 오히려 **많은 성인과 대인·군자를 배출한 문화국, 세상의 주인이 된 것**이지요. 거짓말이 진실이 된 것입니다. **"악화(惡貨)가 양화(良貨)를 구축한다!"**던 그레샴(英 경제학자)의 말(Gresham's law)이 맞았습니다.

**한(漢)족문명이 무서운 점은**, 혈통개념이 아니라 '**문화(文化)개념**'이라는 것이지요. 수많은 싸움에서 수없이 지며 지나왕조들이 무너져도 주변 천손동이의 **문화를 삼키면서 '허구의 중화'(中華)는 끝없이 커지고 허구의 한족은 계속해서 늘어났다는 점입니다.**

실제 한족이란 없습니다. 란저우대(蘭州) 생명과학원의 세샤오둥(謝小東) 교수는 "유전자 조사를 했는데, 13억 중국인의 92%를 차지한다는 **한족이란 실제조사 결과 유전학적으로 존재하지 않았다.**" 라고 발표(2007.2.13)하여 차이나인들을 맨붕으로 몰아넣었지요. 더구나 중국이 자랑하는 **화하족**(華夏族: 꽃을 피우듯 화려한 문명을 일으킨 민족)**의 기원과 뿌리조차 남방 타이족**(傣族, 다이족)**의 방계**로서 언어구조가 남방계 언어를 쓰고 주로 육식을 하면서 닥치는 대로 잡아먹고 **예의와 법도**는커녕 행동이 문란하고 **문명도 낮았던 족속**이었다고 합니다.

그래요. **한족과 한자**(漢字)**란 말조차** 겨우 한(BCE202~CE220)의 유방이 중원을 통일하기 전엔 없었고 '중원'(中原?)**이란 말조차** 동이로 둘러싸인 **낙양을 중심**으로 한 **황하중부 일대**로 지금의 **대만땅 정도만**을 일컫는 말로 예전 '중국'(中國)**이란 표현은 겨우 요 정도의 국가**(중원의 국가)를 뜻했을 뿐이었으니, 본래 거대한 땅도 국가도 아니었던 것입니다.

지금의 '지역'과 '국가'와 '민족'이 합쳐진 국가명칭인 **거대한 '중국'**(중화인민공화국의 준말)이란 불과 신해혁명(1911~12) 후부터 **민족적 우월감을 드러내기 위해 정책적으로 끌어다 붙인 이름**이었을 뿐, 애초에 漢族이 말해 오던 **거대한(?) 문화의 한족국가, '中國'**(중심 나라?)**은 허구**였고 있었다면, 본래 **천제국 동이 한겨레문명·문화에 근원을 두고 혜택을 입고 사는 변방의 가지**(支=枝)였을 뿐…, 그래서 선조께선 고대중원을 **'지나'**(支那: 가지, 변방)라고 했기에 바다 또한 과거 동양3국의 지도에는 '중국해'가 아닌 단지 **동지나해**(東支那海), **남지나해**라고 표기하고 지금 서양발음인 **'차이나'**(China)가 되었던 것입니다.

그래서 심하게 말하는 사람들은 **"중국**(中國: 역사와 문화를 이끌어 온 중심국가)**이란 없었다. 그러므로 중국의 역사도 없다. 허구였다!"** 라고 말합니다. 그래요 문화를 시작했다던 거대한 한족의 중국(?)은 애초에 없었고 **다 우리나라**(동이)**의 역사**였고 '세상의 중국'이란 바로 우리나라였던 것이지요. 이젠 정말 알았으면 좋겠습니다.

단군조선 강역(한반도, 만주+흰 원)과 단군조선의 제후국인 殷의 영역(붉은 원보다 작음) 출처:
김동렬, 중원(中原)의 원래 영역(대만땅 정도, 붉은 색보다 훨씬 작음) 출처: 위키백과,
*중국사전사화 출처: 봉오선생, 고힐강 출처: 위키백과, UM 푸틴 출처: 참桓역사신문

그래서 한갑수 박사(전 한글재단 이사장)가 〈미공군지휘참모대학〉에 입교 시, 같은 입학생인 **지나학자 서량지**(徐亮之)는 한박사를 찾아와 **"귀국 한민족**은 우리 중국보다 더 오래된 역사를 가진 위대한 민족인데 우리 중국인이 한민족의 역사가 기록된 *포박자*(抱朴子: 박·알을 안은 사람)**를 감추고 중국역사로 조작하는 큰 잘못**을 저질렀으므로 학자적 양심으로 중국인을 대표하여 **사죄의 절을 하겠으니** 받아 달라." 라며 큰절을 올렸다는 일화도 회자되는 것이지요.

지나의 역사학자 고힐강(顧頡剛 1893~1980)은 '중국고대사는 위조된 전설을 모아놓은 것으로서 중국의 역사는 5천년(√ -위서에 따르면 227

만 6천년)이 아니라 위서에 의거한 **위사**(僞史)**를 제거하면 단지 2천년에 불과하다.**' 라고 말한 것이고 또한 나근택, 여사면 등 지나의 석학들이 펴낸 *고사변(古史辨-일곱 권)에는 '중국 역사는 중국적 우상에서 타파되어야 하며 중국사는 저 동이족 선조로부터 시작된 것'이라는 양심고백이 실립니다. (지금 해외유출·복사 엄금 사서)

고대조선연구의 세계1인자 UM 푸틴(러)의 말이 생각납니다.

"**홍산문화**는 한국의 동이문명이다. **황하문명**(BCE2000)도 실은 한국의 배달문명에서 발원된 것이다."(*한국고대문화의 기원) 그리고 안타까워하지요! "**동북아시아는 단군의 역사**를 제외하고는 이해할 수가 없다….

**한국은 자기의 있는 역사도 부인하는 이상한 나라다!**"


## 이~상한 나라 대한민국을 슬프게 하는 것들!

이러한 지나역사계의 고질적 병폐는 천손의 정체성에 암덩이가 되어 우리의 역사는 **제후의 역사**로, 천손의 문화는 **근본 없는 지나**(가지) **문화의 변두리**로 추락하게 했고… 그래서 얼빠진 천손은 '문명을 시작한 동쪽사람인 동이(東夷)'를 아직도 **동쪽의 오랑캐, 야만인**이라 가르치며 제 조상을 빈정대고 있으니…, 국적 없는 역사가 무섭습니다!

지금 식자에게 회자되는 '이로써 이를 친다'는 뜻의 **이이제이**(以夷制夷) 또한 우린 이(夷)를 오랑캐로 해석하며 '**오랑캐**(이)로 **오랑캐**(이)를 친다'라고 가르칩니다. 본디 '사람의 문명과 과학을 시작했던 뛰어난 동이이기에 동이를 대적하기 위해선 **동이로써 대적케 하는 수밖에 없다**'는 지나의 푸념이 섞인 말이었지만–!

지금 지나는 〈역사공정〉으로 **주위의 역사와 문화를 빼앗아 역사에 없는 것마저 제 역사로 만들며 후손에게 한 점이라도 자부심을 더 남겨주려고** 하는데…, 교육부 산하 〈동북아역사재단〉에서 만들어 국회 제32차 '동북아**역사왜곡대책**특별위원회'에 제출(2015.4.17)했던 *동북아역사지도에는 옛날 **지나가 식민사관의 근거로 왜곡**했고 지금 저들이 획책하고 있는 **동북공정의 일방적인 주장대로 한군현**(한사군: 낙랑 진번 임둔 현도)**을 전부 한반도 안에** 표시되어 있었…!

여 · 야의원들이 **동북공정과 식민사관에 근거한 결과**라고 질타했지만, 담당교수의 답변은 간단히 '**실수—였다!**' 이것이 **임직원 113명**(2018년)의 거대집단으로 막대한 국가예산을 받으며 지나에 맞서 '역사왜곡을 **바로잡겠다!**'는 단체의 실상이지요.

같은 해(2015), '국정교과서 일원화'의 위원으로 지명 받은 모 교수 또한 **단군조선**에 대해 이렇게 말합디다. "우리가 **없는 것**(단군조선?)을 있는 것으로 **주장해서는 안 된다!**" 라고. 헉…? 이개(狗), **우리 역사교과서를 대**(代)**를 이어 만들어 내었던** 역사계의 참담한 실태이지요!

삭제된 국회 제32차 동북아역사왜곡대책특별위원회 회의록 영상 출처: 우주포탈, 장로인 영양초교장 (경북 영양군)이 불 태워 사라진 단군상(2008) 출처: 한국신학마당, 대통령 없는 개천절 출처: 문체부, 〈역사의병대〉의 '동북아역사재단 규탄시위'(2015.8.25) 출처: 역사다물아리랑

더 코미디인 것은, 지금 **성인**(대인)**들의 땅인 대방**(大方: 한머리)**땅**에 살고 있는 우리가 사람의 문화를 시작했던 이(彝)로서, '**천손**'이었다는 사실을 까맣게 모르고 또 夷가 갑골문에 **훌륭한 사람**(大 대인, 성인)**이 무릎 꿇고 있는 보통사람**(弓)**을 감화시키는 사람**이었다는 사실도… 그래서 '**군자**'(君子)로, '**성인**'(聖人)**으로 불렸던 사실도 모르고 오히려 오랑캐, 야만인 심지어 **어떤 자**는 우리를 부를 때, 천손-족(族: 어둠의 무리), 동이족이라고 말하는 현실입니다. 철저히… 병든 나라! 스스로를 조롱하고 혹 현자가 우리 땅 '한국기원설'을 주장하면 우린 우리가 잘못이라고 합니다. 너무 아픈 사랑입니다.

미테랑(엘리제궁에서 전두환과 미테랑 대통령의 정상회담 中 1986.4.14)에 이어 "**다른 국가**는 어려울 때 성인이 나오는데, 한국은 처음부터 성인이 나라를 세우고 다스렸다. 한국은 **부러운 나라**이다." 라고 말했던 시라크 프랑스 대통령에게 무슨 말인 줄도 모르고 아무 대꾸도 못했던 우리의 대통령이란 자(들)는 '**우리나라**'가 무슨 의미인지, 세계인의 정서가 배어있는 우리의 대표민요 '아리랑'의 뜻조차도 모르면서 "**씰-떼 없는 소리**" 라고나 하고 대통령에 당선되면, 한-결같이 **나라의 생일인 '개천절행사'**에는 낯×들 안 내밀어요.

'이게 나라냐?'

단군이 **미신이라나?** 국조와 역사를 존중하면 표(票)가 **떨어진다나!** 에효…! 그러니 **대-한의 대통령이 세계의 대통령 격**(格)**임을 모르지요. 그래서 '**저는 보통사람이에요!**' 라는 얼빠진 망(亡)말을 해댄 자를 **대통령자리**에 앉혔으니, 지구상 최고의 코미디였던 것이지요.

'한국은 처음부터 성인이 세운 나라' 자크 시라크 출처: 중앙일보, 미테랑 프랑스 대통령과
전두환 출처: 대통령기록관, 성인의 나라의 개천절 행사(행정안전부)

더 웃기는 것은, 미국의 강요로 자주성의 상징인 **단기**(檀紀)**연호가
사라진지**(1962) **반세기도 훌쩍 넘으니 다들- 좀비가 되어 단군의 역
사마저 신화든 아니든, 나와 상관없는 것**이 돼버린 것입니다! 그러더
니 극단적이고 허랑한 자들은 '**미국과 중동 등이 조선이었다**'는 둥 옛
날 히말리아 위의 **곤륜산맥에서 우리가 왔으니 우리의 고향땅**이기에
우리가 찾아가야 한다는 둥…, 국민을 현혹시키면서 **우리의 역사를
더욱 혼란시키며 국수주의의 우려**를 낳기도 하지요.

그래서 우리의 역사와 문화를 얘기하면, 쓰레기 속에서도 보물을
찾겠다는 마음은커녕 '**유사역사**'(類似: 공인?된 역사기술의 관습을 따르지
않고 기존의 결론을 따르지 않는)로 '**사이비역사**'라며 민족주의는 분쇄해
야 한다며 '**반민족주의**'(Anti-nationalism)로 매도하고 '**국뽕**'(비정상적 수
준의 극단적 자국·자민족 우월주의)이니 '**환빠**'(존재하지 않는 역사를 억지 주
장하며 역사의 민폐를 끼치는 위험한 존재)**라고 매도**합니다.
**더, 더 문제는 역사를 제대로 모르는 자가 '역사비평가'라며 '유사
역사학' 운운하며 매도하는 현실**이지요! 아픈 우리 역사인데…!
국민의 99.8%가 제 뿌리역사를 모르는 국가!

솔직히 우리(사회)에게 '**민족과 역사**'라는 것이 있습니까?'
시원의 한겨레는 민족의 형성시기(1.5만 년경)를 밝히지 못한 채, 청동기시대(BCE35C경 → BCE4C)를 고조선 건국(BCE2333)보다 늦춰 고조선을 원시부족으로 만듭니다! 그래서 지금 자신의 신화도 **없고** 국조도 **모르는, 뿌리 없는 사람들**이 되어 **시조모 마고는 물론이고** 환인과 환웅, 단군마저 **없는 사람 취급**합니다! 웬만큼 공부한 외국학자들도 다아는데…, 이-상한 나라! 그래서 **국제사회는 대한민국의 국격을 무**시하며 '**코리아 디스카운트**'(저평가)를 한 것입니다. '**스스로**(제 겨레)를 **무시하는 자는 남들도 무시한다**'는 것은 진리이지요!

**역사**(歷史)는 그 사회를 움직이는 혼(魂)이고 정의이며 산소(Oxygenium)인데, 역사에 무관심하다보니, 우리사회는 온통 **근본**(根本)도 **정의도 없는** 막된 것들의 세상이 되어 대한민국을 숨 막히게 합니다.

누군가 그러더이다. '파리만 쫓아다니는 자는 몸에서 ×**냄새**가 나며 벌을 쫓는 이는 몸에 **꽃향기**가 밴다!'고. 간혹 바른 혼과 문화와 역사를 말하는 사람들에게는 "**너 혼자 애국자냐? 너 혼자 이런다고 세상이 바뀌냐?**" 라며 떼로 몰려 비아냥댑니다.

그러다 보니, 우린 "**나라의 치욕을 크게 씻으라!**" 라고 유언을 남기고 떠나신 안중근 대한의군 참모중장을 **테러리스트**라 치부했던 어-린 교수의 망발에서, 어느 **총리지명자**는 "일제 식민지배는 **하나님의 뜻!**" 이라는 말을 국회에서 서슴없이 하고, 과학적 지식을 기본으로 해야 할 21C 벤처장관 후보자마저 "지구의 나이가 6000년이라고 **믿습니다!**" 라는 광신의 망언을 국회청문회에서 듣게 됩니다.

이러한 우리의 자화상이 마침내 꽃다운 학생들을 몰살시키고 구조선에 일착으로 올라타 젖은 돈을 말렸던, **벌레 같은 세월호 선장**을 보게 됩니다. 그리고 **지탄**, 그리고 **무대책!** 누가… 누굴 욕하는가?

시인 송경동은 말합니다. "돌려 말하지 마라. 온 사회가 세월호였다…! 이 **구조 전체가 단죄 받아야** 한다." 그러나 이후, 끝없-는 **반복! 반복! 반복들!** 이렇게 '루-루-루-루-, 세월이 가네-!'

돈 되는 주상복합 모델하우스에 몰린 청약인파 출처: 민주시민, 행복한 똥파리 그림: 정화비, 전철통로에서 부라보 늙은이, 총체적인 우리 사회의 자화상 세월호, 총리 지명자 (文)의 의식과 선출한 자들의 수준 사진출처: 서울의 소리

**사회에 대한 책임감도, 아무 생각 없는 육성돈들의 세상!**
TV는 돈 되는 **개그-들의 수다와 먹방문화가 점령**하고 '**개저씨**', '**줌마**'(안하무인의 여성)의 텅 빈 소리에 시청률을 다투는 동안, **문신을 한 조폭들의 대낮 난투극**을 보아야 하고, 흙수저를 절망케 하는 **갑**(甲)**질 모습으로** '**헬조선**'(지옥 한국)을 외치면서 이 **나라를 떠나게** 하고, 지구의 출산 최하위국이 되어 인류시원의 자부심은커녕 이젠 **나라의 명맥마저 끊게** 되었습니다. 아, 대한민국을 슬프게 하는 것들!

이 모두 아름답고 위대한 **제 역사와 문화를 외면했기**에 받는 벌이지요. '우리'가 사라지면서 '이웃'도 부모도, 형제도 갈라지고 **세대끼리 반목**하며 가정마다 시한폭탄을 얹고 하루하루를 지탱합니다.

육성돈 뽑기 경연대회(차이나) 출처: 마테우찌, 아픈 청춘들(5포→7포) 출처: 국민일보,
'나라'가 뭔지나 알고 '나라'를 말하는 것인가? 출처: 노컷뉴스, 이상의
'길은막다른골목이적당하오' 공연 출처: 김나이 안무

아, 흩어진 마음들이 거리에선 외칩니다. '이게 나라냐?'고.
심각한 것은 '나라'를 외치는 사람들(정치가 포함)도 '나라'의 뜻을 모른
다는 것이지요! 미성숙한 엘리트들의, 대책 없는 갈등의 대한민국!

식민지시대 천재시인 이상은 이미 그의 시 *오감도(烏瞰圖: 까마귀가
하늘에서 본 세상)에서 불신과 불안의 우리의 자화상을 우려했었지요.
'제13의아해도무섭다고그리오/13인의아해는무서운아해와무서워하는
아해와그렇게뿐이모였소' …철저히 병든 사회!

그래서 당당하게 '지금 세상에 양반이 어딨냐!'고 윽박지릅니다.
마치 있으면, 다─ 밟아버리겠다! 는 험악한 어조로…! 이제 선진국으
로 격(格)을 높이고 '진정한 양반(선비)의 모습'도 찾아 다시는 갈라지
지 않는 '겨레의 통일'도 이루어 '인류의 큰형님'으로서 역할도 해야
하는데…, 그러기 위해선 우리(천손)의 출산율이 왜 0.837% 최저인지,
왜 자살율 1위인지, 처절히 반성해야 하고 왜 제 역사와 문화를 바로
세우지 않으면, '백약이 무효(無效)'인지를 꼭 알아야 할 것입니다.


영화 〈인턴〉에는
'꽃보다 아름다운 노인'(주연: 로버트 드니로)이 나옵니다.

영화가 끝난 뒤, 우리나라의 노인들을 떠올리니, 가슴이 답답해집니다. **세계의 경제 · 민주 기적을 일으킨** 우리의 노영웅들 뒤엔 독버섯처럼 우리 경제와 사회를 **썩게 한 자**들이 너무나 많았기 때문이지요. 조상의 전통과 문화(역사)는커녕 왜, '**한국**'이라 했는지, '**우리나라**', '**배달민족**', '**아리랑**'조차 뭔지(*'한국인 자부심 문화열차 · 향기' 구독), **아무 생각이 없이** 살았기에 겨레에 대한 **책임도 정의도 없는** 일그러진 세상을 만들어 오로지 투기(땅, 아파트)에만 집념하면서 수많은 청년들을 무기력하게 하여 3포, 4포(직장, 결혼, 집, 성공)로 **좌절하게 한** 추한 노인들이 너무도 많았습니다. 그래서 지금은 책을 보는 모습이 아닌 치매 예방한다며 **애들 앞에서 화투나 쳐대는** 생각 없는 어르신들(?)…! (사회를 지키는) 역사와 전통이 뭔지 모르고 애들처럼 경박하니 젊은이에게 두드려 맞고…! 오래 살아선 뭐 합니까?

　"우리는 **경륜과 지혜를 가진 어른**으로서 가정과 사회에 전통문화를 계승하며 존경받는 노인이 되어야 한다!" 라는 〈노인헌장〉의 글귀가 **얼마나 준엄한 말인 줄**이나 알까요? 이제 세상 떠나기 전, 조상의 참역사와 참문화를 일깨워 '**예그리나**'(사랑하는 우리 사이)의 **참뜻을 세상에 세워봄**은 어떻습니까?

"자기가 자기 역사를 내팽개치고 있는데, 그 내팽개친 역사(歷史)를,
남이 왜곡 · 서술하고 있다고 해서 그렇게도 분노가 이는가?
부끄러운 줄도 모르고 남의 역사왜곡만 질타하는,
그 가증스러운 행위는 왜, 분노하지 못하는가?"
-송복 명예교수의 '내팽개친 역사'에서

# 16부
# 천손이 잊은
# 신(神)의 세계

'We are the Main Stream of World History'

신(神)들의 나라 금    074

우주수동검, 청동검은 당시 최상의 권력과 과학    094

신(神)의 나라−쇠의 시작, 쿠리의 구리    105

철을 발명한 동철족(東銕族), 돌쇠들    110

인류의 프로메테우스였던 한국인    148

신들의 타임캡슐 한국암각화    168

# 16부: 천손이 잊은 신(神)의 세계

## 신(神)들의 나라 곰

**천손의 아가들은** 세상의 주인인 땅의 신(神)으로 태어난다고 한다.
그래서 신으로 대우하며 '**검줄**'(금줄, 신줄)을 대문 앞에 드리우고 **왼쪽**
(신의 영역)**으로 꼬아진 새끼줄을 달아** 성역임을 표시했었다. 검(금)은
'**하늘에서 내려온 땅**(달, 단, 따, 터, 토)**의 신**'을 뜻하는 옛말이라고 한
다. 천재국문학자 양주동 선생과 많은 학자들은 '**검**(금)은 고대한국어
에서 신(神 God)'을 뜻하고 **굼**이 [감]과 [곰]의 중간 발음이었다고 한다.

우리의 한글 첫소리 '**ㄱ**'은 하늘에서 신(神)이 땅으로 내려오는
소리라고 하여 *훈민정음에서는 '엄-소리'(ㄱ는 엄쏘니)라고 했다.
천손의 문화를 상실한 지금의 학자들은 겨우 어금닛소리로 왜곡(어금
니 없어도 소리 남!)했지만, 엄마가 아기를 품듯 **목젖** 안에 소리를 품어
서 내는 **신의 소리**였으니, **동물들은 낼 수 없는 소리**였다. 천손의 한
글은 '하늘의 글자'였기에 **첫소리 ㄱ**을 엄(마)을 대신하고 **하늘의 신**
(神)을 대신한 **소리**라고 하여 '엄소리'라고 했던 것이다.

그럼 첫째와 둘째손가락은 왜, '**엄지**', '**검지**'라 할까?
인간에게 **엄지와 검지의 역할은 절대적**이었다. 동물과 달리 인간의
'**엄지**'는 옆으로 벌어졌기(다른 손가락처럼 평행이 아닌)에 물건을 잡고
**도구를 사용할 수 있어 '만물의 영장'**이 되었다는 것이다.
그래서 상대를 추켜올릴 때, **엄지**(모든 신의 근본이 되는 손가락)**를 세우**

는 것 또한 엄(마)의 젖꼭지 대신 물고 의지했던 근본(신)에 대한 기억에, 절대적인 근본(엄)에 대한 마음이 보태진 것으로 결국 '검지'는 엄마(아기의 첫번째 신)를 대신(다음)해서 내려온 신의 손가락으로, 엄지 다음에 나온 말이었다. 이것이 우리말 엄지와 검지의 유래였지요! 〈국립국어원〉을 들어가 보니 겸손하게 '모른다'고 한다. 우린 이렇게 기본적인 **신체어조차 정의가 되어 있지 않은 국가**이다.

우리 천손겨레는 신적인 절대강자에겐 '엄'을 넣어 불렀다. 동물의 왕(王) 범(ㅂ+엄)에서, 바다의 검(ㄱ+엄)은 **고래**와 더불어 신비로운 존재였던 곰(熊웅bear ㄱ+옴, 엄)은 굴에서 **겨울잠을 자며 강하게 변신하는 육지의 절대강자**였다! 그래서 **곰처럼 굴에서 선(禪)을 통해 신통력을 더했던 우리 땅의 여성지도자**는 '검녀'(금, 神女)라 불리게 되고 **농경사회의 지모신(地母神)**으로 전해진 것이었다. 따라서 우리 땅을 지키는 북두칠성은 **금녀(신녀)의 고향**이 되고 **금(God)과 곰(熊)의 신성(神性)**이 동일시되면서 **칠성자리는 곰별자리**가 된 것이었다.

오호, 통재라! 지금은 神女인 금녀, 雄(웅)女가 동물인 **곰(熊)녀, 熊(웅)女**로 불리며 **곰여인**이 되면서 신(神금)의 의미를 까맣게 잊고 신의 집(신당, 금집)에서 북두칠성신을 모시는 **금녀(神女=웅녀)를 진짜 암곰**으로 생각하고 오히려 **곰(熊웅bear)이 사람으로 변한 것**으로 생각하면서, 곰에게서 태어난 **단군과 우리 겨레**를 미련한 '곰의 자손'이라고 말하며 제 역사를 부끄러운 신화쯤으로 알고들 있으니…!

과학화된 21C에 참으로 미련하고도 통탄할 일이다. 아무리 외쳐봤자,

**무지(無知)한 짐승이나 남의 종으로 키워진 자들은 모른다!**

**불쌍한 한국의 역사 !**

시원의 나라였기에 우리의 말에는 검(곰)의 흔적이 너무나 많다!
**인류의 문화가 나온 신의 나라**였기 때문이었다. 김용운 교수는 '**임검**
(임금: 사람을 지배하는 신)'의 검(儉)이나 '**상감**'(제일 위의 신)의 감(監) 또한
마찬가지 곱(신)을 뜻하는 글자였다고 말한다.

그렇다. 고구리가 신라의 임금을 **동이매금**(東夷寐錦 출처: 중원고구려
비)이라 부른 사실은 '마(고)땅의 신 같은 임금'이라는 **매검**이었다. 그
리고 '**가마 타고 시집간다**' 했을 때 **가마**(곱) 또한 신처럼 가장 윗자리,
높은 위치에서 탄다는 뜻이었다. 또한 **검**(곱)**은색**은 신을 뜻하는 색이
되어 임금님의 용상(龍床: 임금님 의자) 앞에는 **검**(곱)**은 돌**(전돌)을 깔았
다고 한다. '신의 영역이므로 근신하라!'는 상징이었는데 반면, **차이
나**는 용상 앞에 비싼 옥(玉)을 잔뜩 깔아 놓았지만, 오히려 **오묘한 신
성**은 없다. 신성한 옥이란 밟고 다니는 것이 아니었다!

지리산 반달곰 출전: 국제신문, 신의 첫 글자 'ㄱ' 출전: 미니큐빅스, 왕의 가마
연(輦) 출전: 국립고궁박물관, 출처: 바퀴, 터키 가마 출처: MID출판사

"자기 조국(祖口)을 모르는 것보다 더한 수치는 없다."
-Gabriel Harvey(英 1546?~1630)

참, 고조선을 세운 왕검은 '땅에서 **신**(神)**처럼 하늘로 오른 이**'를 기리는 뜻이었고 신(왕) 중의 신(천제)을 뜻하는 '대감'(대금 大神)은 원래 **세상을 관장하는 큰 우주**를 뜻한 데서 비롯한 것이었다고 한다.

조선왕조에서는 뜻을 잊고 **정이품 이상의 관원에 대한 존칭의 벼**슬에서부터 심지어 무당이 **집이나 터, 나무 등에 접한 신**을 높여 대감(大監)이라고 부르게 되었다. 여기에 옛날 지대한 두려움을 주었던 **천연두 귀신**마저 높여 '호구대감'(戶口大監)이라 했으며 물속에 있다는 신을 '용궁대감'이라 불렀고 **집터를 지키는 지신**과 그래서 그 마을에서 **가장 오래 머물고 있는 사람**을 높여 '터줏대감'(지신대감)이라 했던 것이다. 또한 **정3품과 종2품의 벼슬아치**는 '영감'이라고 일컫고 또한 **나이 많은 남자**나 나이 든 아내가 **남편에 대한 존칭**으로도 불렀으니, '영–감–'이란 인생의 온갖 풍상을 다 겪은 후 **세상의 이치를 신처럼 깨달은 이**를 대하는 존경의 말은 아니었을까?

백제의 수도였다는 '**공주**'(公州)는 원래는 **왕**(王)이나 **신**(神)이 계시는 '금주(錦州)나 금고을, 금골'에서 온 말이라고 한다. 우리 겨레는 강력한 힘의 지배자인 **곰**(熊웅 bear)을 토템동물로 상징했기에 **금**(神)**주**>**곰주**(웅熊주)>**공주**(公州), 이렇게 말과 뜻이 변화되며 신의 의미가 희석된 것이고 작위를 뜻하는 '**–공**'(公) 또한 신의 뜻인 금에서 비롯된 말로 훗날, **벼슬이나 귀인의 뜻**으로 바뀌어 "박금>박공(朴公), 이공(李公), 최공(崔公), 김공(金公)' 하게 된 것이다. 전라도 지방의 **금강**(금강, 곰강), 충청도 **금산**(금산, 곰산) 등 온통 신(금)의 흔적일 뿐이다.

쇠(金금) 또한 무엇이든 다 자르고 이길 수 있는 **신통한 것!**
그래서 **검(금神)이라 부르며 청동검을 만들어** 신성한 왕권을 상징했고
그 중 번쩍번쩍 빛나는, 마치 신에게 마음이 홀리듯 하기에 **금덩이**
(神, 골드Gold)라 하고 그 신성한 금을 성으로 해서 **'김'**(金)**씨**라는 성도
나온 것이라고 한다.

그리고 태평양전쟁 때 '신의 바람'(神風)이라 쓴 머리띠를 두르고, 미
군함에 돌진했던 재팬의 돌격대 '가미카제'(금神+카제風)에서도, '명량해
전'을 앞둔 **이순신장군**의 말씀에서도 **우리말 신의 흔적**을 찾게 된다.
"신에게는 아직 12척의 배가 있습니다. 신(臣)이 살아 있는 한, 적들은
**'감히'**(금히=神 같은 우리에게) 이 땅을 넘보지 못할 것입니다."

재팬 주둔 공군 전투기조종사들의 헬멧에 욱일기와 가미카제 표식의 '가미카제 헬멧' 출처:
환구시보, YTN, 신의 눈 이순신 출처: 영화 '명량', 인도인의 '라마스떼'
출처: 해민스님 트위터, 금덩어리 출처: 성공의 조건

### 신들의 인사

무엇보다 우리의 인사말 '고맙(금=고마)습니다, 감(금)사합니다'에서
천손(금, 신)의 맑은 영혼과 신화의 어머니를 봅니다.

'고맙습니다'는 곰(금=神)**답습니다**에서 **금압습니다**로 변해진 것으로

추정합니다. 즉 '신(금, 고마)답습니다! **신다운 행동을 숭배합니다! 신**
**을 대하듯 존경합니다!'** 라며 상대를 향기로운 신으로 대하는 한국인
의 극존칭어인 것이지요. 한편 소설가 전경린 씨는 "웅녀(금녀, 신녀)의
어머니인 고마(마고)할머님이 만들어 주신 **우물물**(井 우리나라의 상징)을
먹으며(생각하며) **인사드리는 말**이었던 **'고마습니다'**를 격하게 말하면
서 '고맙습니다'라는 우리네 인사말이 되었다." 라고 합니다.

 **또한** 금(감=神)사합니다란 **'당신을 보고 신**(神)**을 생각합니다!'**
이 또한 엄-청난 존경이고 찬사이지요. 누군 이 말이 **재팬어에서 유**
**래**(?)되었다고 말하지만, 어원연구가 이수연 씨는 "17C의 원본이 전
하지는 않지만, 우암 송시열의 *계녀서에도 등장하는 등 이미 **우리말**
**에서 확고한 위치를 가지고 널리 사용**되고 있으므로 우리말로 간주해
도 별다른 문제가 없다." 라고 말합니다.

 아이러니한 것은, 천손이 아닌 지나인도 **자기보다 격이 높은 어른**
**이나 선생님** 같은 분에게는 시에시에(謝謝 사례하다)가 아닌 '간씨에'(感
謝)라고 말해오고 재팬 또한 아리가또-고자이마스(ありがとうございま
す 도움을 받아 존재합니다)가 아닌 '칸샤'(かんしゃ 感謝)를 잊지 않고 쓰고
있는 것에서 정작 **천손이 잊은 신**(금)**의 뿌리말을 증명하고 확인**할 수
있었으니  아, 어찌 천손이 **제 뿌리말과 혼을 잊었단** 말입니까?

 지금 14억 지나인이 쓰는 **시에시에**(謝謝)는 '사례의 말씀을 정확하
게 거듭 전하는 것'이라는 의미일 뿐이고 세계인이 제일 많이 쓰고 있

는 Thank(you)!라는 단어조차 14C 이전, 고대 유럽인들에게는 그저 'think(생각하다), feel(느끼다)'이라는 뜻이었다고 하니, **신을 보지 못한 눈**엔 '그냥 보고 느끼는 것'이었을 뿐-!

그렇기에 **시에시에**나 **댕큐**라는 말을, 우리 겨레의 신의 정서가 담긴 말 '**감사합니다, 고맙습니다**'로 해석하는 것 자체가 격(格)이 맞지 않습니다. 마치 인류의 첫 문명을 이룬, **큰 물가를 울타리처럼 둘러싸고 살았던 시원의 땅**을 일컫는 '우리나라(울+이+나릇), 나라'를 이러한 역사성과 문화성을 빼고 **아무 국가**(國家 country)나 '베트남 나라, 프랑스 나라(국가0)··· '라고 말하는 **어리석음**과 같은 것이지요.


인도인의 인사말, '라마스떼'(namaste)는 산스크리트어로 namah (worship 숭배합니다)와 aste(to you 당신에게)가 합쳐진 말 '**내 안의 신이 그대 안의 신에게 인사합니다!**'라는 뜻이라고 합니다. 지금의 한국인은 **우리 안의 신**(곰)을 잃어버렸기에 남의 신에 대한 존중은커녕 '**고맙습니다!**' 와 '**금**(감)**사합니다!** 라는 천손의 아름다운 의미를 다 잊고 살아갑니다. 아, 모가지가 길어서 슬픈 짐승이여, '우주의 마음을 담고 있는 당신을 신으로 존중합니다!' 라던 **그 많던 신들은 다 어디로** 갔습니까? 이제 **천손의 근원인 배꼽신 '엄'을 깨워야** 합니다.



## 사람과의 당당했던 인사

천손의 슬픔이 너무나 크고 깊었던가, 이제 한국인은 **진정한 인사도** 잊었지요. 무릎을 꿇고 허리를 굽히고 머리를 숙이는 '큰-절'이란···,

하늘, 땅, 부모와 스승에 대한 예를 갖출 때였을 뿐인데, 지금은 무조건 **굽히려고만** 할 뿐, 눈으로 교감하고 언어로 소통하는 **사람과 사람의 진정한 인사문화**를 하얗게 잊고 있습니다. 상대를 **밝은 해로, 신(금)으로** 여겼기에 눈빛으로 교감하고 아름다운 언어로 축복했던 한국인의 **아름답고 당당한 인사**는 어디에서 그 자취를 찾을 수 있을지?

마지막 **천제국**(인류 문명 · 문화의 시원국) **고구리마저** 붕하고 **황제국 고리마저** 붕하면서 우리 한국인은 '**문명 · 문화의 대국**'이라는 **인식의 코아**(core핵)를 잊고 사대근성과 식민노예근성이 키워져 허리도, 어깨도 못 펴고, 고개를 들어 상대의 눈을 똑바로 쳐다보지 못하는 하인의 인사를 우리는 인사라고 생각하고 있습니다.

"절 받으세요!" 출처: 한국전례원 예절교재, 미국 대통령(21대) 체스터 아서에게 큰절 한 조선 사절단의 모습(1883.9.18) 출처: 머니투데이 권경률 칼럼니스트, 후진타오와 이명박의 인사(2008.5.27 차이나 방문) 출처: 월간조선, 명품배꼽 출처: 다물

여기에 **인사의 본질**에서 벗어나 위선까지 보태져 보통사람에게도 큰절을 너무 쉽게 하는 **재팬의 인사문화**를 보면서 **고개를 깊이 숙여 인사하고 굽신대야** 물건을 팔 수 있고 선진국이라는 생각까지 합니다. 그런데 진정한 선진사회의 글로벌 인식은 **스스로 당당하지 못한 인사**는 동등한 인격체가 **아닌 하인의 비굴과 복종과 항복으로 인식**하고 있다는 것이지요.

그래서 가장 기본적인 인사의 예의조차 몰라 **눈도 마주치지 못하는** 者(국가원수)에 대해 '대한민국의 **국격을 낮추고** 메이드인코리아의 **글로벌 시장가격을 깎아내렸다**'고 비난했던 것입니다. 당당했던 역사를 버렸기에 우리는 이제 하인을 넘어 짐승처럼 고개를 숙여 **밥에 입을 박고 할딱거리고** 먹고 있지요. 고귀했던…,

천손이 여기까지 떨어진 것입니다.

부러운 것은 이젠 지나조차, '큰절'의 경우 **부모 이외에는 하질 않으며 몸과 허리를 낮추는 것을 굴욕과 수치로 여긴다**는 것이지요. 지나족이 그렇게나 소원했던 **천손의 역사와 문화를 가로채 천손의 흉내**를 내다보니, 어느덧 한국인이 상실한 주인(主人)의 품격을 갖추게 된 것입니다. 문화에 품격이 있듯이 **인사에도 품격이 있다**는 것을 알게 된 것이지요. 저들은 이제 허리 굽히고 고개를 숙이지 않습니다.

21C 우리나라의 지도자와 관료 그리고 글로벌 무대로 나가는 **한국인**은 이제 '사람의 인사문화'를 제대로 알아야 합니다. 인사에 마음을 싣되 마음에 문화를 전하고 형식은 세계화해야 하지요. 굽신대는 것이 아닌, **겸손하지만 당당한 인사!**

그래요. '당당함'이란 돈(경제력)도 힘(군사력)도 아닌 **당당한 문화(文化)**에서 나오는 것, 굽신대는 사람에겐 **존중은커녕 신뢰마저** 가지 않습니다. 그래서 **당당한** 명품, 명문(名門), 명가(名家)에서 **품격과 향기**를 느끼는 법이지요! 그런데 **스스로의 존엄성이 없는 사람**이 어찌 세계를 존중할 수 있고 세계의 존중을 받을 수 있겠습니까?

'우리가 세계의 진정한 선진국이 **되고** 세계의 조롱에서 **벗어나는**

길'은 오직 **세계가 부러워하는** 천손의 당당하고 품격있는 문화(文化)를 **알고 알려야 하는 것임**을 한국인 모두 명심해야 합니다.

　그러면 '아무도 함부로 할 수 없는 나라'로 우뚝 설 것입니다. 실제로 **외국에 나가** '**우리의** (시원)**문화**'를 **얘기**하면, 당장 부러움과 존경의 눈으로 '**코리아**' 하며 엄지손가락을 치켜들더군요. 그래서 역사는 논쟁을 부르지만, '**문화는 인류의 향수를 일으켜 화합**'을 이루게 한다는 것입니다.

## 해가 빚은 신, 소금

이 땅의 **천손의 아이**는 **삼신**(마고)**할미의 점지**로 고고성을 울리고 태어나면, 솟대나 서낭당이나 장승과 탑 등에 감은 신줄처럼, 신의 영역임을 알리는 '검줄'(신이 나온 동쪽을 상징하는 왼쪽으로 감은 신줄)이 쳐지고 대문 앞에 '소곰'(소금, 소금)을 뿌리어 정화를 했습니다. 아기가 잉태되는 **신의 영역인 엄마**(뱃속)**의 양수**(바닷물)처럼 신의 영역을 표시했던 것이지요.

　어느 학자는 **소**(牛)**나 금**(金)**처럼 귀한 물건** 또는 **작은 금**(小金)이라는 말에서 유래되었다고 하나, 소금(Nacl)의 **고유한 옛말 소곰**(소=해, 곰=신)**은** '태양이 빚은 신'이란 뜻이었습니다. 해신에 바닷물이 증발되어 결정된 땅의 하얀 소금 천일염을 우리 겨레는 **태양**(해)**과 바다**(해)**라는** 양(陽)과 음(陰)의 **부모**(큰 신)에서 탄생한 '**해**(日+海)**가 빚은 하얀 신**'이라고 생각했기 때문이지요. 이렇게 우리 겨레는 **해**(日+海)에서 태어나 **해**(日+海)에서 살아온 사람들이었습니다.

그런데 소금이 **우리 겨레와 인류의 역사와 무슨 관계냐구요?**

사람이 살아감에 없어서는 안 되는 것이 소금이지만, 특히 농경사회로 접어들면서 **인류문명사에 중요한 역할**을 담당했던 것이 '소금'이었다고 합니다. 소금은 워낙 귀한 식재료였기에 예부터 **국가의 재정과 권력의 핵심으로, 국가의 흥망을 좌우하는 물건**이었지요.

고구리의 19대 '국강상 광개토평안 호태왕'이 **북몽골과 거란족을 쳤던 것도 바로 소금을 차지하기 위함**이었고 **당**(唐)의 국가수입의 절반이 소금세였고 로마가 그 많은 전쟁비용을 소금세로 충당**했다는 것이나 과거 **로마군인에게 봉급을 소금**(solt)으로 준데서 소금을 어원으로 하는 'Salary'라는 말이 나올 정도였고 남쪽 아프리카에서는 **금 1온스와 소금 1온스**가 같은 값이었을 정도였으니 인류의 역사에서 얼마나 중요했었나를 알게 합니다!

검줄 출처: 행복이 가득한 집, 전북 부안군 염전 출처: 한국관광공사, 전남 신안군 소금 출처: 슬로시티 신안군 증도, 소금을 뿌리고 싶은 세월호 선장 출처: 이투데이

한국학연구가인 최낙언님은 말합니다.

"우리 조상은 **바닷물 같은 엄마 뱃속의 양수에서 잉태**되어 소금 뿌린 **산실**(産室)에서 태어났고 태어나면 맨 먼저 **소금을 먹이는 관행**도 있었다. 심장을 **염통**(鹽桶 소금통)이라고 부르며 살다가 하늘로 돌아가

면, 관 속에 뿌려진 **소금으로 세상과의 고리를 깨끗이 끊고** 떠나갔고 집에 돌아온 사람들은 **소금을 뿌려 고인과의 단절을 확인했다.** 소금은 고금동서를 막론하고 **의식과 의례에 사용되며 환대와 행운을** 상징했지만, 한편 **액귀**(厄鬼: 액운을 몰고 다니는 귀신)나 **병마와 나쁜 버릇을 고치기도** 했다. 소금은 **사람을 해치는 부정**(不淨: 맑지 못함 impurity:)과 **살**(煞: 흉악한 기운)을 씻어내고 마음의 평온을 얻게 해온 한국 정신사의 영롱한 결정체다."

　　그래요. **우리 겨레는 일생을 소금과 함께 했습니다.**
장성하여 **시집 · 장가 갈 때**, 신부는 가마바닥에 소금을 뿌려 앉히고 신랑은 말안장 아래 소금을 깔아 앉혀 새 인생을 해코지하려는 귀신들을 물리치려 했고 혹 **아이를 못 낳으면**, 소금으로 배꼽뜸질을 하여 합방시키고 **원인 모를 병에 걸리면**, 소금을 검은 보로 싸 이마에 대고 '쐬! 쐬! 쐬!' 세 번 하여 병귀를 쫓았고 만약 **재수 없는 사람이나 물건, 불길한 조짐에도** 우리 조상들은 소금으로(뿌려) 대결했고 **부정한 것을 보고 듣고 입에 댔을 땐**, 눈, 귀, 입을 소금물로 씻어 정화시켰지요.

　　**한국인에게 소금은 신**(神)**을 대신한 최후 통첩이었습니다.**
그래서 **사람**(천손)**답지 못할 때**, 진정한 사람이 되라고 소금을 뿌려 생각할 기회를 주었지만, 영 **싹수가 없는 자**(者)는 '눔'이라 불렀습니다. 〈상고사학회〉의 고 이중재 회장님은 **눔**(놈)**의 ㄴ은 신과 하늘의 글자인 ㄱ을 거꾸로 눕힌 글자로서** 발음도 아래로 내려서 했던 것이고,

'세상 아래로 추락한 자, 신의 위치에서 **쫓겨난 자**, 신에게 **쫓겨난 자**'를 뜻하는 말이었으며 **놈**을 뜻하는 '자'(者) 또한 '**땅**(土) **속**(/)에 태양 (日)의 가치(·)를 묻고 변질시키고 있는 자'의 모습의 글자였다고 합니다. 이것이 '눔'(놈)이라는 말을 들으면, 기분이 묘하게 나빠지는 이유 였지요.

그래서 **이**(夷)다운 모습에서 벗어났을 때 '나쁜(뿐) **놈**, 정신 못 차린 **놈**, 못난 **놈**, 얼빠진 **놈**(놈)…'이라며 불호령을 해왔던 것이고 아무리 봐 주고 불러도, 더 이상 **나와 상관없고 멀어진 자들**을 '**남**'이라고 불러왔던 것이지요. '대–한민국을 썩게 만드는 이놈들아–!'


## 신(금)의 상징, 세계 검(劍, 금)의 조상 돌단검

지구인이 창조한 것 중 신(神, 금)을 상징하는 첫 물건은 검(劍)…!
그래서, '**검**'(劍, sword)은 **거대한 집단과 거역할 수 없는 초문명**으로 **신**(금 神)**격**은 물론 **권력의 소유**를 상징했기에 [금, 검]이라고 말해 왔 지요. 우리가 '검의 기원지'를 찾는 일은 인류사의 코어(핵, 중심, 主人) 와 문명의 시원지가 어디였는가를 가늠하는 중요한 일입니다.


그런데 '**검**'(sword)이란, 한 쪽만 예리한 날을 세워 전투와 실생활에 사용했던 칼(刀, kmife)과 달리, 검몸 양쪽에 날이 있는 것으로 철기 이 전, **구석기나 신석기시대의 돌이나 청동**으로 만들어져 군장이 신(금) 의 위엄을 **갖추고 주로 제의**(祭儀) 등 **의전**(儀典)**용**으로 사용했었던 것 을 말합니다.

경북 고령 봉평리 석검 암각화 출처: 연합뉴스, 검눈이 있는 석검, 다양한 석검 출처: 국립중앙
박물관, 세계에서 가장 긴 간돌검(청도 진라리, 66.7cm) 출처: 국립경주박물관, 담헌(湛軒)

그래서 칼보다는 **청동검과** 이전의 **돌검이 오랜 역사 속의 신의 위
엄**을 간직하고 있었던 것이지요. 이것이 옛날 영국에서 **단순한 돌덩
어리와 검**(劍)이 왕권 유지의 **절대적인 상징물**이었다고 전해지고 **영국
과 유럽 등에서 남한의 돌단검과 형태가 비슷한 '직인검'이 출토**되며
이런 유물들이 곳곳(영국국회의사당과 유명교회)에 남아 전해지고 있는
이유일 것입니다. 아, 어릴 적 다락, 융단에 비밀스레 싸여진 정교한
돌검(조립식) 세 자루…! 제왕의 강력한 힘을 느꼈던 행복했던 기억!

그런데 **특이한 것은**, 고인돌이 제일 많은 **우리나라 전역**에서 숫돌
로 곱게 갈아 정교하게 만든 돌단검인 **마제석검**(간돌검)**이 가장 많이
출토**되고 있다는 것이지요. 여기에 청동기시대 **석검의 암각화도 발
견**(2008.12 경북 고령)되구요. 이상한 것은 '간돌검'이 지구상에서 **우리
한머리땅과 연해주**(간도)와 왜의 **남쪽 큐슈지역에 국한되어 분포**하는
우리나라의 고유한 특징적인 석기였다는 것이지요.

그래서 한때 재팬의 고고학자는 '**유럽의 검을 모방**(√)해서 한국의
**돌단검이 만들어졌다**'고 주장했지만, **남한의 고인돌에서 돌단검들이**

엄청나게 출토되고 요동반도와 한머리(한반도) 등 **옛 우리나라에서 출토되는 모든 돌검**이 세상의 직검의 원형임이 밝혀지면서 오히려 우리 땅이 신들의 땅이었음을 알게 됩니다.

더구나 '마제석검'은 우리 땅이 2만5500년 전 '**인류최초의 마제석기**'(전남 장흥군 신북리)와 더불어 석기를 **갈았던 도구인 '숫돌'마저 발견된 땅**이고 그 단단하다는 '**옥(玉)을 최초로 가공했던 나라**'라는 사실들과 무관하지 않습니다. 그래요. 적어도 **1만5천 년**이나, 그만큼 앞서 **인류최초로 신석기문명을 시작했던** 신의 나라. 왕의 나라였으며 당시 문명의 최첨단 지역이었음을 웅변하는, 부정할 수 없는 증거였지요. 그래서 돌검의 검몸에 신(神)의 눈인 '**검눈**'(劍眼: 길게 패진 두 줄의 홈)을 새겨 넣어 **검을 신격화**하고 세계에서 가장 큰(긴) 간돌검이 **우리나라**(청도 진라리 66.7cm)**에 있다**는 것이 다 우연이 아니었습니다.

**고인돌과 검**(劍) 연구에 일생을 바쳤던 고 변광현님은 *한민족의 기원에서 '세계 검의 기원'을 이렇게 명쾌하게 밝힙니다.

"한반도에서는 상고시대의 뼈로 만든 골검(骨劍)과 돌단검 그리고 **손잡이가 달린 것**과 손잡이를 꺼넣을 수 있는 **슴베만 달려있는 돌검, 검과 창이 복합**된 것 등이 다양한 종류와 모양으로 출토되고 경남 거창에서 출토된 무릉리 간돌검(길이29.5cm, 폭7.1cm)은 검마디가 부드럽고 정교하게 다듬어지면서 아예 검몸(검날)과 검자루(검파)가 이어져 검몸의 중간부분이 불룩하게 튀어나온 **비파**(우주수)**형 검몸**을 보여주고 있어 비파형(요녕성)동검의 모형을 보이고 있다.

여기에 지나의 동검을 비롯하여 **전 세계의 청동검**이 대부분 하나로 이어진 **일체형**인데 비해, 우리의 청동검은 유일하게 1**검몸은 쇠**(청동) 2**손잡이는 나무** 3**검에 힘을 주는 손잡이 끝장식**(마구리)**은 돌** 이렇게 **3부분으로 분리된 조립형**이다. 이런 점을 종합해 볼 때, **한반도의 검**(劍)**이** 전 세계 모든 검의 조형(雛形 조상)이었음을 알 수 있다."

훌륭합니다! 고맙습니다!

그래요. 구석기 시대 **슴베**(칼과 화살촉, 낫이나 호미 등에서 자루나 살대 속에 들어가는 부분)를 통해 조립식 기술을 탄생시켰던 땅이었기에 나타난 **조립문화로서 분업사회의 합리적인 모습과** '한겨레의 3철학'을 뛰어난 예술성으로 발현한, 이 땅 사람들의 높은 문화수준과 자부심을 드러낸 걸작이라고 합니다. 그런데 **비파형**(요녕성)**동검**이나 이에서 비롯한 **세형동검**(좁은 놋단검) 같은 '조립식 청동검' **또한 전 세계에서 유일하게 만주의 요녕성 지역과 한머리땅 그리고 재팬의 큐슈섬에서만** 볼 수 있다고 하니, 이곳이 옛날 지나땅이었나요? 재팬땅이었나요?

청동검의 조립식 구조(대구 평리동 검), 검집 속의 동검(창원 다호리1호분 세형동검) 출처: *한반도 검은 세계 검들의 조형. 다호리1호분 동검의 재현 제작 출처: 한국고고학콘텐츠연구원, 세형동검 출처: 국립중앙박물관, 완주 상림리 도씨검 출처: 국립전주박물관, 평안남도 함평 초도리 출토 도씨검, 차이나 병마용갱 도씨검 출처: 국립경북대, 오르도스검(홍산문명과 후고조선 부여의 영향) 출처: Pinterest

그런데, 과거 **영국과 재팬의 학자들**은 오히려 한반도의 **돌검들이** 청동검을 모방**하여** 만들어졌다고 주장하는가 하면, '한반도의 **검들이** ←모두 러시아 남부의 **카라수크**(Karasuk)**와 오스트리아 중부의 할슈 타트**(Hallstatt) 지역에서 비롯되었다'고 했습니다.

그러나 이종호 국가과학자는 이러한 주장은 '청동기 문명이 **시베 리아에서 시작되어→유럽으로** 전파됐다'는 핀란드 학자 아스페링의 주장만을 따랐기 때문에 비롯된 오류라고 말하지요. 왜냐하면, 평남 성천군 백원리 9호고인돌에서 발굴된 '세형동검'(좁은 놋칼·놋단검)**의 제작 연대는 무려 3368±522년 전**(전자상자성공명법), **3402±553년 전** (핵분열비적법)으로 앞섰기 때문입니다.

그래서 역사연구가 이용섭님은 "비파형동검보다 훨씬 후에 나오는 **우리의 세형동검**조차 시베리아 카라수크 최초의 구리제품(BCE12C)보 다도 **무려 2C가 앞서고** 있다. 역사고증에 따라 현재 우리가 알고 있 는 **우리 겨레의 역사는** 다시 써야하는 **결론**에 이른 것이다." 라고 말 하지요.


고 변광현님은 명쾌하게 결론을 내리고 하늘나라로 떠납니다! '비파형동검(Lute-shaped Bronze Dagger) **또한 요동지역**(같은 우리나라 강 역이지만)이 **아닌** 남한에서 출토되는 돌단검에서 **변형된 것으로**, 돌단 검의 **검날**(검몸)과 **검자루**(손잡이)가 함께 이어지고 여기에 **다시 또 다 른 검자루**(끝)가 덧붙여지면서 만들어진 형태이다. 그러니까 요동에 서 출토되는 **요동**(비파)**형동**(단)**검**은 1바로 남한의 남해안 지역에서 먼 저 만들어지고, 2그 후에 **요동에서 대량생산되었다**고 할 수 있다.

따라서 **내몽골 오르도스**(鄂爾多斯) 지방 그리고 **요서**에서 출토되는 수많은 청동검들은 모두 한반도에서 출토되는 청동검과 돌검에서 변한 것이다.

그리고 지나의 보검으로 알려진 '**도씨검**'(桃氏劍)들 즉 월왕(越王) 구천의 검이나 병마용갱에서 출토한 진시황보검(청동검) 또한, **비파형동검에서 세형동검**(좁은놋단검)**으로 변화하는 과도기**에 나왔던 것으로, 그래서 **한국땅 남·북 여러 곳에서 같은 모양의 도씨검들이 말기형 비파형동검과 함께 출토**되는 것이다.

이렇듯이 **고대 한반도**의 돌단검과 청동검들은 전 세계의 모든 검들의 조형(조상의 형태)을 보여주고 있어, 이런 점에서 전 세계에서 처음 검이 만들어지기 시작한 곳이 바로 한반도였다고 할 수 있다.'

정말, 고맙습니다!


## 비파가 아닌 우주수, 세계수 동검 - 무려 BCE30세기

그렇다면, **비파형**은 후손에게 전하고 싶은 비밀코드 맞습니다!

한국에선 비파형(요령식) 동검 연대가 아직도 BCE12C에 머물러 있으나, **홍산문화**(신시배달나라 시기) 우하량 무덤에서 발견된 **최소 5500년 전**의 비파형 옥(玉)검이 발굴되면서 비파형 동검의 기원이 밝혀집니다. 여기에 비파형 창끝(동모)마저 출토되는데(평안남도 덕천시 남양16호 유적) 측정연대(핵분열비적법)는 **5769±788년, 무려 BCE38C경**이었고 평양시 상원군 용곡리 4·5호고분에서 발견된 비파형 창끝의 측정연대(전자상자성공명법)는 **4539±197년 전 BCE26C경**으로 추정하지요.

그래서 북한학자들은 **한국**의 요령식(비파형)**동검** 문화가 **BCE30C경**에 **발생**하였다고 주장합니다.

이종호 박사(국가과학자)는 '우리의 옛 땅 만주의 **우하량 홍산지역에** 서 옥(玉)으로 만든 소위 비파형(?)검이 발견됨으로써 **비파형태**가 갑자기 생긴 것이 아니라, **청동기 시대 이전에도** 우리 선조에게 상당히 각인됐던 형태였다'는 사실을 알리면서 변광현님과 뜻을 같이 합니다.

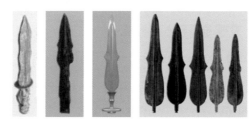

비파형 옥검 출처: 월간개벽, 평남 덕천시 남양16호유적 비파형 창끝(동모) 출처: 이용섭 역사 연구가, 분리형 우주수(비파형) 동검, 비파형 동검 출처: 우리역사넷

그렇다면, '**비파형**'은 후손에게 **전하고 싶은** 비밀코드 맞습니다! '**동방**'이란 나무(木)에 日(☼)가 처음 떠오르는 곳(東) 그래서 '**부상**'(扶桑)이라 전설로 전해졌고 뽕(桑)나무가 지천이어서 양식이 되고 옷(비단)이…, 그래요. 지구의 **양**(陽)의 **땅**으로 뽕나무를 비롯한 **생명의 나무들이 울창**하여 동·식물의 먹이사슬이 완벽하고 하늘과 땅과 바다의 왕들이 활기찬 생명력으로 살았던 이 땅의 코드였지요.

그래서 *황제내경(소문편)은 '**동방**(한국)은 지구가 형성될 때, **최초로 문명이 발생**한 곳'이라고 했던 땅이었지요. 그래요. 청동검의 모습은 단순한 비파가 아닌, 동방(東方)을 상징하는 1**숲**(木)**사상**과 밝은 땅의 2**태양**(日)**광명사상**으로 인류문명이 처음 태동되었다는 자부심을 드러낸 것이었습니다. 그러하기에 木(나무)에 日(해) 뜨는 모양(東)의 검으로 우주신을 대신하여 조화로운 세상(木)과 밝은 세상(日)을 **어지럽히는 자들을 처단**했던 것이지요.

아, **지금은 한국인의 기억에서 사라진**, 인류의 시원문명이 태동되었던, 세상의 중심(中心)에 있다는 **동방의 신(神)의 나무**요, 밝달나라를 지켜주었던 **신단수(神檀樹)**요, 왕들의 세상을 조화롭게 지켜주었던 **우주수**(우주나무), '**세상의 어른 나무를 뜻하는 웅상**'(雄像)이었습니다.

한국을 비롯한 전 세계에 전해지는 그(The) 생명의 나무, 세계수(世界樹), 우주수(宇宙樹) 신화의 원형을 드러낸 검이었던 것입니다.

아, 이것이 세상을 이끌었던 단군왕검께서 화려한 비단옷이 아닌 **나뭇잎 옷을 두르고 걸친 모습**으로 그려지고 이 땅의 임검님 뒤엔 항상 해와 달이 뜨는 '**일월부상도**'를 세워 놓았던 이유였고 또한 고구리무덤 각저총에선 씨름(씨놀음)을 생명에너지를 주는 '**신의 나무**' 밑에서 하는 벽화로 전해지고 이 땅에서 나간 이집트의 **초기 피라미드**나 수메르의 **지구라트**(Ziggurat)의 맨 꼭대기에 '우주목'(웅상나무)을 심었다고 전해지는 이유입니다.

당비파 출처: 나무위키, 파초의 잎 파초선 출처: 국립민속박물관, 민화에 보인 우주수 일월부상도 출처: 전영우의 *숲과문화, 북방신화의 우주수(세계수) 출처: KBS1, '북한고구려유물특별전' 평양시 진파리1호분의 천상의 나무 출처: 우리역사문화연구모임, 집안현 각저총의 신수

# 이 땅의 시원문명의 기원을 상징하는 '우주수 청동검!'

그럼에도 우린 여태-껏, 차이나의 악기(?)라는 비파(琵琶)만을 생각하며 비파형동검이라 불러 왔습니다. **차이나와 재팬 학자가 우리의 역사를 가리기 위해 입을 맞추어 '비파형'이라 처음 부른 데서 유래**된 것일 뿐, 〈국립중앙박물관〉에서도 '**요령식 동검**'을 공식명칭으로 정하고 있음에도 역사학자와 국문학자들은 **방관만** 하고 있고 '**우리 땅의 시원**'을 논하는 학자들조차도 **비파형동검**이라 말하고 있으니… 아, 뿌리 깊은 **노예근성**이여! **침묵하는 지성**들, 잠자는 좀비들이여!

그래도 뜻 있는 분들은 **깃털동검, 물방울동검, 불꽃동검** 등으로 바꿔 말하지만… 모두 한국의 정체성을 대신하지 못할 뿐입니다. 어때요? 나무(木)가 해(日)를 품었던 땅, **동방**(東邦)! 우뚝 드리워 알과 씨를 품고 인류의 구·신석기 **문명을 꽃 피워 어른**(大人)으로서 세상을 이(夷)**끌었던** 동방의 신(금 神)의 나무, 우주수(宇宙樹, 웅상나무)… '**우주수 동검**' 이라 부르면? **시원문화의 신의 나라**…, 장엄하지 않습니까?

# 우주수동검, 청동검은 당시 최상의 권력과 과학

돌검이 주로 **의식용**이었다면, 우주수동검은 **의식**은 물론 권력의 상**징성과 살상**을 위해서도 사용된 당시 최첨단 과학의 무기로 추정됩니다. 그래서 **청동기의 시작**을 고대사회의 산업혁명, 인류의 문화혁명, **핵폭탄과 맞먹는 발명**이었다고 하는 것은 **쇠**(金: 금속)**를 다루는 기술**은 아주 신비로운 선진기술이었기 때문이지요.

고대사회에서의 **청동제품은 일반인이 함부로 만들 수도, 소유할 수 없는 물건**이었다고 합니다. 그래서 **청동검**은 고대 동·서양을 막론하고 신권은 물론 문명의 상징이었기에 소중히 전해왔던 것이지요. 그러니 검이 시작되고 처음 청동을 만들고 번뜩이는 청동검을 발명했던 **고대조선은 자연** 신(神)의 나라였음을 웅변하는 것이고 그래서 중동의 민속설화인 알라딘의 마술램프가 '금이 아닌 **오래된 청동이었다**'는 이야기는 잠든 한국인의 상상력을 자극합니다.

따라서 일연이 *삼국유사에서 "환웅(배달나라의 천제)께서 **청동거울, 청동방울, 청동검**(천부삼인: 하늘이 인정한 신물)을 가지고 하늘에서 땅으로 **내려왔다.**"라고 기록한 것은 **천손** 배달나라사람들이 **청동 등 첨단 쇠 문명을 발명**하여 신을 대신하여 **세상문명을 밝혔다**는 자부심을 천명했던 말이었지요!

그래서 단군은 '신적인 군장'을 뜻하는 왕검(王儉)으로 불리며 늘 **청동검을 곁에 두고** 다녔던 것입니다. 지금 재팬의 **천황?**(덴노)이 **즉위할 때, 청동검을 인수**하는 것은 언젠가 **우리 한국에게서 하사받은 신권을 계승**하고 있는 갸륵한 모습이지요.

특히 우린 어느 민족도 청동기 유물에 넣지 않았던 **아연**(Zn)을 **수천 년을 앞서 넣어** 청동의 성질을 좋게 하면서 광명함을 상징하는 밝달(배달)나라답게 **밝은 태양을 닮은 밝은 청동검**을 창조했습니다. 당시 아연을 섞는 황동합금은 세계사적인 사건으로서 **당시 금속기술 수준이 상대적으로 월등히 높았다**는 것을 의미하지요.

왜냐하면, 비등점(끓는 온도)이 1083℃인 청동과 달리, 900℃에서 끓고 907℃에서 **기화**하는 아연이었기에 고도의 합금기술이 있어야 했기 때문이지요. 반면, **차이나는** 우리보다 수천 년이나 뒤처진 **한**(漢 206~220BCE) **때나** 합금기술이 나타났고 **아연은 송**(960~1279) **때도 청 동기 제작에서 사용하지 못하였던** 문명적 차이 때문인지, **기포가 전 혀 보이지 않는 우리의 단검**에 비해 지나검은 조악할 수밖에 없었던 것입니다.

온 재산을 들여 청동검, 청동거울 등 300점이 넘는 청동유물(차이 나에서 구입)을 간직하고 있는 백부영(사. 한국고미술협회) 부회장은 **놀라 운 발견으로 한국인이 잊고 있었던 자부심을** 일깨웁니다.

이 땅의 많은 청동검에 지금껏 알려지지 않았던 1**벼의 세포인 '기 동세포문양'**이 새겨져 있었고 황제의 나무라는 2**황칠나무**(黃漆)**의 황 칠로 염료**되어 있으며 현미경(400배)으로 확대해 보니, 염기성 탄산염 토질에서 녹슨 검에는 물에 풀려 3**미세한 굵기의** (누에)**고치실이 압착** (물에 풀려 검에 압착된 단백질)되어 있었으며, 더구나 4**실은 오색**(五色)**으 로 염색까지 되어 있었다는** 사실을 밝혀낸 것이지요.

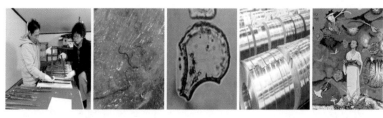

백부영 부회장의 청동검 수집품과 검게 염색된 (비단)고치실, 기동세포 출처: *고조선의 천부인, 宇田津徹郎, 황동 출처: 거친 손의 산업포탈, 마법화원의 알라딘의 마술램프 출처: 위키백과

그래요. 세계에서 처음 인공볍씨를 개발했던 땅이었고 2만 년을 보존한다는 신비의 **황칠**(黃漆)**나무는 신의 나라의** 서 · 남해안(제주도, 완도, 해남, 거제도 등) 일부 도서지역에서만 나는 **신의 나무였고 비단** 또한 뽕나무 천지였던 **우리 동방에서 처음 실을 뽑았을 역사였으며** 검을 쌌던 비단(실)의 오색실은 **오방사상이** 우리 동방에서 나왔던 사실 등 모두 **이 땅의 역사를 입증**하는 것이었지요. "아내와 자식에겐 너무 미안했다!" 라는 백부회장님의 말이 가슴을 때립니다.

## 최상의 권력과 유통, 고대조선 화폐 명도전

'**화폐**'(돈, money, currency)를 불, 수레바퀴와 더불어 〈인류의 3대발명품〉이라고 하는 것은, 원시경제를 넘어 **교환과 매매의 수단은 물**론 **오락과 사치품, 사람의 존엄성 등에도 가치**를 부여하는 **사회적 합의**(social agreement)로서 **고도의 분업경제국가로** 나아가는 인류역사의 **위대한 진보**였기 때문이지요. 따라서 '**화폐의 기원**'을 논하는 것 또한 지구에서 가장 진보된 사회를 가늠하는 척도일 것입니다.

**인류최초의 주화**(쇠)**화폐를** 서양에서는 BCE7C경 **그리스에서** 사용되었던 드라크마(Drachma) 또는 BCE600년경 에페수스의 아르테미스 신전에서 발견된 리디아왕국의 주화라고 하고 동양에서는 BCE221년경 진시황제 때 제조됐다는 청동주화였다고 하지요.

"한겨레, 그들은 세계문화의 거대하고 도도한 흐름이었다!" -다 물
"Han-Gyeole, they are the Main Stream of World Culture!"

반면 *한서(漢書)지리지는 우리 **고조선**(BCE2333~ )**의 범금8조**(犯禁 八條, 8조금법)를 소개하면서 "도적질한 자는 노예로 삼는데, <u>죄를 면 하고자 하는 자는 50만</u>(전)**을 내야** 한다." 라고 하여 우리의 화폐 사 용의 증거를 기록합니다.

그런데 BCE7C 경 만주지역에서는 '**명도전**'(明刀錢)**이란 주화가 왕 성하게 통용**되었음이 1920년대 재팬고고학자의 요령성 발굴로 밝혀 지지요. **손칼처럼 생긴 청동주화**로 앞면에 '명'(明)이란 글자가 새겨져 있어서 붙여진 이름인데, 발굴지역은 옛 고조선 강역인 **산동지역**(제) 과 **북경지역**, 요령성, 길림성, 흑룡강성, 하북성, 내몽고자치구의 **만 주**와 지금의 **압록강과 청천강** 사이…, '**명도전**'이란 이름은 재팬이 붙 이고 '**연**(燕)**의 화폐**'라는 주장은 **차이나학자**가 합니다.

명도전(원절식, 첨수도) 출처: 이찬구 박사, 국립중앙박물관(고조선실) '명도전' 출처: 코리안 스피릿, 박선미 박사가 작성한 고조선 명도전 유적지 표시도 출처: 박선미 교수

그렇다면 명도전이 차이나 화폐가 아닌 **고조선 화폐**는 아닐까? <u>우리의 국사교과서는 명도전을 차이나 국가 연</u>(燕)<u>의 화폐라고</u> 가르 치지만, 중국사회과학원 장보촨(張博泉) 교수는 그의 논문집 '명도폐연 구속설'(2004년)에서 '**명도전** 3종류 중 **첨수도**(刀), **원**(圓)**절식 2종류는** 고조선 화폐'라 주장합니다.

그리고 북한학자 손량구를 비롯한 이을형, 백부영, 이찬구, 이형모, 성삼제, 김산호, 한영달, 민성욱, 박선미 등의 학자도 고조선의 화폐였다고 합니다. **고조선 강역에서는 부대자루로 대량**으로 출토되어 한때 개당 1,000원에 팔릴 정도였지만, 하북성에서는 소량이 출토되었다는 것은 무엇을 뜻할까?

박선미 교수(서울시립대)는 **명도전의 발굴범위가 고조선의 강역과 정확히 일치**함을 고조선 연구의 권위자인 러시아 학자 UM 푸틴의 고조선지도로 소개하면서 명도전이 고조선의 화폐일 개연성을 주장합니다. 그래요. 우리의 '구들'과 함께 출토된 명도전이었지요!

푸틴은 그의 저서 *고조선과 많은 강의에서 애타게 말합니다.
"한(漢)대 이전, 현토와 낙랑지역에 이르렀던 고조선의 강역은 **한 번도 중국의 제후국이 된 적이 없을 뿐** 아니라 연(燕)과 주(周)에 예속된 **적이 없다.** –중략– 중국사가들은 중국의 동북쪽 변두리에 있었던 **연의 역할**을 의식적으로 과장해서 표현했다. –중략– 동북아고대사에서 **고조선(2333~108BCE)을 제외하면** 아시아역사는 이해할 수 없다."

맞아요. 연(燕)은 **하북성의 서부**였을 뿐, 평양 이북에서 동북3성(요녕, 길림, 흑룡강성)의 광활한 지역과 **하북성은 고조선의 강역**이었지요. 그래요. 지금의 홍산문화의 서쪽 너머까지였지요. 우린 지나의 중화사상과 재팬의 식민사관에 의해 **요동은 물론 청천강까지 연**이라 했으니, 고조선 영역이 축소되면서 자연 연(燕)의 영역이 상대적으로 넓어지며 연의 화폐로 알게 된 것입니다.

그래서 1고조선과 연이 **적대적인 관계**√에서 그것도 2서로 **전쟁**√을 하면서도 무역을 하고 3**적**(연)의 화폐가 고조선에서 대량 통용√되며 4그 화폐(명도전)를 **쌓아 놓았다**√는 기이한 역사를 배워야 했고 또한 고조선의 몰락이 한(漢)의 침공 때문(왜곡)이었다면서 5어찌 한의 화폐가 아닌 **연**(燕)**의 화폐**√로 배우고 그리고 이 지역에서 나오는 6'**엄청난 양**√의 명도전은 100년도 안 되는, 짧은 역사의 **연**(323~220BCE)**의 화폐**√로는 이해하기 어려운 양'이고 더 이상한 것은 명도전이 7잠시 **연의 중심지역이었다는 북경지역**√에서는 가뭄에 콩 나듯 소량이 출토되고 오히려 8**연 밖**√의 고조선의 강토에서는 대량으로 출토되었으니, 정작 자기(연) 화폐라는 **명도전을 고조선에 다 내주고 정작 제 화폐는 쓰지 않았다**는 이상한 논리뿐인 것이지요.

반면, 인류시원의 문명을 열고 고인돌 등 거석문명의 **초밀집인구** 속에서 세계 **최초·최고의 청동기 문명**을 시작하며 신기에 가까운 청동기를 제작했던 거대대국 '**고조선**'이, 게다가 조개(貝)를 처음 화폐로 사용했던 마고한국의 전통이었는데, 자신의 화폐 없이 불편하게 살다가(?), 2천 년 뒤에 고조선의 가지에 해당하는, 겨우 **100년도 못간 연**(燕)**의 화폐를 썼다**(√)는 것이 상식적으로 맞을까?

더구나 우리 **고조선의 야금술과 주조기술**은 고대 차이나에 비해 수백 년 앞섰다는데…, 그래서 BCE4-5C, **신기에 가까운 청동주조와 주물기술로 인류최고의 청동기 걸작인 '여러꼭지잔줄무늬청동거울'**(다뉴세문경)에 지름 21cm 원안에 **0.3mm 간격으로 1만3천 개의 가는 선**을 그어놓았으니 감히 범접못할 찬란한 문화제국이었지요!

그래요. 신(神 금)의 나라였기에 신(금)을 뜻하는 **검(劍)의 모양으로 돈을 제작했던 것입니다.** 그런데 명도전에 앞서 고조선 초기에 이미 화폐가 있었지요. "단군조선 제4대 오사구단군 재위 5년(BCE2133)에 가운데 둥근 구멍이 뚫린 **조개 모양의 돈('원공패전')을 주조하였다.**" 또 14대 고불단군(1721~1663BCE) 신유년(BCE1680)에 **'자모전'**을 주조했으며 그리고 "제37세 마물단군(646~591BCE) 재위 5년에 **'방공전'(方네모孔 구멍錢)을 쇠로 부어 만들었다.**" 그래요. 중원의 전국시대(475~221BCE)에 앞서 **'방공형 엽전을 만들었다**'는 기록(BCE642 *환단고기)이 전해져 **고조선의 화폐의 역량이 수 세기 앞서 있었음을** 웅변합니다.

그럼, **주화(쇠돈)를 화폐로 통용**하며 **국제적으로 유통**시킬 수 있는 당시 힘을 가진 가장 강력한 세력의 문화집단이 누구였을까요?

이들은 틀림없이 1**해양문명을 처음 시작**하고 수많은 조개를 접하고 2오래 전 **인류시원의 문명을 일으킨,** 과학과 물질과 종교가 가장 앞선, 거역할 수 없는 힘을 가진 집-단(Pax)! 그래요 지금의 미국의 달러($)처럼, 그래서 3인류최초의 공통화폐인 **조개화폐를 통용시킨 지역으로부터 시작**되었을 것입니다.

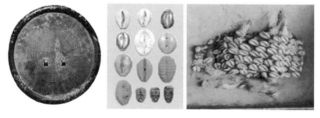

여러꼭지잔줄무늬 청동거울(국보 제 141호) 출처: 한국학중앙연구원, 화폐로 사용되던 카우리 조개(貝), 하가점 하층문화(대전자 유적) 조개화폐 출처: 한국사 시간여행자

그중 고금동서를 통틀어 전 세계를 아우른 화폐가 '카우리'(Cauly)조개인 것을 아십니까? 고대중국에서 시작하여 아프리카까지, 20C 초까지 가장 광범위한 지역까지 쓰였다는 조개-돈이지요.

그런데 조개돈 이름이 어찌 카우리일까요?

그래요. 먼 옛날부터 동방동이족은 **지구 최고의 갯벌**에서 나오는 조개로서 식량을 하고 **인류최초로 조개**(貝패)**를 화폐로 통용**해 왔을 것입니다. **세계최대의 패총지역이 우리나라**였음은 이를 가능케 하지요. 그 중 여성의 성기와 너무나 닮아 **생산과 풍요의 상징**은 물론 **의례적 · 종교적 상징**까지 있어 강력한 의식과 함께 통용되었을 **카우리 조개는 본시 타이완 동쪽에서 나왔던 조개**라고 합니다. 맞아요. 아득히 먼 옛날 인류문명을 시작했을 때, 서해평원과 제주도와 타이완 동쪽이 대륙으로 이어져 있던 '우리-나-라'!

태평양을 마주하며 **예쁜 카우리**(개아지)**조개를 신기해하며 모았을 우리의 첫 조상** (구)이(夷, 黎)들을 생각합니다. 지금도 차이나나 중앙아시아나 유럽 등지에서는 우리 한국인을 카우리, 가오리, 까우리 (Cauly), 코리 · 코레(Core), 커레이(Coray)라 부릅니다. 라틴어로 카우리(Kauri)는 **줄기**, 그래요. 옛날 **문화의 핵**(Core)**에서 거역할 수 없는 큰 흐름**으로 이동하며 뻗어나갔던 **거대한 줄기**(The main stream), 카우리들의 '**팍스**(Pax) **카우리아나**'를 입증하는 말이지요!

그래요. 고대지나에 의해 전해진 '카우리'란 바로 **옛 한국인 구리** (九夷)였습니다. 토기를 굽다가 발견했다는, **인류의 첫 쇠** '구리'(銅) 역시 구리(구이)가 발명했던 쇠이기에 [구리]라고 했고 **구릿빛 피부가 전**

해지고 지금 구리를 CU[쿠]라고 표기해 오는 것처럼 **카우리**가 처음 조개돈을 쓰면서 **돈을 '카우리'**라 했던 것이었음을 알 수 있지요.

그래서 귀하고 소중한 물건(보배)이라는 우리말이 **원래 조개**(貝)**가 있는 '보패'**(寶貝)에서 유래되었던 것이나 화폐로 쓰였다는 조개돈이 출토된 곳이 바로 인류문명의 시원지로 밝혀진 **배달**(붉달)**나라의 홍산 문명지**인 것은 우연이 아닙니다!

✓이 모두 패(貝)가 재화를 뜻하는 글자가 되고 사고파는 수단이 되었음이 이(夷)들의 글(한자)에 나타나지요! ―貿(바꿀 무), 貸(빌릴 대), 買(살 매), 賣(팔 매), 財(재물 재), 貢(재물 바칠 공), 貨(재화 화), 寶貝(보배), 費(쓸 비)… 그래요, **명도전뿐 아니라 우리의 최초의 쇠돈이 '조개모양'**(원공패전)**인 것이나 조개돈 '카우리' 그리고 한자**(漢字)**마저 차이나의 글자가 아닌, 우리 한겨레**(夷)**의 문화가 담긴 발명품이었다**는 점에서 깊이 캐면 근본이 다 한국의 문화와 역사로 귀결되지요!

이런 문화로 명도전(明刀錢)엔 고조선의 상징인 '明'이란 글자가 있는 것입니다. 즉 **해 뜨는 동쪽의 밝은 나라,** 배달(붉달)의 **'밝다'**에서 **밝을 명**(明)**자를 따서** 새겼던 것이지요.

인류 최초의 쇠 구리 출처: 구글, 차이나 산동성의 아사달문양. 19C 차이나의 고대화폐 연구가인 이좌현(李佐賢)의 저서 *속천회(續泉匯)에 실린 '돈'자가 새겨진 첨수도 탁본 출처: 연합뉴스

그래서 '아사달(해 뜨는 땅, 산, 아침땅, 붉달)문양'이 출토되는 것입니다. 한국문화의 기본인 '광명(光明)문화'였을 뿐이지요. 한머리땅을 떠난 이들이 동쪽을 그리며 늘 간직했던 **밝은(明) 생각들**, 그래서 동이의 가지였던, **기자(箕子)가 망명한 곳**(번조선)을 굳이 '명이'(明夷)라고 했던 것입니다. 따라서 다케시마(竹島)가 정작 대나무섬이 아닌 우리말 '작다'에서 나온 것임을 풀지 못하는 재팬처럼, 명도전에 **새겨진 글자와 문양들을 지나가 해독하지 못하는 것이지요.**

더군다나 홍산문화연구가 이찬구 박사는 저서 *돈에서 약 3천600년 전 요서일대에 세워진 **단군조선의 제후국인 고죽국에서 주조**된 것으로 추정되는 첨수도 명도전에서 **한글로 추정되는** 고조선 문자 '돈'과 '노'를 찾아냈다고 밝힙니다.

'돈'이란 '돌다' 즉 해처럼 **화폐를 세상에 돌려 나의 욕망을 밝히고 자유를 얻는 것**이지요. 1**동양의 윤회사상**과 2**한국의 '밝사상'**을 바탕으로 나온 말이고 3**초·중·종성 3체제의 글자**이며 4**받침을 문자에 기록한 유일한 사람들**에 의해서 나온 말이었습니다. 한남대 강신철 교수역시 '**명도전에 새겨진 문자가 연의 문자가 아니라,** 단군조선에서 쓰던 가림토문자였음'을 주장하지요. 이렇게 명도전에 쓰여 있는 문자들이 고조선 문자라면, 명도전은 고조선 화폐일 수밖에 없습니다.

이렇게 명도전의 정체는 **우리 한국의 역사와 정신세계 안에서 다─ 풀리지요.** 단지 고조선 강역이 '**이북 평양 및 요동반도를 넘지 않았다**'는 식민사관에 의해 우리 스스로 **고조선의 역사를** 부인하고 버렸기에 자연 **연의 화폐**…가 되고 만 것이고 우리의 문화에 **남들이 이름 붙이고 제 것이라 우겨** 왔던 것이지요. 정~작 우린 '**불**'과 〈수레〉 '바퀴'의 발명뿐 아니라, 조개에 이어 주화인 '화폐'마저 발명해 〈인류의 3대 발명품〉 모두를 해(☼)내었던 사람이었습니다.

## 신(神)의 나라-- 쇠의 시작 쿠리의 구리

학자들은 '인류의 위대한 발명을 최초는 **토기**요, 최대는 **청동기**'라고 합니다. 왜냐하면 '토기'는 **인간의 정주와 농경의 시작**으로 신석기 문명을 이루게 하는 상징적인 발명품이고 단단한 쇠도구인 '청동기의 발명과 시작'은 강력한 불로 1**야금법의 발달**→ 2**농기구가 생산되어**→ 3**농업생산의 증대**를 가져오게 하면서 고대사회의 산업혁명을 일으켜 인류의 문화혁명을 이루었기 때문이지요.

이렇듯 **구리로부터** 시작되는 **쇠(鍊)**야말로 **인류사를 바꿀** 정도로 중요했던 것이니 '쇠를 어느 민족이 발명했느냐?' 하는 것은 **최고의 자존심과 자부심을 건 주인의 역사**를 가리는 논제일 것입니다.

그런데 인류학자들은 인류역사에서 가장 오랜 금속인 구리(銅 Cu)**의 이용을 약 1만 년 전쯤**이라고 말하고 토기를 굽다가 발견한 것으로, 가장 오~랫 동안 사용한 금속이라고 합니다. 왜냐하면, 청동의 재료인 **구리**(융용점1,083°)**는 토기를 구울 수 있는 정도의 온도에서** 쉽게 녹았고 또한 **땅 가까이에 큰 덩어리로 존재**하여 쉽게 채집할 수 있었기 때문이지요.

그런데 우리 땅은 **토기를 최초로 만들었고 신석기의 꽃이라는 빛**(햇)**살무늬토기를 전 세계로 퍼져나가게 했던** 인류의 고향과 같은 땅이었습니다! 그래요. **우리**(구리)**가 처음 구리**(쿠리, CU)**문화와 청동기시대를 열었을** 개연성이 크다는 말이지요.

## 한국의 청동기문화 늦게 시베리아에서 기원했나?

무엇보다 인간이 **철**(Fe)**의 시대** 즉 구리를 시작했다 함은 '누가 고도의 합금기술을 가졌는가!'로 철역사의 깊이를 가늠해야 할 것 같습니다.

왜냐하면 무른 구리보다 단단하여 삶에 도움이 되는 쇠가 필요했기 때문이지요. 그런데 우리의 선조는 **구리에 주석**(Sn)**을 넣은 단단한 청동**은 물론, 세계에서 '**합금의 혁명**'이라는 **아연**(Zn)**까지** 유일하게 **넣어 아름다운 황동**까지 만들었습니다.

신비한 사람들, 그래서 지금도 아무도 **감히 흉내도 내지 못 할** 신비의 청동거울 '**여러꼭지**(다뉴)**잔줄**(세)**무늬거울**(국보 제41호)을 비롯한 신비한 유물들을 남겼던, **쇠에 통달했던 분들**이었지요. 여기에 청동기를 만들기 위해서는 숯이 필수적이라는데, 우린 **최소 5만270년**(방사선 연대)**의 나무숯**을 사용했던 땅(공주 석장리)이었습니다.

그럼에도 재팬의 에가미 나미오(江上波夫)는 **한국의 청동기문화가 8~7C BCE에 시베리아에서**(사람과 함께) **내려왔다**고 했습니다. 소위 '시베리아기원설'(12~8C BCE)이지요. 여기에 '**한국에는 구석기시대는 물론 청동기시대도 없었다**(√)'는 식민사관에 의해 **세계에서 가장 늦**

은 청동기 시대(BCE4C)로 기록됩니다. 식민지시대 일제는 전쟁물자에 혈안이 되어 우리의 밥그릇에서 숟가락까지 **청동과 유기제품을 깡그리 거두어갔으니 이 땅에 무슨 변변한 청동기가** 남아있었을까?

그런데 1987년, 옛 선조의 땅 우하량 전산자 구릉의 끝자락, **홍산문화 중·말기에 축조**된 것으로 추정되는 피라미드(金子塔)식 대형적석총 정상부에서 **청동을 제련하던 도가니편**이 발견되고 적봉시 옆 오한기 서대에서는 **토기거푸집에 청동제품을 만들다 생긴 35C~30C BCE의 슬래그**(찌꺼기)가 발견됩니다. 대뜸 북경과기대 한루빈 교수는 차이나가 **동방최초√로 청동기를 창조했다**고 말해 보지만,

이곳 모두 분명 옛 한국인의 땅(발해문명)이었지요.

그리고 **평안남도 덕천시**(남양 유적16호 팽이그릇집자리)에선 무려 BCE38C(약 5800년)로 측정되는 청동기 유적(비파형 창끝)이 발견되고 또한 **평양 상원군 장리 1호고인돌**에서도 BCE30C으로 추정되는 청동방울 2개, 청동끌 1개, 평남 성천군 룡산리에서 이미 도굴된 5069±426의 고인돌무덤에서 **부식된 청동조각들이 발견**되면서… 북한 사회과학원 학자들은 BCE40C라고 주장합니다.

청동기시대가 없다던 이 땅의 역사가 왜곡된 것임이 밝혀집니다. 이미 핀란드학자 아스페링(1842-1915)은 **청동기문명이 시베리아에서 훈족계 이주민에 의해→ 우랄지방으로, →다시 북유럽의 핀란드에까지 전파되었다**고 발표하고 덴마크학자 와르세(1821-1885) 또한~,

청동기문명이 유럽에서 아시아로 전파된 것이 아니라 극동아시아

에서 발생하여→ 북유럽으로 전파됐다는 연구결과를 발표하여 기존의 중동→지중해→유럽→시베리아→요동→한반도 전파설을 뒤엎었지만, 우리 학계는 요지부동이지요.

그래서 이형구 교수(역사학·고고학)는 안타깝게 호소합니다. 'BCE35C경 우리의 청동기문화가 발생할 당시, **이집트와 메소포타미아 정도만** 청동기문화가 있었을 뿐, 지나(BCE22C)를 비롯한 동아시아와 시베리아 지역 **어느 곳에서도** 청동기 문화가 **발생한 바 없었다.** 우리에게 청동기문화를 전수했다(?)는 **시베리아 카라수크 청동기** 문화의 연대(BCE12~8C)보다 훨씬 앞서고 있어 **한겨레의 청동기문명** (BCE40C)은 동방 최초였고 세계적으로도 가장 이른 시기에 발생했다.
따라서 다른 지역으로부터 유입된 **이식문화가 아니라,** 독창적인 토착문화였다는 것을 의미한다. 이를 계기로 **우리 겨레와 문화**의 정체성을 **시베리아니,** 미누신스크니, 카라수크니, **스키타이니,** 오르도스(Ordos)니, **몽골이니** 하는, 오로지 외래적인 요소에서 찾으려는 시각은 제-발 이제는 청산해야 한다.' 라고 말이지요.


## 구리와 청동제품, 한국인의 통과의례

그래서인지, 우리는 **태어나서부터** 놋그릇이며 수저며 온통 청동으로 식기를 쓴 유일한 나라였지요. 향로, 거울, 검, 갑옷, 투구, 활, 등자, 수레, 돈, 종, 인쇄활자, 나침반, 각종 장신구에서 공예품, 징, 악기 그리고 **죽은 후에도** 장례와 제사에 쓰이는 제구에 이르기까지~

**온통 청동과 유기제품 속에서 살았던 한국인들!**

여기에 '**주석을 10% 이상 넣으면 깨지기 쉽다**'는 현대재료공학의 상식을 깨고 **새로운 이론**을 제시한, 우리의 '**유기**'(놋쇠)는 **구리와 주석의 성질**을 잘 파악하여 **열처리와 두드림으로 탄생**시킨 한국인의 신기술이라고 합니다. 그래서 한국만의 고유한 청동그릇인 '방짜유기'(주석22%+구리78% 합금)는 두드려서 얇게 펴고 식으면 다시 달구고 망치질을 하여 **조직을 변태시켜 새롭게 창조**시킨, 현대과학으로도 이해할 수 없는, **세계에서도 유례없는 신비한 합금기술**이었다고 하니 우리 '한국인이 **얼마나 쇠를 잘 알고 다루었는가**'를 웅변하며 또한 어느 민족에 비교할 수 없을 만큼 **일찍 청동기술을 창조**하여 **최고의 청동문화**를 해왔다는 실증역사인 셈이지요. 우리의 **징이나 꽹과리**가 아무리 두드려도 깨지지 않는 이유입니다.

놀라운 것은 방짜유기 안에서는 **대장균(O-157)을 살균**하고 몸 안에서 생성이 안 되고 필수적으로 섭취해야 하는 **미네랄 성분이 소량 검출**되는 효과까지 검증되었다는 것입니다. 어느 민족도 꿈꾸지 못한 과학적이고 의학적인 그릇이지요.


지나족이나 왜족은 **감히 꿈도 못 꾸는 합금기술**이기에 왕조차도 쓸 수 없었던 놋그릇과 쇠젓가락을 우린 **백성도 썼던 것**은 **우리가 세계에서 유일하게 격조 있는 천제문화를** 이어받았기 때문이지요. 오죽하면 **지나가 여러 번 고려동을 수입**해 간 것이 *고려사에 기록됐겠습니까? 옛날부터 동·서양이 종교의 예배도구로 구리제품을 고집했던 이유도 여기에서 찾는 것이 옳을 것입니다.

발전할 때까지 발전한 글이 우리의 한글이라면, **갈 때까지 간**(과학의 끝) **인류의 최고의 그릇이 '방짜유기그릇'**인 셈이니…,

한국인이 얼마나 놀라운 사람들이었는가를 새삼 아시겠죠!

한국인의 세계적인 명품 방짜 유기제품 출처: 바른스토어, 방짜징 출처: 김형희 산야초,
바티칸 베드로 성당 청동촛대 출처: 줌줌투어, 황동-아연합금 청동 출처: 나무위키

## 철을 발명한 동철족(東銕族), 돌쇠들

**청동기와 철의 발명**은 당시로서는 핵폭탄과 맞먹는 혁명 같은 사건이었다고 합니다. 그런데 인류학자들은 또 말합니다. '**청동기**를 만들면서→ 발견된 것이 **철**이었다'고! 그렇다면, 우리야말로 청동기를 시작한 사람들이었으니→우리 겨레(夷)가 철을 발명(제련)했던 것은 자연스러운 이치였지요.

그래서 옛날(처음) 동이(夷)가 철을 발명했기 때문에 처음 철을 鐵이라 쓰질 않고 銕(鐵의 古字)이라 썼고 동이(東夷)를 동철(東銕)이라 했던 것도 다 우리 **동이**(東夷)가 철을 발명했기 때문이었을 것입니다.

명지대학교의 진태하 박사는 '**銕**(철)은 鐵(철)의 **옛 글자**'(銕古文鐵)라는 *설문해자의 기록과 '철(鐵 Fe)자는 **夷字가 변한 것**'(鐵夷通借作)이라는 *한서(漢書) 권28의 기록과 '철(鐵)자는 **옛날에는 夷字**'(鐵古夷字也)라는 *사기(史記)의 기록 등을 들어 "처음에는 **쇠를 鐵**(철)로 쓰질 않고 鉃(쇠+火=진) 이렇게 썼는데, 이는 **철을 우리 동이**(夷)**가 처음 발명하**였기에 '**金**'(쇠 금)**에 '夷'**(이)**를 붙여 우리의 자부심을 드러낸 글자였기** 때문이다." 라고 일깨웁니다.

그래서인지 **알타이 연구**에 평생을 바치신 고 박시인 교수(서울대)와 많은 역사학자(김운회, 박원길 교수 등)는 '한국인의 **심볼이 쇠**(金)**였으며** 쇠는 땅 속의 태양이었다'고 말합니다. 그래요. 지금도 경상도에선 **해**(☼)**를 쇠**(새)라고 말하지요. 한족의 역사서 *25사에도 '**동이겨레가 구**이(九夷)**로 시작하여→ 고구리**(고구려), **백제, 신라, 왜, 가라**(가야)**로 이**어져온 동쪽에서 쇠붙이를 사용하는 사람들'이라 하여…
유별나게 **쇠를 한국인의 대명사**로 여겼음을 알게 합니다.

맞아요. 강력한 **쇠**(새Fe)**문화**는 사람에게 **新**(새)**문명을 가져왔던 동쪽**(새)**의 밝은 해**(새☼)**와 조류**(새)**의 토템문화**였기에 우리 말 [쇠]는 동(東=새, 서: 하, 남: 마, 북: 노)**쪽과 새**(☼ 鳥)**와 새**(新)**롭다라는 뜻으로 전해졌던 것이지요. 그래서 **고조선의 후예**들은 불이란 뜻과 [**쇠, 쉬, 시에, 씨**]**라는 소리로 나라와 부족이름**을 정했다고 합니다.
**부여**(夫餘)는 나라이름을 **불과 쇠문화로 새 문명을 밝혔다는** 자부심으로 **불**(火)**의 뜻인 '부여'**로 했고 **예**(濊)**는 [쉬], 해**(奚)**도 [쉬, 쇠, 씨]라 불리고 고구리의 후예들 즉 몽골의 뜻인 은**(銀)**과 몽골의 뿌리인 실위**(室韋)**의 실은 [쇠, 시] 또한** 쇠**였고 여진이 세운 금**(金) **또한** 쇠(金)**였으며 거란**(契丹 요)**의 국호인 '빈철'**(賓鐵)**의 의미는** 강철…!

契는 지나 발음인 거(글)가 아닌 바로 '쇠'(xie)였으며 거란의 유럽식 이름 키타이의 뜻 또한 (쇠)칼날이란 뜻이었음을 밝혀냅니다.

**훌륭하십니다!**

그래요. *요사는 '**거란과 해**(奚)의 말이 통했다' / *수서와 *북사는 '**거란과 실위**는 기원이 같다' / *위서는 '몽골의 원류라는 **실위의 언어가 거란**과 통했다'라고 했으니, **해=거란=실위=몽골**…!

이렇게 고대조선의 기본적인 문화(쇠)의 특성이 그대로 계승되면서 **쇠**(금)을 **숭상**하는 우리 겨레가 퍼져 알타이적 전통으로 계승되었던 것이니 아, 다— 단군조선의 후예! 그래서 유목민들이 **동**(東)쪽을 향해 **예**(禮)를 올렸던 것이니 우리 '**쿠리**'(구리)가 품어야 할 겨레였지요.

"어—이, 돌쇠양반들!"

그런데, 이 모든 쇠의 발명은 또한 ←**우리의 돌문화에서** 기인된 것이었지요. '쇠문화' 또한 뜬금없는 문화가 아닌 우리 땅이 인류최고의 돌문화를 이루기까지 무수한 돌을 다루었을 것이니, 이때 **불을 이용해 돌에서→ 쇠를 만들었다**는 말이지요. 아, 최초의 지리역사서인 *산해경에 전해지는 **백민소성**(白民銷姓) 즉 '**백민**(배달겨레, 해겨레)**이** 철광석을 녹여 **무쇠를 만들었던**(銷) **겨레**(姓)'다'는 말이 이해가 됩니다. 무쇠를 만들었던 해겨레를 상징하는 말 白民! 白(밝)의 원래 발음은 발악, 블악, 그래서 블악(부락)을 이루고 살았던 사람들이었지요.

우리 땅에서 시작된 **돌**(石→)**문화**와 **불**(火→)**문화**와 **농경문화**(→)에서 **불을 이용**한 **토기문화**(→)가 나오고 인류최초의 토기문화에서 **청동**(→)**과 철문화가 시작**되었던 것이니 예부터 한국인의 친근한 말 '**돌쇠**'란 **인류의 돌문화와 쇠문화를 선도**해 왔던 **이**(夷)**들**을 말함이었습니다!

# 청기문명을 히타이트가 열었나?

반면, **옛 한국의 문명을 배제했던 서구의 인류학자로 인해**, 마치 **신앙처럼 견고하게 전해지는 철**(鐵)**의 이야기**(?)는 이러합니다.

1BCE2500경 **수메르**(√)**에서 청동**이 처음 만들어지고 2터키의 아나톨리아(뜻: 동방에서 온 사람들의 땅)지역의 **히타이트족**(2000~700BCE √)**에 의해 강철**(저급한)**이 개발**(BCE1500경 ?)된 후, 31200~1000BCE경 **이란, 팔레스티나, 메소포타미아, 지중해동부** 등지에서 첫 단계인 연철을 열처리하여 강철을 만들었다(?)는 것이지요.

그런데 **청동은 우리가 BCE3800년 전**(평양남도 덕천시 청동유적)으로 앞섰으니, 저들의 쇠문명사는 처음부터 틀린 것이지요! 더구나 **히타이트의 철**(Fe)**유물**이란 카만칼레호육 유적에서 **5cm의 철제단검**(2100~1950BCE 추정)이 발견(2005년)된 것을 비롯하여 **작고 저급한 철제장식품 등 극소량**이었다고 합니다.

그럼에도 많은 이들은 '**히타이트족이 철을 발명했다**'고 하지만, 인류학자들이 히타이트를 '**철의 국가**'**로 공인하지 못하는 이유**는 히타이트의 유물 중에 1**청동기보다 우수한 품질의 철기가 발견되지 않았다**는 점이고 무엇보다 2**철을 녹게 하는 시스템이 없다**는 것이지요.

즉 약 1539°까지 불의 온도를 올려야 할 **석탄**(√)도 **가마**(√용광로)도, 바람을 보내는 **풀무**(√) 같은 물건도 없었기 때문입니다. 오직 **황야에서 부는 자연풍으로 쇠를 녹였다**(?) 하니, 과연 **얼마나** 만들었겠으며 얼마나 **쇠답게** 단단했을까요?

맞아요. 저들의 생산기술은 **매우 빈약한 수준**이었고 강도도 **청동무기보다 강하지 않아 철기사용이 극히 제한적**이었다는 것입니다.

그래서인지 **히타이트의 문명을 이었다**(?)고 자부하는 유럽은 **우리보다 2천 년이 지난 13C까지도 생산된 철기가 전부 연철**이었을 뿐, 그래서 **연철을 두드린**(단조) **물렁한 강철일 수밖에 없었던 것**이고 **고온에서 나오는 주철**(무쇠)**마저 겨우 르네상스가 시작되는 14C나 되어서야**(우리보다 무려 2천1백 년 이상 늦게) **독일의 라인 지방에서 처음 대량생산**되었다는 말이 이제 이해가 됩니다.

상식적으로는 히타이트는 제대로 된 철기를 만들 수 없었다는 것을 말함이지요. <u>**만들어진 역사**</u>였습니다!

히타이트의 이륜전차 부조물(920~900BCE) 출처: Free Kim & Lee의 아나톨리안 문명 박물관, 제철 과정(대가야박물관)과 풀무 출처: 월간개, 한국인 왜, 돌쇠인가? 출처: LOOYAN의 포트폴리오

인류학자들에게는 **커다란 의문**이 있었습니다.

'**자연석**(화강암 모스경도 7정도)**인 한국의 고인돌에 어떻게 정교한 구명**(별자리)을, BCE3000년경에 뚫었을까? 큰 구멍은 지름11.5㎝에 깊이 10㎝나 되는데…? 어떻게 물렁한 청동기로 **단단한 돌에 구멍을 뚫을** 수 있었을까?'

*고조선 력사개관(남북정부 승인 북한역사서)에 의하면, 평양시 강동군 송석리1호 석관무덤에선 **용광로에서 직접 얻은 쇳물로 주조한 첨단기술의, 무려 3104±179년 전의 강철유물**(직경 15cm, 두께 0.5cm 고대 조선의 둥근 쇠거울)이 출토됩니다. 서양(13C)보다 **무려 2500년 앞선 것!**

다른 민족처럼 연철(무른 쇠)이나 선철(깨지기 쉬운 쇠-주철, 무쇠)을 두드려 만든 강철이 아닌 **고온의 용광로에서 직접 얻은 쇳물로 주조한 질 좋은 강철**이었다고 하니 놀라울 뿐입니다.(용광로에서 선철과 산화제를 작용시켜 얻은 탄소 0.06%, 규소 0.18%, 유황 0.01%인 저탄소강!)

여기에 평양시 강동군 항목리에서는 **용광로에서 직접 얻은 쇳물로 주조한 것으로 인정되는 탄소 공구강인 '쇠줄칼'**(BCE 7세기경)**도 출토**됨으로써 우리 땅에는 일찍부터 철이나 하이테크문명이 있었다는 주장의 개연성이 힘을 받게 된 것이지요. 그래서 *고조선은 대륙의 지배자의 저자 이덕일, 김병기와 과학기술가 이종호 박사는 '**우리 겨레는 이보다 훨씬 빠른 고조선 시대**(~2333BCE)**에 이미 연철과 선철을 제련하였다**'고 말합니다.


그래요. 우리 땅의 철기가 언제 시작되었는지는 정확히는 알 수 없지만, 같은 시기 히타이트나 지나보다 **품질이 비교가 되지 않을 정도로 훨씬 높았다**는 것은 우리의 철문명이 **히타이트보다** 훨~씬 앞선 선진문명이었을 개연성을 웅변하는 것입니다.

그럼에도 식민사학자들에게 우리의 철기문화를 겨우 '**BCE400년 정도에 한**(漢)**에게 훔쳤다**'라고 배워왔기에, 정작 **철기문명의 주인**이 아닌 **변두리로, 수혜자로만 생각**돼 왔던 것이었지요.

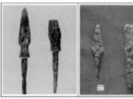

우리 고인돌 위 성혈들 출처: 김원희 교수, *검파형 암각화의 비밀, 범의 구석 유적지 BCE7C 화살
철촉과 두만강 하류(연해주) BCE7C 철도끼와 철촉, 배달국 14대 치우천왕 출처: 김산호 화백

　　무엇보다 **이러한 것을 추정할 수 있는 역사**를 북애자는 *규원사화
중 태시기에 이렇게 기록하지요. "*운급헌원기에 의하면 **치우씨**(14대
환웅 2707~2598BCE)가 비로소 **투구**와 **갑옷**을 만들었는데, **사람들**(지나
인들)이 이것을 알지 못하여 **구리머리**에 **쇠 이마**라 했다." 라고.

　　또한 사마천의 *사기와 *태평어람(太平御覽) 그리고 우리의 사서인
*규원사화(권람1416~1465)와 *환단고기에는 동이의 우두머리 치우가
'**쇠를 캐어 다섯 가지 병기를 만들었다**'라고 전하며 이때 문명이 낮은
지나족이 **갑옷, 투구**로 무장한 동이의 **높은 문명**을 보고 혼비백산했
던 모습을 함께 전하여 우리의 이른 쇠문명(BCE40C)을 알게 합니다.

　　이때의 모습이 전해져 회자되는 것이 바로 그 유명한 '**동두철액**'(銅
頭鐵額: 구리머리 쇠이마)이니 '도깨비상'의 유래였고 지나가 철(쇠)을 동
이의 쇠라며 鐵이 아닌 '銕'이라고 써왔던 이유였지요.

　　그런데 윤복현 교수는 텍사스 오스틴대학의 〈언어연구소〉의 '히
타이트'에 대한 사라 킴벌(Sara E. Kimball)과 조나단 슬러컴(Jonathan
Slocum)교수의 **온라인 강의**를 듣습니다.

"히타이트 경전에 나오는 **시우-수민**(Siu-summin)은 '우리의 **시우**', '우리의 하느님'이라고 불리는 **신의 이름**이었다."라는 내용이지요. 이 연구발표는 세계적인 인류학자 콜린 렌프류 교수가 이전에 '**현 유러피언의 조상**은 9천 년 전 중앙아시아 또는 아나톨리아로 **이주**해 온 아시아계 사람들이었다'는 학설과 근거를 같이 하는 것이었습니다.

맞아요. 아나톨리아란 '**동방에서 온 사람들의 땅**'이란 뜻!

그래요. 이 땅 히타이트의 선조로 불리는 **후리인의 언어**(Hurrian)가 이제까지 알려진 인도유럽어와 다른 **교착어체계**였고 이들이 세운 미타니왕국이 **비인도유러피언 문화**인 것으로 알려져 온 것이나 18C까지 유럽사학자들이 후리인들을 코카서스 백인종이 아니라 동아시아계 몽골로이드로 여겼던 것들의 열쇠가 아마 '후리'를←구이(九夷), 구리, 쿠리, 커레이, 카우리로 푸는 데서 나오지 않을까 합니다.


그래서 윤교수는 이렇게 말하지요. "**불의 신, 전쟁의 신**이었던 구리(쿠리)겨레의 치우(티우: 현 평안도를 비롯한 서북사투리)의 후예가 유라시아를 정복해 나가는 과정에서 히타이트의 **시우**(Siu)로, 유럽의 **찌우**(Ziu), **티우**(Tiw), 고대인도 · 유럽어족 신화의 **디예우스**(Dyeus), 그리스의 **제우스**(Zeus 찌우스) 등의 최고의 신으로, 전쟁과 불의 신으로 발전해 나아갔을 것이다." 그래요. '힘과 관용을 갖고 주변을 공생과 평화, 통합으로 이끌었다'던 히타이트인들의 모습은 그래서 이 땅의 재세이화(在世理化), 홍익인간의 참정신을 보게 합니다.


**"우리의 나라 '대한(大韓)'은 우리가 생각하는 것보다 훨씬 크다. 크게 상상하는 것을 뛰어넘는다. 우리가 잠자고 있을 뿐이다." -역사의병 다물**

아, 이제 먼 이국땅의 히타이트에 대한 수수께끼가 풀리네요. **철기문명의 히타이트가** (철기문명의 중원의 국가들이 청동기문명인 진시황의 춫진에게 정복당했던 것처럼) 청동기문명인 이집트와의 **전쟁에서 이기지 못했던 미스터리한 일들**은 이들이 **청동기보다 우수한 철기를 만들지 못했기 때문**이었습니다.

또한 **농경국가 히타이트가 왜, 산 위에다 수도**(하투샤)**를 세웠고 최고신을 불도 번개도 아닌 하필 '바람**(風)**의 신'**(테슈프)**으로 했을까? 어째서 한겨레의 독특한 방식인 '그렝이공법'으로 돌을 쌓고 수도였던 하투샤 출입문 입구에 곰**(熊 곰토템)**을 만들어 세웠을까? 그리고 곰의 얼굴을 구태여 부수고 곰이 아닌 사자의 상이라고 억지를 부릴까? 그래요. 문 앞에 곰이나 개를 세워 놓았던 우리 겨레의 풍습을 이들이 이어나갔던 것입니다.

그래요. **철기를 제작하기 위해 돌바람을 찾아 높은 곳을 찾은 이방인 돌쇠들**(지배층인 한국인)**의 마을이었고 우리 땅 바닷가에서 농경을 했던 사람들이 지구의 대홍수 때 억장**(우리나라)**이 잠기자**, 이 땅을 떠나면서 **놀란 가슴에 더 높은 곳을 찾았기 때문은 아니었을까?…!

히타이트의 수도 하투샤 출처: 위키백과, 터키의 수도 앙카라 동쪽의 하투샤 출입문 '사자의 문' 옆 얼굴을 부순 사자상(?), 제우스 상, 대장장이신 불카누스 출처: 위키백과

독일에서 역사학자 최양현 박사 또한 말합니다.

"로마신화의 불과 대장장이의 신 '불칸'(Vulcan-Vulcanus)과 몽골 최고의 성산으로 알려진 '부르칸산'은 다 우리 말 붉고 밝다를 뜻하는 불과 하늘(해)과 왕(한. 칸)의 흔적이 고스란히 간직된 말이다.

아시아계인 불가리아, 불칸족이 살았던 불(밝)칸반도는 다 부여의 왕 해부르(해처럼 밝은)처럼 불(火 옛말은 블)을 소중히 여긴 신성한 사람들의 흔적이었다. '온통 해 같고 불 같다' 하여 부락(블악), 셔블(신의 땅)이라 했던 이 땅의 사람들이 세계로 퍼져나가 카불, 이스탄불, 프랑크푸르트, 함부르크 등의 흔적을 남긴 것은 그들이 떠나온 모국(母國), 밝달나라에 대한 그리움을 드러낸 것이었다.


또한 동이의 제왕으로 불을 이용하여 인류 최초로 철갑옷과 철투구를 만들고 번개와 폭풍을 일으켜 불과 무기의 신으로 '동방불패'(동쪽은 지지 않는다!)라는 신화를 남기며 세상을 평정했던 동방의 군신이 있다. 이순신이 제를 올렸고 진시황제와 한(漢)의 유방마저 전쟁 전 사당에 제를 지냈다는 14대 환웅 치우천왕이다.

그 후손인 고리족(쿠리. 치우)은 중동으로 진출하여 철(鐵)을 제조했던 히타이트족이 되어 민족신을 '시우'라고 불렀고 독일땅에선 가장 높은 신인 찌우(Ziu)가 되었고 북유럽 노르딕에선 불과 전쟁의 신인 찌우가 되었다. 또한 이집트의 피라미드를 건설한 동북아시아인의 왕조를 '티우왕조'라고 말하는 것이나 그리스의 번개와 천둥의 신을 '제우스'(치우스)라 하면서 그리스궁전에 뚜렷하게 조각되어 있는 것은 앞선 불문화로 신(神)이 되었던 바로 동방의 치우상이었다."

그렇군요! 그래서 '치우를 알면, **세상이 보인다!**'고 했던 것이고 서양의 역사는 **만들어진 역사**라고 말하는 것입니다. 지금 **이집트의 전설적 왕조인 티우왕족의 미이라**는 분명 아프리카인이 아닌 **동북아시아인**의 모습으로 남아 그때의 일을 전설처럼 말하고 있고, **그리스의 첫 문명을 이루고 신이 되었다던 키 작은 동양인**들은 어느덧 서양인의 모습으로 바뀌고 8등신의 조각과 그림으로 **재창조되면서** 연결고리의 기억에서 지워지고 만 것이지요.

미국의 역사가 마틴 버널(코넬대)의 저서 *블렉 아테나(1권 '날조된 고대 그리스')에서는 19C 유럽학자들이 고대 그리스의 원주민을 황인종이라고 고백하며 **유럽인의 인종적 기원**을 두고 번민하는 사실을 소개합니다. '그리스인의 조상은 **셈족과 동양인의 혼혈**이며 원주민이 동양인이었다'는 것이지요.

맞아요. **그리스신화** 또한 유럽중심주의(eurocentrism)로 왜곡·날조되었다는 것이지요. 그래서 **고대 그리스어와 라틴어의 어순**이 기본적으로 S+O+V(주어+목적어+동사)순으로 한국어랑 같은 어순을 취했던 것이고 지금 그리스인과 이탈리아인의 키가 **일반 유럽인에 비해 작은 것**도 이런 까닭이라고 학자들은 말합니다.

안타까운 것은, 세상은 강력했던 문화(文化)의 신으로 '치우'를 기억하고 붙안고 있는데, 더욱이 지나정부는 오랑캐라며 저주했던 **치우를 가로채** 지나의 조상신으로 공인하고 전국에 동상과 사당(삼조당)을 만들어 **14억 지나인의 마음을 결집**하고 **문화의 자부심**으로 내세우고 있는데, 정작 우린 치우가 조상인 **기억조차** 못하고 있으니…!

조상 한 분 빼앗기는 것이 아닌데, 불(火화)과 철의 문명, 그래서 세상을 평정했던 전쟁의 신(神)을 내어주는 것이며 나아가 인류문명(civilization)을 시작하고 진화시켰다는 자부심과 그리고 인간의 첫 지식(과학)혁명을 일구어 **세상을 밝게 다스리고**(다 살리고) **이끌었던**(夷가 끌었던) **자부심**마저, 그래서 옛 지구문명문화의 거대한 흐름의 주체(주인)를 몽-땅 빼앗기는 것인데, **국민과 정부-, 아무 생각- 없네요!**

저같이 겨레의 정체성을 찾으려는 문화·역사책은 **서점 맨 구석 책꽂이 밑바닥**에 꽂혀 있구요…. 눈에도 안 띄지요! 출판사들도 피합니다. '누가 요새 역사책 보나요? 역사보다 **튀고 돈 되는 것** 쓰세요!'

한때 최양현 박사(함부르크 다물학교 교장)에게 물었습니다.
"왜 결혼을 안 하십니까?" 그랬더니 "전, **대한민국하고 결혼했습니다.**" 이런 분들의 소원이 뭔 줄 아십니까? **한국의 바른 역사를 찾는 것**입니다. 이런 분들이 있기에 이나마 한국이 유지되는 것인데, 이런 말을 꺼내기만 하면, 마치 뽕환자 보듯 여기저기서 국뽕이래요!

"국~뽕이라네~, 국~뽕 국수라네~, 얼~쑤, 유사역사학, 국~뽕이라네~ 얼~쑤…!"(작가 잠시 미칩니다.)

그리스신전의 8등신조각들 출처: pxhere, 차이나장안의 치우상 개막 출처: 월간개벽, 북경탁록현 삼조당(치우, 신농, 헌원) 출처: 고구려역사저널, 세계 제1황제, 염제조각상(하남성106m) 출처: 김명곤의 세상이야기, 국사에는 없는 치우조상(Red Devil) 출처: "꿈은 이루어진다!"

그래도 터키를 중심으로 한 **히타이트나 중앙아시아쪽보다 우리의 철기문화가 늦었다**(?)고 우긴다면, 이렇게 생각하세요.

품질이 떨어지고 세련되지 못한 초기의 철보다 우린 **더 단단하고 권위로서 이어온 발달된 청동기문화**에 더 매력을 느꼈을 것이라고. 무엇보다 우린 **천손으로서 의식의례가 많았기**에 **품격**(品格)을 더 중시했던 거라고! 맞아요. 알라딘의 **마술램프나 지금도 각 종교행사에 쓰이는 제기가 오래된 청동기**임이 이를 증명하지요. 더구나 우린 구리와 청동기를 발명한 나라로서 세계최고의 청동기술을 보유하고 있어 **철기문명과 별 차이**가 나지 않았고 부러지고 물렁한 철보다 **더 단단하고 품격 있는 청동문화**를 더 오래 애장했기 때문이라고 말입니다.

무엇보다 분쟁이 많았던 서역에 비해, 우리나라는 **평화로운 시대가 많았고** 전투유형 또한 저들의 1차원적인 검과 칼보다는 **활**(弓)을 주로 사용했기에 **살상용 철검의 필요성이 적었을 뿐**이라고 말입니다.


## 강철도 중국(?)의 발명인가?

혹자는 "**우린 강철문명도 중국에서 배웠다는데 무슨 말**이냐? 〈역사드라마〉에서도 중국 **한**(漢)**의 철기군**에게 쫓기면서 **부여**(후기 단군조선)는 **강철을 못 만들어** 쩔쩔 매었고 훗날 **주몽**이 기술을 훔쳐온 것이라는데?" 라고 하네요.

그래요. 우리의 철기문화 또한 세계최강이었음에도 한국은 BCE4C 이전이 될 수 없다는 등 심지어 한국의 철문화 역시 차이나 **한무제의 단군조선 침략**(? BCE108년) 때 유입된 것이라는 엉터리 식민속설을 아직도 믿고 있기 때문입니다! 드라마감독의 애족적인 마음은 알겠으나, **참 역사를 몰랐던 시대의 엉터리 사극이 이렇게 쉽게 이 땅의 사람들을 좀비**(무뇌자)**로** 만들었으니… 감독님들, 이런 책으로 영화를 만들면 어떠신지?

고고학사에서는, 강철 또한 BCE15~20C 히타이트가 개발했다고 하나 용광로에서 직접 얻은 것이 아닌 질이 낮은 것으로 **BCE12~10 에서야 가능**했으리라고 추측하지요. 여기에 전 KAIST교수이며 과학저술가인 이종호 님은 '중국의 철기 사용은 BCE11C경이며 **BCE7C**(춘추전국시대)**에야** 그것도 **주철**(=선철=무쇠: 강철의 전 단계)**의 주조**가 가능해져 진정한 철기시대가 시작되었을 뿐이며, 더구나 **춘추전국시대의 철기가 출토된 20여 군데 대부분이 단군조선의 강역**인 점으로 중국의 철기는 중국인에 의해 만들어진 것이 아니라 그 지역의 단군조선인들에 의해 개발되었음을 반증하는 것'이라고 말합니다.

그래요. 우리가 단군조선이라는 거대한 제국으로 하나**로 이어갈 때**(2333년), **중원**의 지나는 요, 순, 하, 은, 주, 춘추전국시대를 거쳐 진(秦), 한(漢)에 이르기까지 **계속 국가가 바뀌어 연속적인 개발이 힘들었기 때문**이라는 것이지요.

반면, 우린 이미 3104 ±179년 전(BCE12C)의 강철유물인 둥근 쇠거울(평양시 강동군 송석리)이 출토되었으니 고구리보다 훨씬 전, **단군조선 때 이미 당시 세계 어느 민족도** 갖지 못한 첨단기술인 강철의 주조술까지 갖고 있었던 것입니다.

더 놀라운 것은 철기유물 시험분석 결과 **연철, 선철, 강철이 사용**되었음이 확인되면서 이미 이때 강철의 질을 높이기 위해 **진보된 방법인 열처리 기술**(세죽리 유물은 두 번 열처리)**을 활용**하고 있었음이 알려집니다. 강철도 강도에 따라 **연강**(손칼)에서 **반연강**(창), **반경강**(노동도끼), **극경강**(무기도끼)**까지 다양**하여 **제련하고 합금하는 기술**이 어느 민족에 비해 훨씬 앞섰음을 알게 해 줍니다. 더구나 **니켈**(Ni)**성분을 넣어 철을 썩지 않고** 오래가게 할 만큼 철을 잘 알고 다루었던

무시무시한 나라였지요!

심지어 임경순 교수(포항공대)는 "한반도권에서는 **단군조선**(BCE2333~) **이전부터 청동제 쇠를 생산하는 일관제조시설**이 만주 통화에서 발견된 바 있다. 북한의 함경북도 무산읍 '범의 구석 유적'에서 발견된 선철(늑주철)유물들은 **중국보다 3백년 이상 앞서고 있다**." 라고 하여 지금의 포스코(posco)와 같은 1제선, 2제강, 3압연의 **세 공정을 다 갖춘**(일관) **제철소마저 있을 정도로 발달**했다고 합니다. 산업의 쌀이라는 철을 맨처음 체계적으로 생산한 나라였음을 잊지 마세요.


물론 세계의 **다른 곳**에서도 철은 발견되고 **활용들은 했을 것**입니다. 그러나 a**기록**으로나 b**앞선 유물들**과 c**철의 발달사**(토기→구리→철)적으로, 그리고 d**생활에서의 폭 넓은 활용**과 e**높은 기술수준** 또한 f**언어의 흔적** 등 상식적인 사고로 볼 때, 당시 혁명과도 같은 선진물질인 쇠를 **처음으로 발명하고 쇠를 가장 잘 다루었던 사람들은 우리였을 것**입니다. 맞아요! 우리 땅에서 시작된 돌(石)**문화**와→**토기문화** 그리고 →**청동기문화**로 이어→**철기문화**로 일관되게 이어지는 문화진화의 맥

을 우리 겨레만이 오롯이 품고 있었기 때문입니다.

여기에 고대조선으로서는 지나족과 달리 많은 철생산지와 좋은 철 재료 그리고 좋은 제철로와 송풍장치, 일관제철소 등 필요한 모든 조건과 제조시스템까지 다 갖추었을 뿐 아니라, 선대의 세계최고의 청동기술로 독자적인 제철기술을 선도했던 노하우(know-how)로 당시 세계 어느 민족도 갖지 못한 최고의 강철을 주조하는 첨단기술까지 갖고 있었는데, 이러한 문화진화의 맥이나 과정조차 없는 **지나 땅의 한**(漢)의 철기문화가 **앞섰다**(√)고 아직도 생각합니까?

어이-. 돌쇠양반들. 우리의 **포스코**가 '세계최고의 철강회사로 10 년(~2019) 연속 1위'로 선정(WSD 평가)되고 있는 것이 단지 우연이라고 생각합니까? (a~m)

## 고구리와 로마가 싸우다!

고구리 11대 동천태왕 20년(CE227~248)에 **활과 창을 무력화시키는, 병사와 말이 모두 갑옷을 착용한 철기병**(鐵騎兵) **5천**(1인당 철70kg)**의** 개마부대를 동원했던 사실(*삼국사 고구리본기)을 아십니까? 혹자는 한국의 불가사의라 말하지만, 안학3호, 덕흥리무덤, 삼실총, 통구12호분 **벽화에는 그때의 위용을** 전합니다.

이종호 과학국가박사는 말하지요. "당시 **500여 톤의 철**로 기마병 5천을 그것도 세계최고의 강철로 무장한 철기군 5천을 동원할 수 있는 나라가 세상 어디에 있었으며 **그만큼의 강철을 보유하고 있었던 나라가** 지구상 어디에 있었단 말입니까?"

맞아요. 여기에 기사(쇠투구와 쇠갑옷) 외에 **말의 몸 전체**(말투구, 말갑옷, 말장구)**를 인체공학적인**(분리된) **강철갑옷으로 무장한** '개마(介馬: 말도 갑옷 입힌)무사'는 우리 고구리뿐이었습니다.

돈황에서 나온 **북위**(北魏)**의 갑옷은 부분적이고 마갑**(말갑옷)**은 한 통으로 거추장스럽기** 짝이 없었고 **서양의 개마부대란 십자군 전쟁**(11C말~13C, 고려후기) 때에나 나오니, **거의 1천 년이나 뒤졌고 중동이나 유럽의 마갑**은 몸통 전체가 아닌 안장의 앞부분만 감싼 것이었을 뿐이지요.

지나를 비롯한 국가들이 단조강철(연철을 여러 번 두들겨 만든 강철)이었을 때, **신라는 연철과 선철을 가마에서 제련하여 강철을 만들어내**는 뛰어난 기술을 갖고 있었다고 하는데, 신라보다 선진상국이었던 **고구리는 철갑부대의 무기와 갑옷 등에서 동시대 주변국에 비해 품질이 훨-씬 우수했다**고 합니다. 박선희 교수(상명대)는 '고구려 개마의 생산시기가 중국이나 북방지역보다 약 2C 정도 앞섰다'고 하지요.

그래서 생각을 할 줄 아는 학자들은, 모두 만들어진 역사였음을 알고 고구리의 철갑옷이 이미 건국이전 고조선의 갑옷**을 이어받았을 것**으로 생각합니다. 이렇게 **선진 철기문명에 대한 자신감이 있었기에** 건국하면서 **'다물이념'**(多勿理念)을 내세울 수 있었던 것이었지요.

삼실총 고구리벽화 출처: 한국사, 고구리 찰갑옷 출처: 유용원의 군사세계, 통구12호분 고구리 개마
기사 출처: 경북일보, 북위의 통갑옷, 등자도 없는 돈황285굴 서위벽화(5~6C) 출처: 박선희 교수

그럼에도 '모든 길은 로마로 통한다?'는 말만 신봉하며 서양에 매몰된 자들은 '어딜 로마에 견주느냐!'며 조롱 섞인 질문을 합니다. "옛날 동·서양의 패자인 **고구리와 로마가 싸우면 누가 이길까?**".

그런데 우리 고구리는요, 시원문명을 이룬 천손답게 **천문**(天文)**과 지리**(地理)**를 활용한 다양하고 입체적인 전술**이 신기에 가까웠다고 합니다. 우선 쓸데없는 병력의 손실을 막기 위해 300m 전 **원거리**(3차원)**에서 세계최강인 역궁의 화살세례로 적을 교란시킨 다음 날래고 과학화된 수만 기병**이 **인류최초**(3C 전)**로 개발한 금속등자**(鐙子: 쇠발걸이, 서양은 7C 후)로써 말 위에서 자유롭게 활을 쏘아 전의를 상실케 하고 3m 남짓에선 장창과 창, 칼 및 도끼를 사용합니다.

무엇보다 **세계최강의 강철개마무사**(서양은 13C)는 화살 등을 막을 수 있는 **찰갑옷**(쇠쪽 수백 개를 이어서 붙임)에, 말에도 갑옷을 입혔던 **마갑**, 말얼굴을 가리는 **마면갑**에, **인류최초의 전투용 강철 스파이크**(신발 바닥)에, 적의 검을 부러뜨릴 만한 **세계최고의 강철검** 등 비교할 수 없이 최첨단 무기들로 무장한 군대였지요! 그래서 금(황칠)으로 도금한 번쩍이는 철제갑옷인 명광개는 '나를 공격할려면, 해 보라!' 는 문화적 자신감의 상징이었고 **적에겐 두려움과 공포**였을 것입니다.

반면, 고구리가 전성기였던 5C, 유럽을 휩쓸었던 **로마의 군단도 보병을 중심으로 유럽에선 최고의 철기병 군단**을 거느리고 있었습니다. 그런데 철기병은 말을 달리면서 적군에게 필룸(Pilum)이라는 긴 창(1.5~2m)을 **던지는 것**이라지만, 말 위에서 몸의 중심을 지탱하는 등자(鐙子)조차 없었으니 필름을 드는 것조차 벅찼을 뿐…?

무엇보다 가벼운 강철갑옷은 13C에나 나왔으니, 무거운 쇠갑옷과 철검, 부자유스러운 통갑옷, 이 무게를 견뎌야 하는 말의 기동력은 어땠을까? 여기에 개마부대는 없었으니 말은 무방비였을 뿐이지요.

옛날, 동서양의 신장이 별 차이가 없어(동남아 제외) 우리(한국인은 동양에서 제일 큰 신장)와 비슷했었을 로마인들!(그리스·로마인이 일반 유럽인보다 작은 것은 옛날 동양의 피를 많이 받았기 때문) 무거운 장비로 기동력과 사기가 떨어졌을 로마군, 여기에 주력부대는 단순한 5만의 보병…, 하지만, 고구리는 최고의 과학으로 무장한 강철개마무사와 철기병, 기동력을 갖춘 기마군단에…,

한국인의 타고난 전투DNA의 강병 30~40만 명!


무엇보다 로마군에 비해, 유효사거리가 3배에 달하는 역궁(逆弓)에서 발사되는 세계최초·최고성능의 무시무시한 강철(우리땅 BCE 32C: 서양 CE 13C)로 만든 화살촉은 웬만한 갑옷은 뚫어버리고 고구리 특유의, 두 가닥 물고기 꼬리처럼 갈라진 화살촉으론 군마를 살상합니다. 저들은 과학을 넘어선 두려움과 함께 말들과 함께 뒹굴고…, 우리와 근접도 못한 채, 괴멸되지요. 여기에 모든 무기를 무력화시키는 강철개마부대와 기마부대가 선봉에 있습니다.

그래요. 고만고만한 2차원 무기와 전술을 하는 유럽 안에서는 통했을 화력이겠지만, 동양과의 싸움에서는 앞선 과학과 기마부대 위주인 화려한 기동력과 다양한 전술 등에서 상대가 되지 않는 전쟁이지요! 고구리의 '일당백'(一當百)의 정신은 과학기술에 있었습니다.

고대조선의 후예이며 **고구리(?)의 후손인 아틸라**(Attila 406~453)가 유럽의 지도를 바꾸고 로마를 멸망에 이르게 한 후 '신의 채찍'으로 '끔찍한 자'라는 Atli(아틀리→고대 노르드어), Etzel(에첼→독일어)로 불리며 동·서유럽의 모든 국가를 공포에 떨게 했던 것이나 천 년 뒤, **대진**(大震, 발해)의 후손인 징기스칸이 기껏 10만(징기스칸은 2만이라 말함+현지병)의 몽골군으로 **러시아와 전 유럽을 순식간에 석권**했던 것 또한 왜였겠습니까? **다–, 서양과 차이나에 의해 만들어진 흑역사!**

판갑옷이 아닌 찰갑옷의 개마기사 출처: 걸마로, 조양(고구리 옛땅) 출토 고구리 마면갑 출처: 이인철 군사제33호, 인류최초 전투용 강철스파이크(집안출토 바닥에 사각추 금동못 40여개) 출처: 국립중앙박물관, 알타이에서 발견된 고구리 등자 출처: 국제신문, 矛盾 출처: 전북일보

다행스럽게도 김부식은 \*삼국사(기)에 "성안에는 **주몽의 사당**(朱蒙祠)이 있고, 사당에는 **쇠사슬로 만든 갑옷과 날카로운 창이 있었는데**, 망령되이 말하기(왜곡하기)를 전연시대에 **하늘이 내려준 것**이라 하였다."(祠有鎖甲矛· 妄言 前燕世 天所降)라는 기록을 전합니다. 그래요 요동성의 안전을 빌었다는 고구리 추모왕 사당의 '소갑'(鎖甲)을 말함인데 대대로 전해온 **우리 배달겨레의 쇠사슬로 만든 갑옷**이었지요.

우린 이미 **배달국 환**(한)**웅시대 치우천왕**(2707~2598BCE)때 **갑옷, 투구로 무장**을 했던 것을 \*운급헌원기는 전합니다. 그래서 \*산해경은 '백민(배달겨레, 해겨레)이 **철광석을 녹여**(銷: 녹일 소) **무쇠를 만들었던 겨레**(姓)였다'는 사실을 '백민소성'(白民銷姓)이라고 기록해 놓은 것이었지요. 한강변 아차산성에서 출토된 **고구리 강철로 만든 화살촉**은 오늘날의 특수강 수준의, **탄소 함유량이 0.51%**로서, 파괴력면에서 세계최고의 강철화살촉이었음이 밝혀집니다.

*한비자(韓非子)의 '난세편'에는 **초**(楚)**의 무기상인**이 나옵니다.
－어떠한 방패라도 **뚫을 수 있는 창**과 어떠한 창이라도 **막을 수 있는 강력한 방패**－ 그래요. '**모순**'(矛·창/盾·방패)이지요. 지금은 이치에 어긋나는 말이나 행동으로 알려진 단순한 고사이지만, 분명 우리 <u>**동철겨레의 우수했던 창과 방패의 역사**</u>에서 유래되었던 말이었을 겁니다. 맞아요! 추모왕 사당에 '하늘이 내렸다'는 전설과 함께 내려왔던 선조의 나라 단군조선의 소갑(銷甲)과 창 말입니다.

왜냐하면, 지나땅의 초(楚: 1042~223BCE)가 있을 당시에는, 어느 민족도 갖지 못한, **강철의 주조술이라는** 첨단기술까지 갖고 있었던 뿌리 고대조선이 존재했기 때문이고 초 또한 단군조선의 가지인 **묘족**(苗씨앗族)인 동이였지요. 그래서 **초의 굴원**(屈原 340~278?BCE)은 *초사(楚辭)에서 '**초와 자신이 동이인 전욱의 후예로 단군왕검인** <u>동황태일</u>(동방의 큰 신)**을 받들고 있음**'을 밝힌 것입니다.

신라와 가라(야)는 물론 **백제**(百濟) 또한 **철 강국**이었습니다.
'칠지도'(七支刀)는 백제왕이 담로(왕자나 왕족을 파견하여 다스렸던 해외 봉지)들에게 하사한 보검으로, 백제의 근초고왕(13대 346~375)이 속국

왜에게 하사했던 '칠지도'(七支刀)는 북두칠성(세상의 문명을 시작했던)의 나라의 문명의 위엄으로써 왜왕에 대해 **주·종관계를 설정하는 신표** (信標)였던 것입니다. 수없는 담금질과 망치질로 **아무도 흉내조차 못 낼 강철**(鋼鐵)**의** 칠지도를 만들어 항복을 넘어 **문화로써 심복**(心服: 마음을 얻는 복종)을 다짐받으려 했던 **우리의 첨단기술**이었지요.

그래요. ─지금의 세상은 백제의 발 아래 있다─는 '백제 천하관' 을 과시했던 신표였습니다. **'어디 따라 해 봐라! 까불지 말거라!'** 그러나 재팬은 '백제왕이 상국(?) 왜왕에게 헌납하였다'고 왜곡하며 재팬의 국보(국보 제15호 1953년 지정)로 지정하고 우기지만, 많은 전문가들은 ①칠지도에 새겨진 글씨의 미학으로 보거나, ②고도의 **백련강 과정을 거쳐 만든 강철**과 ③그 표면에 새긴 **한국 고유의 상감기법**으로 보거나, 무엇보다 4C말, 왜가 **백제의 아직기나 왕인 박사**를 통해 *천자문과 *논어를 전해 받은 정도의, ④문맹을 벗어나지 못한 문화수준이 었음을 들어 백제의 문화로 여깁니다!


여기에 **당시 최고의 강철로 만든,** '전설의 우는 칼'도 있었지요. 백제의 무령왕릉(공주), 신라의 황남대총(경주)과 가라의 옥전 고분군(합천) 등지에서 출토된 **'환두대도'**! 황금색의 용과 봉황의 무늬가 선명합니다. 당시 **첨단의 금속기술과 금속공예** 등의 최고기술의 결정체. 걸작품이며 종합예술품! 전통기법으로 복원해 본 결과 **3mm 두께의 철, 15번 접고 두드려 3만2천 겹으로 만들었던 경이로운 검!**

지금의 기술로도 복원을 장담 못한다는 **전설적인 강철,** 백련강(百鍊鋼)이지요. **철**(鐵)**의 나라답게** 철 속에 탄소함량을 높임으로 더 강하고 부드러운 철이 된다는 것과 **쇠를 한 번 접어 두드릴 때마다 150%** **강도가 높아짐**을 알아낸 **아리랑겨레**였습니다.

〈백제역사문화관〉의 학예연구팀장인 이해문 씨는 **환두대도와 칠** **지도**로 보아 우리의 제철기술은 **당시** '최첨단 하이테크 기술'이었다 고 합니다. 쇠를 **알고** 쇠를 **다루는 기술이 독보적**이었기에 세계최고 의 제련과 합금기술의 나라였다고 하지요.

백제왕이 담로들에게 하사한 5C 칠지도 복원품 출처: SBS, 무령왕릉 환두대도 복원품 출처: 백제 역사문화관, 5C 무령왕릉 용봉문환두대도, 5C 가야 환두대도 출처: 국립중앙박물관, 조선총독부 작성 '박물관 소장 병기류 무상양여 및 처분' 문서 첫 장(1944.5.18) 출처: 국립중앙박물관

혹자는 '우리 땅의 **철기유물이 너무 적다**'고 말하나, 철이란, **부식** (산화)**이 빠르고** 다시 **수거해 재활용**했기 때문에 오랜 옛 유물이 적었 을 것이며 무엇보다 태평양전쟁 말기(1942), 일제가 **이 땅의 쇠붙이** **란 쇠붙이는 죄다 뺏어**갔는데… **동상과 사찰의 범종**은 물론이고 가로 등, 관공서나 학교의 울타리, 건물의 난간 하다못해 집에서 쓰는 촛 대에서 가마솥, 놋그릇, **수저까지** 심지어 못까지 다 뽑아…!

더구나 1944년 〈조선총독부박물관〉에 소장된 **조선시대 병기**(兵器) **류 유물 1610점**, 그리고 **박물관 소장문화재까지** 공출(供出)했다는 사실 이 75년 만에 밝혀졌으니, 이 나라에 오랜 유물이 남아 있었겠어요?

# 한국인의 신의 자궁 가마

인류의 신석기 문명을 꽃피운 것이 '토기'이고 지금의 **문명의 기반을 마련한 것**이 '철기문명'이라고 하지요. 그래서 좋은 토기와 우수한 철기의 가장 중요한 관건은 '**얼마나 불**(火)**을 잘 다루느냐**'는 것입니다.

**열**(熱)에 대한 고도의 노하우를 가진 우리의 선조들!
**인류최초**로 '토기'를 구워내고 '고래구들에 불 통로'를 생각해 '온돌'을 만들었던 **신비한 선조들**, 최고품질의 '청동'에 이어 최고의 '강철'을 처음 만들 수 있었고 목탄(炭 charcoal)으로 **고려청자**(1300˚~1500˚)를 **구울 때 철조차 녹아내리게 했던** 것은 신(금)의 영역이라는 **가마와 신**(神)으로 내려온 **사람들**이 있었기 때문이었지요. 과학적인 방법(코크스+석회+산소의 비율)을 총동원한 지금의 용광로도 1500˚~2000˚의 유지란 쉬운 일이 아닌데, **1539˚ 이상까지 불을 올려 철을 녹여 철기문화를 선도**했던 것은 우리에게 최고의 '가마'가 있었기 때문이지요.

선조께선 신(금)이 영향을 미치는 것을 '가마'(금아)라고 했지요. 그릇(도자기)과 철에 신의 작용으로 변신하는 **가마**, 무엇이든 신묘하게 익혀지는 쇠솥 **가마솥** 그리고 머리 꼭대기 신(神 금)이 드나드는 문인**가마**(금아!)에서, 신이 타는 들것을 **가마**라고 하며 신들을 불렀던(금아!) 사람들이었습니다.

세상에 불씨를 전했던 '그 프로메테우스가 한국인'이었고 철문화 역시 인류시원문화처럼 '동(東)에서 서(西)로 전파'되었던 이유이고 지금 한국(포스코)의 철강 경쟁력이 1위인 까닭이지요.

신라의 '황룡사터'에서는 높이 **약 2m에 가까운 호와**(鴟瓦, 치미: 용마루 양 끝에 올리는 범고래 장식기와)가 출토된 적이 있었지요. 이 **거대한 호와를 통째**로 구워내고 동(銅)과 철(鐵)을 녹여냈던 가마가 우리에게 있었으니…, 지나 최대의 궁전인 서안의 대명궁보다 더 컸던 고구리의 평양 안학궁(安鶴宮)의 호와(치미)는 **황룡사의 호와보다 더 컸다**고 하니, 불을 올리는 가마기술이 어떠했을까? 이때 가마기술이 빈약한 **왜**(倭)는 나무틀에 동판만을 붙인 호와였으니…?

'신화는 **상징이라는 기호로 가득 찬 수수께끼의 일종이다.**'라는 칼융이나 조셉 갬벨의 말을 되새겨 보면, **우리는** 천손답게 모든 것에 신적인 의미를 부여하고 살았던 겨레였습니다. 그래서 새 생명이 태어나는 것은 **새로운 신**(神)**이 내려온 것**이기에 '인내천'(人乃天) 즉 사람이 곧 하늘(신)이라 하며 **신바람 문화**를 일으켰던 것이지요.

'문화'(文化)란 역사가 만든 공기 즉 인류가 이루어낸 정신적, 물질적 흔적으로 **우리에게 던지는 질문**(questions)입니다. "한국인은 숨을 쉬는가?" 라는 물음에 **한국의 지도자들**은 어떤 답변을 할 것인가, **곰곰이**(금금이: 신들을 앞에 두듯이 신중하게) 생각하여 **미래자산으로 써야 할 우리의 소중한 정신유산임**을 알았으면 합니다.

고구리 오회분 4호묘 벽화 대장장이신(제철신) 출처: 문화콘텐츠닷컴, 전통가마와 양구 방산 달항아리 백자 출처: 헤럴드경제, 정두섭 양구백자박물관, 쇠 단조가공 출처: 현대제철

## 신과 도깨비의 고향

한국인의 의식 속에 아련하게 자리잡고 있는 도깨비(doccabi)!

어릴 적, 할머니 품에서 '금 나와라 **뚝딱**, 은 나와라 **뚝딱**'하면, 소원을 다 들어주었던 **도깨비를 언제 만나려나 꿈꾸었던** 적도 있었습니다. 왜냐하면, 우리의 도깨비는 인간의 능력을 초월하지만, 신(神)이나 귀신처럼 **두렵고 무서운 존재가** 아닌, 우리처럼 **노래와 춤, 씨름 같은 놀이를 좋아하고 심술궂은 장난**을 하면서 우리의 소원도 들어주는 이웃집아저씨 같았기 때문이었지요.

학자들은 이들이 1.'**독**(쇠 녹이는 그릇)**을 다루는 아비**'인 **독아비**였기에 도가비〉 도깨비로 되었다고 합니다. 그래요. '뚝딱!' 하면, 마술처럼 **칼을 만들고 호미와 낫 등** 첨단기구 등을 독에서 나오게 했던 이(夷)들이라 하고 또한 김종대 교수는 세종 때 *석보상절(釋譜詳節)에 나오는 2.**돗가비**로서 돗이란 '**불이나 씨앗, 종자**'라는 뜻이고, 아비란 '장성한 성인남자'라는 뜻이었으니, **돗가비란 불이나 씨앗처럼 생산력이나 풍요함** 등을 크게 일으킬 수 있는 성인남성을 의미한다고 합니다.

그리고 노중평 역사천문학회 회장은 이들이 먼 옛날 배달나라의 치우천왕(2707~2599BCE) 때 **불을 일으키고 안개**(연막)**를 피우며 구리 투구와 쇠갑옷으로 무장하고 비상한 재주와 초월적인 힘으로 신비의 대상이 되어 지나족을 혼비백산하게** 했던 이(夷)들이 3.'**초월적인 힘을 가진 해를 돋게 하는 애**(아)**비가 도깨비**'였다고 말합니다. 시원문명의 후예답게 놀라운 금속문명을 이루었던 것이지요.

이렇게 놀라운 금속문명으로 세상을 **밝고 풍요롭게 했던 이 땅의 대장장이들,** 씨앗 같은 도깨비들! 그러나 제철기술은 **동·서양을 막론하고 왕권이었고 극비사항이었기에** '왕족이 아니면, 전수하지 않았다'하며 **철저히 외진 산 속이나 해안지역에서 각별한 위장** 속에서 작업을 했다고 전해지는 대장장이들! 신라의 **석탈해왕**(4대)**을 비롯한 왕족들이 뛰어난 대장장이**로 전해지는 이유이지요.

그래서 고구리벽화(오회분 4호묘)에는 '대장장이신'(제철신)을 그려 금속문명의 자부심을 드러내고 우리의 *태백일사와 *규원사화, *성호사설과 지나의 많은 사서(*사기 *관자 *후한서 *태평어람 *술이기 *주례주소 *산해경)마저도 **배달국의 제14대 천제 치우천왕이** 구야(九冶) **즉 9개의 대장간**(구이의 무기공장)**에서 구리와 철을 단련하여** 칼, 창, 활, 갑옷, 투구 등 **각종 금속병기를** 만들었고, 야련(冶鍊)을 시작한 사람이 치우(배달나라 사람)였음을 기록하고 있습니다.


주강현 석좌교수는 저서 *우리문화의 수수께끼에서 '독일민담에 가장 많이 등장하는 **난쟁이 즈베르그**(Zwerg, 드베르그: 고대영어)는 종종 땅속에 묻혀있는 **금이나 광석 등의 주인 혹은 관리자**로 그려지며, 도깨비 방망이로 조화를 부리듯, **인간에게 금은보화를 선사**하기도 한다. 가장 유명한 난쟁이족은 **니벨룽겐**(Nibelungen)**족과 룸펠슈틸첸**(Rumpelstilzchen)**족**으로 이들은 게르만 신화 속에서 신통력 있는 대장장이로 전해진다.' 라고 하여 서양의 대장장이의 시원 또한 우리의 도깨비처럼, 신비한 **숲속의 요정**으로 전해졌음을 알게 합니다.

그런데 주로 광산업과 대장일, 공예, 지혜와 관련된 일을 맡았던

즈베르그를 키가 **매우 작은 난쟁이로 추하게 묘사**하고 **앵글로색슨족**
**에게 불면증을 쫓는 주문**으로 '드베르그(악몽)에 맞서다'(Wiꝺ Dweorh)
라는 말을 전해왔던 것은 선진능력의 강력했던 철기종족**에 대한…**
**저들의 지독한 두려움**의 표현은 아니었을까?

　독일 중세문학의 백미 중의 백미요, **게르만족의 영웅서사시…!**
그래요. **\*니벨룽겐의 노래**(작자, 연대 불명)이지요. 바그너(독 Wilhelm
Richard Wagner 1813~1883)의 오페라 **\*니벨룽겐의 반지**로, 1억5천 만 부
넘게 팔렸다는 존 로널드 루엘 톨킨(英)의 **\*반지의 제왕**에 영향을 주고
**지금 세계 온라인 판타지게임의 콘텐츠**로 활용되는 서사시입니다.
　4~5C 동방에서 이동해 온 훈(HUN 고구리의 일부)족의 유럽 공략과
라인강 유역의 부르군트(게르만)족의 멸망이라는 거대한 역사적 흐름
을 배경으로 하는 이 노래는 **원래 난쟁이족인 니벨룽겐족에게 구비·**
**전승되어왔던 영웅가**였지만, 훗날 게르만족의 노래로 전해지면서…
유럽이 풀 수 없는 많은 수수께끼를 갖게 됩니다.

　쇠를 다루는 1**대장간에서 수행**한 지크프리트 왕자가 2숲속의 요정
**니벨룽겐족에게 얻은 명검 '발뭉'**으로 3**동양의 세력으로 상징되는**
용(龍)을 죽이고 영웅이 되는 등 **난쟁이족의 명검으로 역사가 전개되**
고 여기에 4**투명망토 등 판타지 요소들**과 5**니벨룽겐의 격조있는 수많**
**은 보물**이 그 지역 북유럽에서 내려온 게르만의 일파인 부르군트인들
을 가난하고 초라한 사람으로 여기게 했던 것은 분명 난쟁이족의 뛰
어나고 앞선 철기문명을 증명하는 것이었음을 알게 합니다.

그래서 북유럽 최고의 신인 **오딘**(Odin)**의 창**과 천둥과 번개의 신 **토르**(Thor)**의 망치** 등 신화 속에 등장하는 **온갖 무기와 귀금속 등이 모두 이들 난쟁이의 손을 거친 것**이었다는 것에서 지금의 북유럽이 수천 년 전, 우리의 햇살무늬토기가 전해진 종착역이었고 '대장장이와 샤먼은 한 둥지'라는 말을 떠올리는 것이 부질없음일까?

니벨룽겐의 노래, 영화 반지의 제왕, 명검 발뭉, 천둥의 신 토르(Thor) 출처: 나무위키,
핀란드와 서울 암사동 햇살무늬토기 출처: 핀란드문화재청 · 국립중앙박물관

## 철도깨비- 한국인의 문화의 정체성

맞아요! 철기문명은 왕권(王權)이었기에, 노하우의 유출을 막기 위해 깊은 산속 불을 피우고 몰래 작업을 했어야 했습니다. 그러나 누군가에게 띄어 '**도깨비불**'이라고 소동을 부렸고 남자들만 모여 일해야 했기에 **여자도깨비는 전해지지 않고** 그래서 도깨비들이 **여자를 좋아했다는 이야기가 전하는 것**이며 **도깨비를 김**(金)**서방**이라 불렀던 것은 쇠(金)를 다루는 사람이었기 때문이었지요.

가산 이효석이 말했던 '죽은 듯이 고요한 속에서 짐승 같은 달의 숨소리가 손에 잡힐 듯이 들리며 -중략- 산허리는 온통 메밀밭이어서

피기 시작한 꽃이 소금을 뿌린 듯이 흐붓한 달빛에 숨이 막힐 것 같은 밤…' 뚝딱 – 뚝딱…! 이때 사람의 기척이 있으면 순식간에 위장을 해야 했습니다.

**도깨비옷, 도깨비감투**처럼, 혹여 들킬 염려가 들 때는 엉뚱한 일과 위장술로 시선을 돌리고 슬그머니 뒤에서 나타나 씨름을 청했던 것은 **도깨비장난**이라 전해졌고 철기작업장이 노출됐을 때는 시설을 고의적으로 파괴한 뒤 어지러운 흔적만 남긴 것을 **도깨비소동**이라 전했을 것이니 이러한 해괴한 판타지는 도깨비조화가 되어 **'니벨룽겐의 투명망토'**로 전해졌을 것입니다.

또한 도깨비가 제일 좋아 하는 것이 **'메밀묵'**이었다는 것은 이들이 주로 밤작업을 할 때, 배를 채웠을 **대표적인 야식거리**를 상징하는 것 외에, 인류의 신석기문명을 열었던 우리 땅을 상징적으로 드러낸 작물을 말하는 것이라고 학자들은 말합니다.

메(뫼)에서 나는 밀, 원산지는 옛 우리의 강역, 맷돌이 필요한 곡물, 잎은 파랗고 줄기는 붉고 꽃은 희고 **열매**는 검고 뿌리는 노래서 오방색 청홍흑백황(靑紅黑白黃)! 그래요. 도깨비는 세상의 중심에서 **도깨비 같은 것**(사람으로서 이룰 수 없는 것)들을 이루어 내었다는 **한겨레의 자부심**이 서린 독창적인 언어문화유산이었습니다.

인간과 씨름하는 도깨비 출처: 산하, 드라마 도깨비의 메밀밭 출처: tvN, 지나의 도철문 출처: 위키백과, 경주 영묘사지 귀면와, 안압지 출토 신라 불 속의 귀면와(치우상) 출처: 新羅瓦博

여기에 **불의를 보면 참지 못하고** 착한 이에게는 부(富)를 주고 그렇지 못한 자는 쫄딱 망하게 하는 등 **권선징악의 주체자**였다는 것은 도깨비들이 우리에겐 적이 아닌, 권한과 힘을 소유했던 우리와 같은 정서의 집단이었다는 것을 알게 합니다.

지나의 *도설중국도승에 "치우는 **천부**(하늘의 권한을 부여받은)**의 신**으로서 그 형상이 **탐학자를 징계한다**고들 하는데, 그 **치우 형상을 도철**(饕餮)이라고 했다. 도철의 형상은 그 도구이면서 치우겨레, 동이인의 고유토템 표지다." 라고 전하여 지나의 도철문은 얼굴 모양이 아닌, **투구를 쓴 치우군의 모습**이었음을 알게 합니다.


반면, 도깨비박사 조자용 씨는 '**중국의 도깨비의 원형인 도철**은 온갖 포악하고 탐욕스러운 존재로 **무서운 얼굴을 하고 송곳**을 갖고 있으며 **일본의 도깨비 오니**(鬼)는 흉악한 얼굴에 사람을 패고 잡아먹는 **무서운 귀신으로 묘사되고 망치나 쇠방망이**를 들고 있다'고 말하지요. 그래요. 저들의 도깨비가 **사람을 해치는 두려운 존재**로 느껴졌던 것은 도깨비가 저들의 주체적인 문화가 아니었고 그들에게는 싸워서 물리쳐야 할 적이었다는 것이고 또한 들고 있는 송곳이나 망치(쇠방망이)가 쇠인 것에서 **우리의 금속문화에 대한 경외심을 드러낸 것**임을 알 수 있습니다.

그래서 지나나 재팬의 **도철문**은 많이 달라졌으나, 우리에겐 악귀에게 겁을 주어 접근을 막는 **액막이 역할의 벽사신**(辟邪神:나쁜 것을 쫓는 신)으로 남아 안압지에서 나온 신라시대의 **녹유귀면와**로, 〈전쟁기념관〉 입구의 전쟁신으로 원래의 치우 형상을 가장 잘 간직하고 있고 때론 나라의 힘을 결집해야 할 때는 **붉은 악마**(doccabi)**응원단**으로 나타나고 때론 **난타**로 살아나 전 세계를 누비며 도깨비의 그림자를 남기고 있지요.

그런데, **우리가 아는 그 도깨비가 우리 도깨비– 맞을까?**
〈MBC뉴스〉는 식민지시대 한겨레말살을 위한 일제의 문화정책으로 들어온 **왜의 도깨비**(오니)였을 뿐, 뿔도 날카로운 이빨도, 내리치는 철못 박힌 철퇴도 없었다고 방영합니다. 우리의 민담이나 동화에서의 도깨비는 친근한 이웃집 아저씨 같았기에 **쇠몽둥이나 치받아야 할 쇠뿔이 필요 없었던 것**이지요. 문제는 광복이후에 왜의 **오니를 우리 교과서와 전래동화의 도깨비삽화로 등장**시키면서 수천 년 동안 우리 겨레와 함께 있었던 도깨비의 참모습은 흔적도 없이 사라지게 했던 것입니다.

제주 난타공연장 출처: 차차의 제주, 오니가 왜곡된 우리나라 도깨비 출처: MBC, 개정판
초2–2 '국어쓰기' 교과서 출처: 교육인적자원부, 고부토리지산 출처: 나무위키

우리 도깨비의 정확한 실체를 입증할 수는 없지만, **외모뿐 아니라 그 참모습마저 왜곡**되었다고 합니다. 한국도깨비의 참모습은 온 몸에 **털이 많고 큰 덩치에 바지저고리**를 입고 있다고 학자들은 민담 등을 종합하여 말하지요. 방망이를 들었다느니, 뿔이 **하나니, 둘이니**

하는 것은 중요하지 않다고 합니다.

중요한 것은 '우리의 도깨비가 한국인의 숨겨진 참모습'이라는 것이지요. **초자연적 신통력**을 가지면서 너무나 **인간적인 모습**을 하고 자신에게 해를 끼치지 않으면, **결코 해치지 않는 모습**으로, 시기와 질투도 많고, **체면을 중시**하고 희로애락을 느끼며, 특히 **기쁘고 즐거운 일**을 찾고 사람을 골려먹지만, 괴롭힘이 없고 고작해야 처녀치마에 구멍을 뚫거나…, 어쩌면, **뒤죽박죽 괴상망측한 언행** 속에 해학과 풍자가 넘치고 여유와 재치와 기지 속에 재미와 멋을 담아내는 **수수께끼 같은 존재**로 한국인의 의식에 존재하면서 한국인의 소망과 맞닿아 있다는 것이지요.

그래서 도깨비연구가 김열규 씨는 "도깨비에게는 한국인의 욕망이 들끓고 있다. 도깨비는 가릴 것 없고 숨길 것 없는 한국인의 심성의 알맹이다. 무의식의 바닥에 웅크리고 있는 **우리들 한국인의 자화상 같은 게** 바로 도깨비다." 라고 합니다.

동요 속의 가사인 '신기하고 아름다운 도깨비나라~'는 지금 미신의 누명을 쓰고 우리의 곁을 떠났지만, 우리 아이들은 이제부턴 '**도깨비 나온다!**'고 하면, 무서워하지 않아도 됩니다. 도깨비는 남이 아닌 바로 **우리 조상의 모습**이니까요.

王도깨비 박태준 포스코 회장, 1973.6.9(철의 날) 첫 출선 성공 만세 출처: TV조선, 머니투데이, 9년 연속(2018) '경쟁력 세계 1위 철강사' 포스코의 야경 출처: 피가맨의 포토클럽

"한국이 철강을 지으면 망한다!" 라고 세계가 평가할 때, **'제철입국'**(製鐵立國: 철로 나라를 세우자)의 마음과 '우향우'(실패하면, 모두 영일만에 빠져 죽자)의 결의로 **맨땅에서 세계1위, 세계최강의 포스코**(포항제철)를 일궈낸 철강왕 박태준과 도깨비들! 바로 이 분들이 **용**(龍)이고 **봉황**(鳳凰)이고 **대붕**(大鵬)이고 **기린**(麒麟)이고 **불새인 삼족오**이며 '참도깨비'였습니다. (*한국인 자부심 더 물이랑 참조)

이분들의 핏속에는 '동이'(東夷)가 철을 처음 발명하여 **동철**(東鐵)**겨레**라 칭송되고 **구이**(리)가 처음 사용했던 철이었기에 구리(cu)라 말해 왔던 역사적 경험이 유전자로 전해졌기 때문이었지요. 그래서 **쇠 속에는** 우리 한겨레의 정체성이 오롯이 배어 있기에 **때릴수록 강해지는 쇠처럼, 온갖 어려움도 다 극복했던 것입니다.**

나라와 겨레를 위해 헌신하신 **가장 한국인다운 한국인!** 창업주이면서도 주식 1주 안 갖고, 하사금으로 지은 집마저 사회에 기부하며 **우리에게 참명예를 알게 하고 떠나신 한국의 영웅,** 당신은 지금 하늘에 반짝이는 큰 별이십니다. 잘 계시지요? 참 많이 **감─사**하고 사랑합니다! 그런데 요즘은 실체(정체성)를 잊은 허깨비들이 너무나 많은 것 같군요. 어디서 **참도깨비**를 만날 수 있을지? 돌아오는 휴일엔 벗과 함께 **도깨비시장**을 둘러볼까 합니다.


## 해겨레, 불의 시스템 발명!

뭐니뭐니해도 사람의 모습으로 바뀌게 한 것은 '불'이었습니다! 학자들은 **돈**과 **바퀴**와 함께 '인류의 3대 발명품'이라고 하는 것이지요.

그래서 '불은 문명(civilization)의 시작과 진화를 상징하는 것으로 **불을 잘 다루는 기술을 가진 나라가 세상을 지배할 수 있었다**'고 말합니다. 물론 불(火)은 화산이나 산불 등으로 처음 인간에게 발견되었겠지요. 그래서 '**불의 발명**'이란 불로 1누가 처음 물건을 만들었고 불을 2쉽게 일으키고 3잘 보관하고 4많-이 활용했느냐 하는 〈**불의 시스템**〉으로 말해야 할 것입니다.

한국인, 이들은 불을 두려움의 대상이 아닌, 먹거리를 위한 **조리와 물건의 제작, 난방**(온돌), **조명** 등 인간의 삶에 처음 이용했었던 첫 문명인이었지요. 일찍이 불로써 **인류역사상 최초의 합성물인 '토기'**(그릇)를 만들어 **음식을 익혀먹었던 사람들!**

먹거리가 부족했던 시절, 불이야말로 **세균이나 각종 병원균**을 없애고 **더 많은 영양을 섭취**하게 하여 **뇌의 용량을 촉진**시켰으며, 음식을 씹는 데 걸리는 **시간**(하루 약 4시간: 침팬지 고기 씹는 시간 4~5시간)은 물론, **소화에 드는 에너지 소모량을 절약**할 수 있게 되면서 잉여시간과 에너지로 문화를 발달시킬 수 있었던 것이지요. **인간의 진화를 촉진**시킨 것이 고기(단백질)보다 **불에 의한 요리**였다고 합니다.

이렇게 지식혁명(革命)을 이루며 **불의 온도를 6~7백°**까지 올려 **최초로 햇**(빛)**살무늬토기**를 굽고 가마에서 **1000° 이상을 올려 최초로 청동기와 철기**(1539°)를 제작했던 사람들이었으니, 밥을 땔나무를 쓰지 않고 숯(뜻: 신선한 힘)으로 지었다(*삼국사 신라본기-헌강왕편)는 신라의 '숯문화'는 높은 온도를 올리는데 필요했던 발명품이었을 것입니다.

우리에게만 **토기의 신**과 **야철신이 벽화**로 전해지는 것 또한 인류의 신석기문명을 시작했던 도깨비들이었기 때문이지요. 훗날 신라는 **세계최초의 다등식 등잔**(불을 담는 그릇 5~6C)으로 밤문화를 일러주고 **거북선의 입**은 불을 뿜어 무기로 되고 **봉화**(烽火)로 통신하고 **온돌**로 추위를 이기고…, 심지어 **전철좌석에까지도 불**을 넣어 사용함은 '우리 겨레에게 불이 어떤 의미였는지'를 알게 합니다.

여기에 **세계유일의 구들온돌**을 발명한 한국인은 세계인에게 온돌문화를 전파하여 삶을 안락하게 하는가 하면, **불 위에서 잠을 자며** "아, 개운하다!" 라고 말하고 더운 물을 몸에 부으며 아이(17개월의 천손)가 "아, 시원하다!" 라고 할 정도로 '불(火)의 문화'를 즐겼던 사람들이지요. 심지어 **쑥에 불을 붙여 뜸**(灸 moxa cautery)을 떠 온기를 돌리고 면역력을 회복시켰던 **아-주 독특하게 지혜로웠던 사람들!**

한국인의 쑥뜸 출처: 월간 헬스조선, 독창적인 신호체계 수원화성의 봉화대 출처: 한국관광공사, 다등식 등잔 출처: YTN 사이언스, 활비비 출처: 함께 하는 세상, Bow Drill 출처: 나무위키

**마른 쑥잎처럼 불**(火)이 잘 붙는 재료는 없지요.
〈국가생물종지식시스템〉은 이 땅에 지천인 쑥의 원산지가 우리나라라고 합니다. 훗날 단군왕검의 둘째 황자이신 **부소는 옛 방법을 더욱 발전시켜** 쑥에 쇠와 돌(석영, 흑요석)을 부딪쳐 불을 얻는 **부싯돌**을 백성들에게 알려 주었다(*규원사화)는 사실도 전해집니다.

성냥이 나오기 전, 전 세계의 불을 일으키는 도구 중 **가장 편리하고 쉬운 것이** 활시위와 활을 이용한 기구였다고 합니다. 나무를 활같이 굽혀 시위를 걸고 송곳 자루를 끼워 밀고 당기면서 생기는 **회전(해)원리**로 불을 쉽게 일으켰던 기구가 '**활비비**'(활비븨)였음이 *역해유해(漢朝사전1690)는 전합니다. 근데 **활**(弓)을 발명한 사람들이 **우린데…**, 여기에 빛을 내며 어둠을 밝혀왔던 **세계최초의 등잔**이며 아궁이와 온돌, 화로와 불가마 등 '불문화의 시스템'을 잘 전해 오고 있는 것은 '왜, 우리가 불의 원조국일 수 있는가?'에 대한 답을 주지요.

## 불의 신 조량신은 천통

불을 천통(天統:하늘에서 이음)으로 여겨 **불씨를 소중히 여겼던 천손!** 예부터 강화도 **참성단**에서 불을 지펴 천제를 올리고 지방(紙榜)의 글을 태워 하늘에 고(告)했고 지금도 **참성단**에서 **채화**를 하고 **전국체전을 불로 시작하는 문화**로 전하고 있는 것은 불문화가 우리 겨레에게 특별한 의미였다는 것을 뜻합니다.

그래서 '불씨가 꺼지면, 생명이 꺼지고 집안이 망한다'는 생각으로 더욱 치열하게 지키려 했지요. 예전 **시집 갈 때**나, **이사할 때** 불씨를 소중히 다루어 갖고가 삶을 이었던 것은 최명희 소설 '혼불'의 표현처럼 불에 깃든 정신의 골격을 지키려 했던 것입니다. 전남 영광군의 **영월신씨종가에선 550여 년을 이어오던 불씨**가 있었지요.

불 다루는 사신총, 불 피우는 오회분4호묘 고구리벽화 출처: 국립중앙박물관, 평창올림픽 개회식
불도깨비 출처: 빅토르메4, 항상 미안한 마음으로 보는 '김연아의 평창올림픽 점화' 출처: 뉴스

불이 가장 많이 쓰이는 곳, '부엌의 역사는 인류생존의 역사!'
였다고 하지요. 지금도 오지에 가면 **부뚜막 위쪽에 흙대**를 조그맣게
설치하고 **정화수를 올려놓고 조왕신을** 모시기도 합니다. 조왕(竈王)은
크게는 **가정의 재앙이나 불행을 막아 지키게 해 주는 신**으로 아궁이
의 신, 부뚜막의 신 또는 조왕각시, 조왕할미라고도 전합니다. 무엇
보다 〈오회분4호릉〉의 고구리 벽화에는 자유자재로 손에 불꽃을 담
고 다루고 있는 '불의 신'과 부엌에서 모시는 불의 신인 '조왕신'이 있
어 위대한 조상의 이야기를 전합니다.

　　　　'물과 불'은 그 자체로서도 경외의 대상이지만,
새벽에 길어온 깨끗한 **정화수나 조상으로부터 이어온 불은 엄청난 풍
요성**이 있고 상스러움이나 잡귀의 침입을 막는 **정화**(淨化)**의 힘**도 있
다고 믿었기에 초상집에 다녀온 후 먼저 들르는 곳이 부엌이었다고
하지요. 그만큼 오래된 원시(배꼽)문화였음을 보이는 증거였습니다.

반면, 지나는 **겨우 '염제 신농씨√'**(3218~3078BCE)**를 조왕신**으로
모시고 초상을 부뚜막 위에 늘 걸어두고 해를 넘길 때마다 새 신상으
로 바꾸고 **헌 신상은 태워 없애고**(?) 했지만, **신농씨가 본디 한국인**

(동이인)이었음을 알고는 있는지? 또한 서한(前漢 BCE202-CE8) 때의 *회남만필술이나 동진(東晉 CE317~419)의 *포박자 미지편에는 단지 **사람의 잘못(?)을 사하거나 상제에게 죄상(?)을 아뢰는 신이었다고 했을 뿐, 불**(火)**과의 연관성이 없음**에도 재팬의 아키바 다카시(秋葉隆)나 민속학의 개척자라는 임동권 같은 학자마저 **조왕신이나 조왕의 명칭**이 지나에서 유래되고 겨우 6~5C BCE에 시작되었다고 했네요.

반면, 우린 '조왕의 기원'이 적어도 신시(神市) 시대였을 것이라고 이능화님(1869~1945 유학자)은 추정합니다. **태양신이며 불의 신이었던** 환인(桓因)**천제**(7199BCE)**로부터 임무를 부여받아** 가정의 불을 관장하는 가택신이 조왕신이었기에 조왕신에게 제를 지낼 때 **'인등'**(因燈)을 밝히고 환인천제의 호를 **'축융'**(祝融: 화합)이라 했던 것을 근거로 들지요. 축융이란 **불과 남쪽 바다**(水)**를 관장하는 화합의 신**이었다(출처: 진주소씨 족보)고 하니, 바로 '남쪽바닷가(마)에서 이른 불(火)문명으로 **농경과 축산과 해양문명을 시작했음'**을 뜻했기 때문이었습니다.

### 인류의 프로메테우스였던 한국인

'사람에게 불이 없다면?' 사람은 **동물 중에서 가장 무력한 존재…!** 일 것입니다. 그러나 이 땅의 사람들은 일찍이 **불의 기술과 신의 지식**을 세계로 갖고나가 인간에게 신석기문명과 철기문명을 일으키게 했던 **지구의 선지자**였지요. 그래서 많은 현자들은 '한국이 세계의 프로메테우스였다!'고 말합니다.

불문화의 근원을 그리스로 알고 있지만, 저들은 분명 **신에게서 불**

을 받았다고 했으며 인간에게 불을 전했다는, 특출한 지혜의 신 '프로메테우스'에게 **오히려 벌을 내리고 시기심을 드러내는** 그리스 · 로마신화는 **불문화가 본디 제 문화가 아니었고 중앙아시아보다 늦게 불문화를 얻은 시기심이었음**을 알게 합니다. 신들만이 소유했던 **불을 인간에게 전해줘 문명을 갖게 한 죄**(?)로 코카서스산맥에서 독수리에게 간을 쪼아 먹히는 형벌을 끝없이 받는다는 **불쌍한 프로메테우스**…,

그 산맥에는 낯익은 고인돌이 흩어져 있습니다!

이렇게 된 것입니다. 1만2천~8천 년 또 6~5천 년 전, 지구의 극심한 온난화로 우리 땅 '우리나라'가 **심한 홍수와 물난리**를 겪자, 포화상태가 된 **이 땅의 사람들은 앞선 문명을 갖고 서쪽으로 ← 퍼져나가** 피가 섞이며 이전의 수렵인과 앞서 이 땅에서 나갔던 유목민과도 합치면서 **중앙아시아의 알타이**(알태胎. 알, 태양을 품다. 太: 시원의 알)**산맥**으로, **아래인 코카서스 지방**과 **아랄**(알알들의)**해**로, 또한 **흑해** (Black Sea)로, 또 지금의 **발칸**(밝한, 불칸)**반도**와 **메소포타미어**로 가서 불을 밝혀 블악(부라)을 이루며 해처럼 문명을 밝혔던 신과 같던 밝은 (白) 사람들이 있었습니다. **'먼저 아는 자'**라는 뜻의 프로메테우스!

지금도 검은 색을 강요받으며 **흑해**(黑海)가 된 바다가 있지요. 그래요. 흑해는 결코 검지 않은, 약간 검푸른 바다일 뿐입니다. 앞선 문명을 이룬, 신 같은 사람들이 살았던 바다였고 **[검, 굼]으로 말하는 신** (神)**의 색**으로 표현되며 **'굼의 바다'**라 불린 것이었지만, 중동인과 유럽인은 모르고 우리만 느낄 수 있는 것은 천손의 이동역사였기 때문이지요.

이들이 다─ **'알**(해, 붉, 씨)**의 땅'**에서 왔다고 하는 사람들입니다.

BCE20C부터는 아리안(알이한)이라 불리지요.

고대서양에 문명을 전해주었다는 미스터리한 이들(아리안)은 그래서 동방을 뜻하는 '**오리**(알이)**엔트**'(Orient)로, 근본을 뜻하는 '**오리**(알이)**진**'(origin) 등 언어 곳곳에 남아 전해왔다고 합니다.

이후 중앙아시아의 **알태**(알타이)**산맥**을 근거로 하는 알이한은 BCE9C엔 최초의 유목민족을 이루어 '스키타이'라고 불리고 그리스어로는 '**궁수**'(Skuthēs: 활 쏘는 사람)란 뜻으로 불린 **동부 아리안**이었다고 합니다. 이들은 다른 민족보다 **높은 문화**를 갖고 특히 머리에 **새 깃털을 꽂고 활을 잘 쏘고 쇠를 가장 잘 다루었다**는 사람들이었다고 하지요. 이 지역에선 **한국고유의 불문화인 고대온돌**(구들)**의 유적**도 나타났다고 합니다.

'고귀한 사람'(산스크리트어로)이라고 불렸던 아리(알이)안!

지금 중앙아시아 **카자흐스탄 국기**에 '태양(알)'이 있고 수도 '**아스타나**'가 단지 수도라는 뜻이라지만, 우리의 **단군조선의 수도** '**아사달**'(해 뜨는 밝은 땅)로 들리는 것은 이상할 일이 아닐 것입니다. 학자들은 고대한국의 '아침해가 비치는 밝은 산(땅)', '해와 달의 나라'를 뜻한다고도 하며 '원과 태극의 상징', 또는 '해와 바람과 불'(火)을 의미한다고 합니다. 다 훌륭합니다! 모두 해이고 불이기 때문이지요.

카자흐스탄 아스타나의 활을 든 궁수 출처: 상생방송, 코카서스산맥의 동북아시아형 고인돌 출처: 심제, 카자흐스탄의 국기 출처: 위키백과, 토기의 아사달 문양들 출처: Steemit

또한 앞선 문명을 갖고 **알태산맥을 지나 더 서쪽**으로 이동하여 알프스산맥 아래에 정착했던 사람들, 그래요. 유럽의 정복자로 불리던 **서부 아**(알)**리안**(Western Iranian)이었습니다. 이들 또한 **동양적인 문화 속에 불과 금속을 유달리 잘 다루었다고 전해지는 '켈**(캐)**트족'**이지요. 그리스는 '켈토이', 로마는 '켈타이'(태)라고 불렀지요.

그래서 유럽의 지붕이라는 **알프스**(Alps)**는 산**(山)**을 뜻하는 켈트어 알브**(alb), **알프**(alp)**가 어원**이었다고 하는데, **alb**(알브)가 **흰 베 입은 사제**(종교지도자)를 뜻한다고 함은 이들이 알(태양)의 나라에서 **삼베를 입고 왔던 사람들**의 문화에서 유래된 것은 아닐까? 지금도 알프스인들이 유독 한국고유의 **샅바씨름**을 하고 있는 사실과 '켈트족의 고향'으로 불리는 **프랑스 북부의 브르타뉴 지방**에 유독 한국이 원조라는 **고인돌과 선돌**이 많은 것은 무엇을 뜻할까? 이들은 이미 수천 년 전, **옛 조상**(아리안)**이 갔던 길을 따라, 브르타뉴와 영국, 스코틀랜드, 웨일즈, 아일랜드로** 모여 고인돌과 선돌과 스톤헨지를 다시 쌓고 전설을 남겨 지금 〈반지의 제왕〉, 〈해리포터〉로 부활하는 것은 아닐까?

따라서 '초기그리스인이 동북아시아인'이었다는 연구발표가 뜬금없는 것이 아니었고 그래서 훗날 서구화가된 그리스는 자기보다 앞선 불문화를 이루고 그리스보다 먼저 중동에 불문화를 전해주었던 **아리안**(한국이 고향이었던 사람들)을 시기하여 '**프로메테우스**'(먼저 아는 자)라는 신화적 인물로 만들어 벌을 주었던 것이지요! 그가 묶였다는 **코카서스**(카프카스)**산맥**은 아랄해(알알해)**를 곁**에 두고서 지금도 **많은 고인돌과 선돌**을 품고 있어 한국인에게 많은 것들을 웅변합니다.

켈트족 고인돌 출처: pixabay, 유럽 최대의 브르타뉴의 선돌 유적지, 까르낙의 선돌들과
고인돌들 출처: 위키백과, 프랑스의 역사 예술 문화, 까르낙 고인돌 출처: 정인진

윤복현 교수는 '지금도 **유로피언**들은 자신의 뿌리를 '**아사툴**'(Asatur: 신들을 섬김)에서 찾고 있고 독일을 비롯한 켈트문화권에서는 아사를 神이라 하며 우리가 잊은 **치우**(Ziu, Tiw)**를 전쟁신**으로 기념하면서 조상을 기억하고 있다'고 전합니다. 그래요. 이들이 높은 불문화로 **전쟁의 신**이 되었던 이 땅의 **치우천왕**을 기억하고 문명을 일으켰던 해 뜨는 동방의 조선 '아사달'을 기억하고 떠난 사람들이었지요.

아! '비렴(飛廉: 바람風의 옛말 파람, 프람)의 신'이 되어 **봉황**(鳳凰)으로, **대붕**(大鵬)으로 세상으로 퍼져가고 태양새 삼족오는 '**불**(火)의 신'이 되어 후한 때에 이르러는 **불의 신, 불의 정령**으로 불리고 서역으로 가 불새인 불사조 'Phoenix(피닉스)'로 탄생되며 **인류의 문명을 일으켰던 이 땅의 역사**를 일깨웁니다. 호북성 수주시에선 초(楚 11C~223BCE) 때의 '**봉황 모습을 한 청동 비렴상**'이 출토(1977)되어 바람을 일으키며 불의 문화를 전했던 전설 같은 역사를 웅변합니다.

불새 피닉스 출처: 나무위키, 그리스·로마신화 코카서스산맥의 프로메테우스 출처: LAONTRIP, 그리스 제우스조각 출처: Pinterest, 호북성 수주시 바람상 출처: 김사부, 둔굴재

동양의 고전인 *역경(易經: 주역)이 '지화명이'(地火明夷)
즉 땅에서 불을 밝혀 문명을 탄생시킨 것이 동이(한국인)였음을 밝히
고 **동이로부터 시작**하여 **사국**(四國: 온 세상)**을 밝힌 것**이라고 기록했던
것이 다 이러한 역사를 알리려 했던 것이지요.

'**화**'(火)라는 글자와 소리 [화~] 또한 위(↑)로, **옆**(↔)**으로 불붙고 확
산되는 상징적인 '모양'**(火)에, 음이 붙어 이루어진 글자였으니 이 땅
의 불문화의 확산을 보는 것 같습니다.


윤복현 교수는 우리의 '**불**'(火화)이라는 음과 의미가 '불, 화, 후르,
쇠(화), 타(화)다, 피우다, 지피다' 등으로 퍼져나가 세계 4대문명지는
**물론 전 세계의 불의 어휘와 관련**을 맺고 있었다고 주장하며 그래서
우리의 불과 관련되는 어휘들은 다른 어족의 불을 뜻하는 단어에 **다
양한 동의어 대응관계**를 유추할 수 있으나 **한국어를 제외하고는** 다른
어군들 사이에서는 유추할 수 **없다**고 합니다.

"fire(불)**는 옛 영어**로는 fyr인데 중세영어에선 '**y**'음가는
'**u**[우]'에 가까웠기에(켈트어) 아마 [**풀－필**]의 **중간음**이었을
것이며 그리스어는 **풀**(pur), 게르만어(獨)는 **페우얼**(feure), 프
랑스어는 **페우**(feu) 또한 '**불이 모인 곳이 도시**'가 되어서인지
**푸르**(pur)**가 도시의 뜻**으로 쓰여 **자이푸르**(인도), **사랑푸르**(인
도), **쿠알라룸푸르**(말레이) 등의 마을이 되고 지중해 및 이탈
리아 지역에서는 **푸아코**(fuaco/fugo) 등으로 발음하였다,

영국의 브레튼인과 켈트족(아시아 이주인)이 중심이었던 스
칸디나비아와 영국 웨일즈 지역에선 **－탄**(tan: 불타다) 등의 말

로 녹아 있고 오늘날 북경식 발음(한자발음은 옛 한겨레 선조의 발음을 흉내 낸 것)인 **후오**(huo)**도 우리의 [화]의 변음이다.**"

어때요? 한국어로 다- 풀리지요! 선뜻 믿기지 않겠지만, **인류의 문명을 밝혔던 우리의 다른 문화와 연관** 지어 생각한다면, '불을 발명한 민족이 누구였는가!'를 쉽게 알 수 있을 것입니다. 그래서인지 **인류의 불문화를 이끈 프로메테우스답게** 지금 CORE-A는 미래 꿈의 에너지라는 거대한 불, 지상에 '영구적인 인공태양'을 만들려 합니다. 21C 말쯤 110억 명의 인구는 **에너지 수요와 지구온난화**로 지구의 평화를 위협할 수 있기 때문이지요.

〈국가핵융합연구소〉는 초전도핵융합연구장치인 'KSTAR'(한국형핵융합연구로)가 **세계최초로 섭씨 1억°C**의 초고온 플라즈마 상태를 1.5초 성공(2018년)에 이어 또다시 **세계최초로 8초간**(4초~12초) 유지하는 데 성공했다(2020.3.16)고 발표합니다. 최종목표는 '300초!' 태양에서 빛과 열에너지를 만들어내는 원리이며 핵융합 원료인 중수소는 바닷물이지요.

지금 미국, 유럽, 재팬, 차이나 등에 이어 늦게 출발한 **CORE-A**지만, 인류의 프로메테우스답게 또다시 세계 핵융합을 이(夷)끌어 **옛 신화 속의 이야기를 증명해** 내고 선조의 '홍익인간의 꿈'을 지켜낼지?

**'힘내라- 코리아!'**

강화 마리산 채화 출처: 언론사 방방곡곡, KSTAR, 4초~12초 사이 1억°C 그래프
출처: 국가핵융합 연구소, 초전도 토카막 내부 출처: 중앙일보

# 한식, 불의 소중함

불문화로 인류의 문명을 처음 시작했던 한국인이기에 **선조의 불문명을 기념하고 감사하는 명절**이 우리에게 전해집니다. 바로 '한식'(寒食: 동지 후 105일째 날. 양력 4월 5일경)이지요. 조선시대까지 매년 봄 **청명날**에, 고대로부터 '우리나라(川)'를 상징하는 버드나무를 뚫어 일으킨 새 **불을 임금은→** 모든 관청과 대신과 각 수령에게 나누어 주고 **고을수령은→** 한식날(청명 다음날)에 이 불을 다시 **백성에게 나누어 주었다고** *동국세시기는 전합니다.

'**오래된 불은 생명력이 없을 뿐만 아니라 사람에게 나쁜 영향을 미친다!**'는 신화적 의미에서 **활기찬 새 불로써 온 나라가 새롭게 하나가 되자**는 행사였지요. 마치 새해맞이로 묵은 불을 새로 일어나는 불에 실어 보내는 정월 대보름날의 **달집 태우기**처럼 말이지요. 이때 **묵은 불을 끈 한식날 하루는 불 없는 하루를 보내며 찬 음식**(寒食한식)을 먹고 **불의 문화를 이어준 선조에 감사하는** 날이었다고 합니다.

그래요. 지금은 '**한식의 유래**'조차 **미신**으로 몰아 버렸지만, '불(火)로 인류의 과학과 문명을 밝혀 세상을 이(끄)끌었던. 그래서 불로 **밥과 떡을 짓고 쇠를 녹여 연장과 도구를 만들며** 최초로 **불로써 천제를 올리고 축제의 기억들**'을 되살리며 이러한 **선조에 대해 깊은 감사**와 함께 **묘를 살피고 제사를 지내며 배달겨레의 자부심을 확인하**는 날이었습니다. 조상님들 참으로 깊고 멋있었지요!

이것이 진정한 '한식의 유래'이며 설날과 단오, 추석과 함께 **한국인의 4대 명절**로 꼽혔던 진정한 이유이지요.

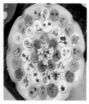

한국인의 한식 조상성묘, 한식날 음식 화전(花煎) 출처: 러브인 클린광주, 코미디언 개자추모자상
(차이나 면산) 출처: 내 오랜 꿈, 당(唐) 시대 한식절의 '축국' 모습 출처: 인민망

그러나 본디 문화의 근본이 없어 **태곳적 불의 문명적 의식조차**
이해하지 못한 지나족은 단지 진(晉)국 시대, 충신(?), 개자추(介子推
~677BCE)가 **왕의 부름에 응하지 않자**, 산에 불을 지펴(?) 나오게 했
으나 끝내 나오지 않아 **불타죽은 것을 추모하기 위해** 찬 음식을 먹고
닭싸움에 놀음을 하고 공차기, 그네뛰기 같은 오락을 즐긴 데서 한
식이 유래되었다고 하니…? 1충신을 나오게 **불을 지른**(?) 왕이나, 2
**그 왕이 싫어 나오지 않아**, 그것도 3**제 어미와 함께 죽은 자를 충신**(?)
**이라고 하는 것이나**, 이 사람을 기념하기 위해 4**투계**(닭싸움에 돈 걺)**에**
**놀음**에 공차기까지(?)… 하는 것이 한식하고 **무슨 관련**이 있고 태곳
적 불(火)문화**와 관련**이 있다(?)는 건지, 이거야 원! 이러니 지나족이
**왜**, 버드나무로 **불을 일으켜야 하는지조차** 알겠습니까?

하긴 이 땅의 사람들이라고 알겠습니까? 그래서 한식날이 되면,
우리나라의 **많은 유치원에선 코미디 같은 일들이 벌어지지요**. 지나
처럼 메밀로 만든 '**한식면**'을 먹으며 개자추를 추모하고 차이나를 '**中**
**國**'이라며 **문화의 선진국으로 흠모**하게 하여 어린 아이부터 중국의
좀비로 만들고 '문화수업' 했다고…, **제 나라의 정체성도 모르는 자들**

이 온통 교사가 되니…, 혼(魂) 나간 교사들이 참- 무섭습니다!

에휴, 일찍이 육당 최남선은 *조선상식문답에서 '지나의 개자추 고사에서 한식의 유래를 찾는 것은 근거 없이 만들어 낸 일'이라고 일 축한 바 있지만, 어디 생각이라는 것을 하고 살아야 말이지요. 그런 데 참, 우린 우리의 아이들에게 "이것이 우리의 뿌리이고 문화다." 라 며 읽힐 역사·문화 책이 있나요? 나라의 혈세로 연구했던 그 많은 교수들 무-얼 했습니까? 제 뿌리를 모르는데, 자부심은커녕 우리가 인류시원문화였다고 주장할 수 있겠어요?

## 인류의 신들의 이야기, 벽화

우리만 빼고 많은 민족들이 세상의 주인, 세상의 중심(中心)이었다고 역사를 씁니다. 그렇다면, 모든 문화를 시작한 주인(主人)이라면, 분 명 깊은 뿌리(배꼽)문화가 있어야 할 텐데? 있습니까? 그런데 배꼽문 화가 유기적으로, 총체적으로 나타난 곳은 '우리나라' 이외엔 지구상 어느 곳에도 없습니다!

그래서 '고구리 고분벽화'는 단순한 무덤이 아니지요. 인류문명의 시원과 관련된 신들의 태고적 신화를 그려내고 있었습니 다. 신(神)이란 처음, 시작을 의미하지요. 그 어느 민족에게도 없는, 우주탄생과 만물의 기원을 드러내는 천제국의 벽화는 인류의 문명 발 달에 결정적으로 기여했던 증거들이기에 말들을 합니다.

'고구려인의 신들은 그리스의 신보다 위대하다!'

〈고구려연구회〉의 서길수 교수는 이렇게 말합니다.

"다양한 신들의 모습은 동양의 천지창조신화를 소재로 그려낸 매우 중요한 학술적 의미를 가진 것으로 이는 지나 내에서는 발견되지 않는 고구리 벽화에서만 볼 수 있는 것이다."

이 말은 우리가 적어도 동양역사에서는 가장 오래된 역사를 바탕으로 하는 '신화의 나라'란 뜻이지요. 벽화무덤은 현재까지 120여기, 만주의 집안, 환인, 무순 지역에 38기, 대동강하류 유역인 평양과 그 주변, 남포와 황해남·북도 등지에 80여 기가 집중적으로 분포되어 있습니다. 세상의 중심이라던 차이나에는 없지요!

그래요. 고구리 벽화는 인류의 삶과 역사를 시작했던 천손 고구리인의 종교와 철학과 천문, 예술 등 문명에 대한 세계관이었으며 신들의 나라의 이야기(神話)를 기록한 대—서사시이며…

후손에게 전하는 자부심(pride)의 타임캡슐이었습니다.

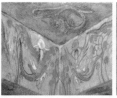

고구리벽화 고분과 평양 주변의 분포도 출처: 남북역사학자협의회, 고구리고분 강서대묘 출처: 오마이뉴스, 고구리(집안)의 오회분 4호릉의 달의 신, 태양신(삼족오) 출처: 고구려 발해학회, 약수리 고분벽화 일월성수 출처: 한국콘텐츠진흥원

고구리 태왕들의 무덤은 온통 별들(800여)과 해와 달, 온갖 신들이 봉황과 학과 용을 타고 노니는 우주가 묘사되어 있어 왜, 조상님이

'일월성신'(日月星辰)을 말해 오고 북두칠성을 강조하고 태양새 삼족오와 달두꺼비를 전해오고 다른 민족과 달리 우리가 '천손'이고 '개천'(開天: 하늘과 땅을 엶)이라는 말을 썼던 사람들이었나를 일깨웁니다.

특별히 '삼족오'(三足烏)는 제기나 향로, 자기나 그림과 문양은 물론 북부여의 시조 해모수가 머리에 쓴 '오우관'(烏羽冠: 까마귀 깃털 관)으로 전해집니다. 황하가(앙소문화 유적지)에선 햇(빛)살무늬토기와 함께, 삼족오가 그려진 토기(BCE40C)가 출토되고 산서성 남단 북쪽 황하변에서도 삼족오와 함께, 한복 저고리와 치마를 입은 한국 아낙네의 장구와 꽹과리를 치며 노는 벽화가 발견되면서 우리가 잃고 있는 선조의 땅과 역사를 느끼게 합니다. 마침 〈mbc2580〉도 '삼족오'라는 프로(2006. 11)로써 겨레얼의 부활과 삼족오의 비상을 애타게 고대하네요.

황하의 앙소문화 묘저구유적 삼족오 토기와 세 발 토기 출처: 깨복이, 산서성 남단 황하변에서 한국 아낙네의 놀이벽화 출처: 고구려 역사저널

삼족오가 해(☼)의 화신이라면, 두꺼비는 달의 정령이지요.
물에서 태어나 물에서 살고 산과 들에서 겨울잠을 자며 반드시 태어난 곳을 찾아(근본을 잊지 않고) 다시 알을 낳고 종족을 보존시키는 특이한 귀소본능을 가진 동물입니다. 단순했던 다른 민족과 달리…,

묻과 물 그리고 **바다와 산악**을 배경으로 생활을 했던 우리 겨레의 모습을 닮은 동물이었지요. 첨(처음) 인류의 문명을 시작했고 귀소본능을 느끼게 하는 **엄-마처럼**, 천손을 부르는 **별칭**이었지요.

여기에 아주 먼 옛날, 어느 민족보다 **달**(月)**에 의해 영향 받으며 해양**(물)**문명을 시작했던** 인류의 첫 문명(마고문명)이 바닷물 속에 파묻혀 버리자, **묻으로 옮기며 재생과 부활을 바랐던 마음은 '두꺼비'로 상징되어 달로 올라가고** 달을 **'물과 여성과 재생과 부활의 상징'**으로 여기고 소원을 빌었던 것입니다. 그래서 두꺼비를 뜻하는 **섬**(蟾)**은 달**을 뜻했던 것이고 **달을 '섬궁'**(蟾宮)이라 말해 오고 경복궁 교태전(交泰殿: 왕비의 침전) 뒤뜰에 **두꺼비의 형상을 새겨 왕비의 '월궁'**임을 알렸던 것이라고 전합니다. 이렇게 **달 속엔 두꺼비가 그려지고 떡두꺼비 같은 아들**을 소원하며 빌었던 것이지요.


**또한 달에는 '토끼'가 있다고 여겼습니다.**

집안(集安)의 장천1호분과 평양지역 진파리1·4호분, 개마총벽화 등 고구리고분벽화에는 **주로 보름달 안에 두꺼비와** 지금은 다 찍어버려 사라진, **계수나무**(25~30m)**와 함께 어울려 그려진 토끼**가 있지요.

토끼는 이상향인 '동방'을 뜻하는 동물로, **동방을 수호하는 지혜의 동물로, 다산의 동물로, 풍요의 상징인 지모신**으로, 처음 인류의 문명을 열었던 '새벽의 땅'을 상징하는 **새벽의 의미인 12지의 묘**(卯)로서 두꺼비와 함께 하는 **옥토끼는 달의 신선**이 된 것이지요.

이상향인 동방의 모습은 **달콤한 향기를 은은히 뿜어내는 계수**(桂樹)**나무**로 삼고 그 아래서 **떡**(우리의 고유문화)**방아를 찧고 절구에 불사약**

을 찧는 모습에선 한결같이 **천손겨레의 풍류**와 여유가 보입니다.

평양 덕화리2호 토끼와 두껍이 출처: 국립민속박물관, 조선시대 민화 계수나무와 옥토끼 출처: 전호태(울산대), 덕흥리고분 옥녀(중앙)와 달두꺼비(좌상) 출처: 동북아역사넷

평남 남포의 덕흥리 고분벽화는 한겨레의 시조모이신 마고를 상징하는 옥녀(□□)가 깃발을 들고 천공을 유영하는 모습과 **북두칠성 별자리에 걸터앉아 춤을 추며 악기를 연주하는 신** 그리고 28수 별자리들이 하늘의 중심별자리인 북두칠성을 둘러싸며 호위하는 모습을 그려 우리가 **문명을 시작했던** 천손이며 **천하를 이끌었던** 북두칠성겨레였음을 상기시키고 있고 **칠성겨레가 어떻게 형성**되었는지를 **견우**(가축문화를 시작했던 이 땅에서 북으로 갔다 유목민이 되어 돌아온 이들)**와 직녀**(실을 짜 옷과 그물을 만들었던 이 땅의 해양·농경인)**가 7**(칠성겨레)**이 중복되는 날**(7.7)**에 만남**(*한국인 자부심 더 아리랑의 발행일)으로 알렸던 것이지요.

무용총, 수산리고분, 장천1호, 삼실총, 오회분4호묘에는 **거문고, 뿔나팔, 소, 옆으로 부는 피리, 완함, 장구, 북** 등의 악기로 천상의 소리를 신명나게 연주하는 '악기의 신'이 있습니다. **목축과 농경과 해양문명을 처음 개척**하며 자연의 온갖 소리를 경험하면서 우리의 아름다운 성정과 상상력을 더하여 **온갖 악기**를 만들었던 선조들이지요.

견우와 직녀 출처: 동북아역사넷, 북두칠성 별자리에 걸터앉아 춤추며 연주하는 악기신
출처: 동북아넷, 봉황 위 옆으로 부는 피리신(오회분4호묘) 출처: 국립중앙박물관

아, 집안의 **오회분4호묘에는** 많은 문화의 신(神)들이 보입니다.
**소머리 형상의 '반인반수(伴人伴獸)의 신'**과 오른손에는 **벼 이삭을,** 왼
손에는 **약초를 쥐고 있는 '농사의 신'은 태초에 첫 인류로서 볍씨를
처음 개발하여 농사를 지어왔던 그 자부심**이었지요. 하늘을 나는 '물
고기의 신'은 처음 배를 만들어 고기의 왕인 고래와 물고기를 잡으며
**해양문화를 열었던 선조의 지혜**이며 또 무엇인가 열심히 갈고 있는
'마석신'은 인류최초로 숫돌을 발명하여 인류최초로 마제석기를 만들
어 **인류의 신석기문명을 열었던 마고인의 자부심**이었습니다.

그리고 **손에 불꽃을 담고 다루는 '불의 신'**은 불로써 토기와 청동기
등의 **물건을 처음 창조했던 '대장장이신'**과 함께 '우리의 선조가 바로
**불을 만든 사람이었고 많은 것을 시작했던 神**이었고 이 땅이 신들의
고향이었음'을 웅변합니다. 이 땅의 역사와 문화 어느 하나도 세계성
(Globality)이 배어 있지 않은 것이 없고 무엇 하나 최초(very first)가 아
닌 것이 없는 것은 **우리 땅의 역사가 상대적으로 얼-마나 빨랐는가**
**를 웅변**하는 것인데, 이 모든 것을 벽화로 나타냈던 것이지요.

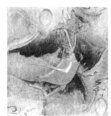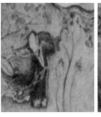

오회분 4호릉의 농사의 신, 숫돌신(마석신), 불(火)의 신(좌)과 대장장이신(우)
출처: 한성백제박물관

아, 바퀴를 살피는 '수레의 신'이 있습니다! 또 **차이나**라고요?
'인류의 3대발명품'(불. 돈. 바퀴) 중 **'바퀴'**를 가장 위대한 발명품이라 하는 것은 오랜 문명의 뿌리가 있어야 했기 때문이지요. **'불'과 '돈'이 한국인의 발명품**이었음을 이미 밝혀 놓았지만, 다시 시작하죠.

지나를 포함하여 지구상에서 **인류의 신문명을 우리보다** 빨리 시작했던 곳이 있나요? 그래서 **농경과 가축과 어로**를 처음 시작하고 **도구**를 처음 만들고 **자**(尺)를 발명하고, **배**도 만들고, 고인돌과 같은 **거석문명 등**을 시작했음을 웅변하는 **벽화도 있나요?** 무엇보다 '바퀴는 인류의 문명·문화코드 중 가장 중요한 '해'(☀)에서 유래된 것이었지요.

　　**–해**(☀)**의 땅**(밝달)의 해나라 사람들은 해(☀)를 신으로 하여 모든 것을 상상했습니다. 고인돌을 만드느라 일찍이 해(☀)에서 **회전원리**를 터득했던 사람들이 만든 수레와 수레바퀴! 수레의 **수리는** 둥근 해(☀)를 뜻하는 순 우리말이었지요.

첫 해(☀)의 빛을 쇠는(비추는)날을 **설날**이라 했고 해(☀)가 머리 위에 뜨는 날은 **수릿날**(단오)이라 하면서 해가 잘 도는 것을 기념하여 수레바퀴 모양의 **차륜병**(車輪餠)을 먹고 해가 가장 짧은 날을 **동지**라 하면서 해(☀)의 부활을 기념하며 축제를 해(☀)왔던 사람들! 이렇게 해(☀)가 돌아야 세상이 **밝히**(밝키)어지는 것을 알았기에 '**바퀴**'가 되고 그때의 **햇살**(☀)의 모습을 '**바퀴살**'(☀)로 발명할 수 있었던 것입니다. -

지금 지나(차이나)의 〈장도박물관〉에는 바퀴살이 30개나 되는 호화로운 '고조선전차'(戰車)가 전시되어 있어 당시 고조선의 실체와 높은 문명을 말없이 보여줍니다.

또 **평양의 통일거리**에서는 청동으로 장식한 24개의 바퀴살과 지름 1.6m의 거대한 바퀴 무엇보다 살 하나하나마다 청동장식으로 화려하게 치장한 일산(日傘 해가리개)과 손잡이 등 모든 것이 금도금과 정교한 청동으로 장식한 단군조선의 화려한 쌍두마차가 출토됩니다. 오카우치 미추진 교수(와세다대 고고학)는 "평양 주변에서 나오는 마구인 **권총형, 우산형, 을**(乙)**자형 동기** 같은 것은 **지나에서는 전혀 발견되지 않는다.**" 라고 하여 지나와의 기술 차이를 암시하지요.

고조선을 이어받은 고구리 또한 쌍영총이나 무용총, 오회분4호묘, 오회분5호묘 등 **18기의 고분벽화**에 '수레와 수레바퀴의 신(제륜신)'을 등장시켜 선조의 영광을 알립니다. 번뜩이는 **바퀴살**에, **쇠테바퀴**를 하고 수도 평양의 장안성에 1.8m(평균폭), **최대 2m 수레의 홈자국, 6대의 수레가 동시**에 지날 수 있게 **돌로 잘 정비된 큰 도로**였다는 사실은 막강한 경제력은 물론 높은 과학과 군사력을 입증하지요.

특히 '바퀴살'은 통바퀴에 비해 **회전력이나 무게를 감소했던 혁신적인 신기술**로 동시대 **서양의 전차**가 바퀴살이 없는 통바퀴였으니…심지어 **유럽은** 중세(476~1453)에도 **바퀴살이 10개** 정도였음을 생각하면, 과학에 **혁명적인 차이**가 있음을 짐작할 수 있습니다. 이렇게 단군조선의 **번성한 문명**은 수레와 함께 세계로 퍼져나갔던 것이지요. 그래서 지나의 〈하남박물관〉은 '동이가 **문자와 배**뿐 아니라 **수레도** 만들었다'고 전시하는 것입니다.

오회분4호묘 수레바퀴의 신(제륜신) 출처: 통일뉴스, 무용총의 우거도 출처: 한국학중앙연구원,
중국 장도역사박물관의 고조선 전차(1/3크기의 모형) 출처: 品石齋, 고조선 쌍두마차
말등의 권총형 청동마구 출처: KBS1, 정3품의 가마 남여 출처: 성균관박물관

이렇게 **고대한국인**(~단군조선)의 과학으로 진보된 기마문화로 중앙아시아는 새로운 활력을 찾습니다. 일찍이 환웅시대나 고조선 때는 발달된 청동기문화와 철기문화를 바탕으로 우·마차(牛馬車)를 운송수단으로 했을 뿐 아니라, **다양한 용도와 크기의 수레바퀴, 꽃우산을 얹은 호사스러운 수레**, 여기에 말에도 다양한 치장을 하여 멋과 풍류를 한껏 과시했지요.

그때의 **지나 땅**(중부 이남)**에는 말**(馬)**이 거의 없었다고** 합니다.

그러나 천제국 단군조선이 붕하고 고구리, 백제마저 망하자, **그 많던 말과 수레를 다 빼앗기며** 우리 겨레의 최대 강점이자 생명과도 같은 **기동력을 잠재웁니다.** 역사의 혼을 잃은 조선왕조 때는 **말을 조공**으로 계속 바치게 되면서 숫제 **말을 없애고 소**를 키우더니, 수레 대신 **가마와 지게로 1천년이란 긴 세월이 족쇄가 채워지며 선조의 웅혼했던 기상과 혼(魂)과 영광을 다 잊고** 가난을 숙명처럼 알고 살아왔던 것이 '우리의 역사'라는 것이지요. 그래서 **지금의 우리가 왜, 역사의식을 가져야** 하는지, 감상(sentimentalism)에 젖게 합니다.

그 중 **인류의 걸작**이라고 평가받는 벽화는 단연 평안남도 '강서대묘의 사신도'(四神圖) **벽화**이지요. 천장엔 용과 호랑이가 뒤엉켜 있구요. 우리 **한겨레의 강인하고 영원한 에너지를 태극의 모습**으로 상징하고 후손을 염려하여 세계문화의 중심(Core)이었던 한국을 네 방위에서 지키게 했던 **네 신**이었습니다.

**동쪽**(좌)의 **청룡**(靑龍, 용: 농사), **서쪽**(우)의 **백호**(白虎, 범: 道, 죽음), 남쪽의 **주작**(朱雀, 봉황: 지식과 기술), 북쪽의 **현무**(玄武, 거북: 병력, 싸움)! 또한 뛰어난 **생동감과 환상적인 색채와 예술적 기법**은 물론 고구리인의 **벽화 처리기술** 또한 당대 세계 최고였음을 증명하는 하나의 사건이었습니다.

특히 '프레스코 기법'(fresco: 회벽이 마르기전 채색)은 물론 **'항결로'**라는 과학적 지식의 적용은 서양에서는 **레오나르도 다빈치**(이탈리아)**가 15C 후반**(1497)**에나** 〈최후의 만찬〉으로 나타나는데 비해 이미 **고구리에서는 6C후반~7C초에 시작된 고구리 특유의 지혜**였지요.

미술사학자 강우방(이화대) 석좌교수는 '관념적, 추상적 미술양식을 끝까지 추구하여 양식적 완성을 본 기념비적 존재가 고구리 강서대묘의 사신도로서 이는 마치 동아시아에서 **석굴암의 건축과 조각이 차지하는 위상과 같다**'고 평가합니다.(2004년 세계 문화유산으로 등재)

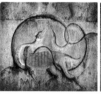

평안남도 강서대묘의 사신도—동쪽 방위의 수호신 청룡(靑龍), 서쪽 수호신 백호(白虎), 남쪽 수호신 주작(朱雀), 북쪽 수호신 현무(玄武) 출처: 중앙박물관

차이나 산시(섬서)성 **시안 변방**에서 발견되었다는 고분벽화의 1**여인들의 옷차림**과 2**얼굴**이며 3**모자를 쓰고** 4**깃털을 꽂은 것**이나 손에 5**활을 들고** 6**몸을 뒤로 젖힌** 사내는 분명 고구리의 풍습이고 벽화 기법 또한 고구리의 프레스코 기법인데, 벽화의 **아랫부분을 고의적으로 일정하게 뜯어내고** '한왕조'(Western Han Dynasty: BCE206-CE24)라고 써 놓았으니…,

저들은 무엇이 두려워 파손하고 감추고 왜곡하는 것일까?

평안남도 강서대묘의 정중앙 황룡과 사신도 출전: 조선유적유물도감, 섬서성 시안 남쪽 변두리 벽화(한복의 여인과 고구리복장의 무사) 출처: http://english.peopledaily.com.cn 감숙성의 초라한 위진(魏晉) 때의 벽화 출처: 허우범의 실크로드 7000km 대장정

# 신들의 타임캡슐 한국의 암각화

'암각화'란 문자나 벽화가 존재하기 전, **바위에 새긴 그림이나 기호**로 전 세계 거의 모든 지역에서 나타나는 **인간의 가장 오랜 표현**의 하나로서 후손들에게 알리는 '문화의 타임캡슐'이라고 합니다.

그래서 우리 땅에 벽화와 더불어 많은 암각화가 존재한다는 것은 문화의 깊고 거대한 뿌리가 있었다는 증거이고 우리가 왜 '**기록의 나라**'라 불리고, 왜 '**문자의 나라**'라 불리는지, 어째서 **근세를 제외한-**, '기록유산 세계1위의 나라'가 되었는지를 알게 합니다.

또한 **고인돌**(26곳 이상)**에 새겨진 암각화**는 물론, **다양하고 많은 암각화는 풍성한 문화로 신화를 이루며** 살았던 **옛 선조의 삶을 웅변**하는 것이라고 하지요. 우리나라의 20여 곳의 암각화 중, 경남 '울산의 반구대'와 '천전리 암각화' 그리고 포항의 '칠포리 암각화'는 **우리나라에서 발견된 가장 오래된 선사유적지**(±8천 년)라고 합니다.

반구대 암각화가 **사실적 표현**이라면, 천전리 암각화는 **추상화인 표현**이 뛰어나고 칠포리 암각화는 **상징성이 강한 기호화**된 특성으로 다-양하여 우리 땅은 '암각화의 백화점'이라고 알려져 있지요. 쪼고, 파고, 긋고, 찍고, 갈고, 떼어내는 등 온갖 기교로 동물과 인간의 신체적 특징들을 정확하게 묘사하고 단순하고 강직한 선묘로 **주술까지 깃들여 불가사이한 아름다움**마저 느끼게 합니다.

특히 '반구대 암각화'(국보285호)는 가로 10m, 높이 3m 암벽에, 선사시대 한국땅의 사슴, 범 등 육지동물과 **사냥꾼**, 세계최초의 **가축**

사육(animal feeding)과 그 증거인 **가축울타리와 활** 그리고 세계최초의 **고래잡이**(whaling)와 그 증거인 **배와 작살에 맞은 고래와 피리 부는 남자 무당의 수렵을 위한 주술적 의미**, 여기에 각종 도구와 설비 등 **다양한 생활내용 총 353점**이 조각되어 있습니다.

최소 8천 년 전, 개와 돼지 등의 가축사육과 이를 몰아넣은 '울타리', 그래요. **동물고기공장**을 차리고 지구상 가장 큰 동물을 과학으로써 잡았던 인류의 원뿌리문화가 나타나자, 영국의 〈BBC방송〉은 이 암각화를 근거로 'CORE-A에서 목축(cattle breeding)의 시작은 물론 고래잡이(whale)마저 시작했다'고 발표(2004.4)하게 되었던 것이고 인류학자들은 반구대 암각화를 심지어 '암각화의 **백과사전**'이고 인류 최초의 **문자**(文字: letter), **대서사시**이며 '인류의 경전'(經典)이라고까지 말합니다.

한국의 암각화 분포도 출처: *한국의 암각화(임세권), 울산반구대암각화(세계문화유산 not)
출처: 국립해양박물관, 노르웨이 알타암각화 출처: 울산광역시(모형)

그런데 '암각화가 제작된 곳'은 풍요의식을 거행하는 **제의공간**이요, **성소**(聖所)의 성격을 띤 중요한 장소였다는데, 암각화가 많이 발견되는 곳이 우리 땅의 **동남쪽, 바다와 인접하고 하천을 낀 바위절벽**

이었다는 것은 **우리의 정체성**이 수렵 특히 고래수렵 등의 해양문화와 관련이 깊음을 알게 합니다.

'코리안 신대륙 발견설'을 처음으로 주장한 재미역사학자 김성규 회장은 **반구대 · 천전리 암각화**가 마치 거대한 입(고래의 입)을 벌린 것 같은 지역에 위치해 있으며 **아메리카대륙 해안선의 고래를 비롯한 많은 암각화와 비슷한** 점을 들어 '우리의 암각화문화가 바다의 고래문화와 깊은 연관이 있으며 그래서 선사시대 코리안들이 해안선을 따라 알래스카로 그랜랜드, 아이슬란드, 스칸디나비아, 아일랜드로 **이동했으리라는 것**은 자연스러운 유추일 것이다'라고 하지요.

맞아요. 지구에서 **배를 처음** 만들어 **고래를 처음** 잡고 **구들온돌로 몸을 지지며 추위와 냉해를 견딜 수 있었던 지혜와 능력**을 가진 지구인은 코리안밖에 없었기 때문이며 '현 인류문명의 시원지를 한국으로 한다'고 유네스코가 인정(2009.7.15 출처: *Korean Impact on Japanese Culture, 존 카터 코벨 & 앨런 코벨 공저)했던 사실들을 근거로 한다면, 울산 반구대암각화가 '인류의 경전'(經典)이라는 것은 벽화로써 그때의 인류의 시원문명을 알리려는 **신들의 타임캡슐**이었던 것이지요.

그래서인지 '**알타이산맥**'을 지나 서쪽 끝 땅 노르웨이, 바다를 내려다보는 '**알타암각화**'(Rock Art of Alta 3000~500BCE)에는 **6~5천 년 전의 우리처럼 성기를 드러내고 사슴에게 활 쏘는 이와 작살로 고래 잡는 이** 등이 새겨져 있어 한국인의 마음을 짠하게 합니다.

왜냐하면, 지금의 핀란드 등 많은 북유럽인 중 한반점(마고반점, 푸름 바친, 몽고반점으로 왜곡)이 발견되고 **우리와 같은** 언어구조(S+O+V: 천손이는 책을 좋아한다.)의 말을 썼다고 하며 옛날 유럽에서 고래를 처음 잡았다는 **바스크**(네델란드)**인의 활과 가축우리가** 우리와 같고 기독교가 전파되기 전엔, 이 땅의 창조여신이 우리의 마고와 비슷한 '마리'였다고 하기 때문이지요.

## 디자인의 지평이 열린 땅

디자인은 한마디로 **'멋'의 표현**입니다. 그런데 멋은 아무나 낼 수 있는 문화가 아니었지요. 왜냐하면, **멋은 조화에서 나오는 것**이고 조화 또한 **당당함에서 나오는** '주인(主人)의 문화'였기 때문입니다. 이 땅의 선조는 세상문명을 이룬 주인인 천손겨레로서 동물의 삶에서 벗어나 **사람과 자연과 천지만물과의 조화를 디자인**하며 살았던 사람이었습니다. 그래서 한국인이야말로 **진정한 자유인**이었고 그러하기에 **생각과 감정이 자유롭고 풍부할 수 있었다**는 것이지요.

반구대 옆 '천전리 암각화'(국보147호)**는 7~8천 년 전후로 추정**되는 시기, 가로 10m, 높이 3m 암벽에 새, 사슴, 물고기, 용, 범 등 **동물문양과 사냥장면과 특히 동심원, 나선형, 삼각형, 마름모, 피라미드**(연속마름모)**, 물결무늬, 타원, 세겹둥근무늬,** 이들의 **연속무늬**(꽈배기) 등 **기하학적 · 추상적인 문양** 등이 조각돼 있어 인류 디자인(degine)의 지평을 열었던 곳이라고 합니다. **동물은 이해할 수 없는** 오직 인간만의 지능으로 이해할 수 있는 추상적인 문양이 시작된 것이지요!

울산 천전리암각화와 추상적 기하학적 무늬(확대) 출처: 울주군청, 주요형상

출처: 민족사관홈페이지

　　여기에 포항 '칠포리 암각화'는 무리를 이루면서 **삼각형, 역삼각형**과 **성혈**(구멍)**들**이 새겨져 있지요. 모두 태양신 또는 대지모신과 같은 신상(神像)을 표현한 것이라고 하는데, 검의 손잡이 즉 '**검파형 기하문양**'은 **우리나라**(경상도 지역)**의 독자적 상징물**입니다. '신의 나라'답게 검은 **신**(神검)을, 파(把)는 **쥐다** 그래요. **접신**(接神), '신과 하나가 된다'는 뜻이었지요.

*검파형 기하문양들: 1포항 칠포리 암각화(3m×2m)s 출처: 울산신문, 2고령 안화리 *한국의 암각화(임세권), 3남원 대곡리 출처: 한국관광공사, 4영주 가흥 출처: 영주시민신문

　　그래서 백부영(사. 한국고미술협회) 부회장은 "검파형은 **신을 대신한** 나라의 **지도자**로서 '홍익인간의 통치이념을 함축시켰던 상징물'이었다. 그래서 신과의 접신을 **검**(劍)**의 손잡이**로 나타내고 신을 부른다는

인동(忍冬)무늬를 검에 새겨 통치자의 위엄과 신비감을 드러내었던 것이다." 라고 말합니다.

그래요. 검파형 기하문양은 우리의 **마제석검**(세계 검劍의 원조)으로 하여 **청동검의 손잡이**로 나오고 또 바람의 강약과 관계없이, 태풍이 불어도 하늘에 뜬다는 세계 유일한 형태의 **방패연**(신의 연鳶으로 알려짐)으로, 그리고 **방패**와 **청동의기** 등의 문화로 자연스레 연결되어 나타나는 신의 나라 고유의 문양이었지요.

1,2포항시 인비리와 3,4여수 오림동의 고인돌의 검파형 석검 암각화와 마제석검 출차: 임세권 *한국의 암각화, 5검파형 청동의기(대전 괴정동) 출차: 국립중앙박물관, 6조선시대 방패 출차: egloos

그리고 경북 고령의 '양전동 알터마을의 암각화'에는 **동심원**과 원 안에 네 개의 홈을 새긴 **추상문양** 등 모두 29개의 그림이 그려져 있고 특히 경남 함안군 가야읍 '**도항리 암각화**'는 은하계의 천체도를 연상시키는 **많은 성혈**(별)과 더불어 **동심원**이 보입니다. 세상의 암각화에 가장 많이 나타나는 동심원과 원과 성혈(구멍)은 아직까지 **미스터리**이지요. 학자들은 **태양**이고, **알**이라고 합니다.

맞아요. 그러나 태양과 알은 물론, 우리 땅의 고유문화인 **고래의 파동**에, 이 땅에서 시작된 **생명의 파동**에, 또한 인류의 역사를 시작했던 부모와 조부모와 그 위의 **많은 조상**(생명)**의 배꼽**(또는 눈eye)에 나의 배꼽을 **합치고 싶은 상징**은 아니었을까?

마치 '**많은 사람들이 큰 하나**로서 세상의 **중심**에서 **밝고**(환) **큰 뜻**으로 문명을 **시작했던 하늘나라**'였기에 우리의 한국이라는 한의 의미가 '하나, 환하다, 많다, 크다, 시작하다, 세상의 중심, 왕(王), 하늘…'의 뜻을 모두 함축하고 있는 것처럼 말이지요.

그래요. 태양에서 **생명을 얻은**, 셀 수도 없는 **알들**(생명체, 물고기 알, 새의 알)이 **수많은 배꼽**(조상◉)에서 나와 고래가 파동을 일으키듯 바닷가 사람들이 **생명의 파동**을 일으키며 시원문명을 일으켰던 우리 땅(The Core)에서 세상 밖으로 퍼져나갔던(알이안) 것에서 '동심원'이 유래되지는 않았을까?

선사시대 경북 고령 양전동(장기리) 알터마을의 암각화 출처: 위키백과, 민족사관홈페이지

경남 함안군 가야읍 함안군 도항리 암각화 출처: 함안군 김은희 기자, 여러꼭지잔줄무늬 청동거울의 무늬들 출처: 한국학중앙연구원, 영국 롬발드무어(Rombalds Moor) 암각화 출처: 김성규 회장

'문명 · 문화의 **고향땅에서 파동치며 세상으로 나갔던 사람들!**'
'숫자나 단위 같은 **추상적인 개념을 모를 것**이라던 1만8천 년 전, 인류의 첫 도량형 기구인 세계최초의 자(神尺금척) '눈금돌'이 출토(충북 단양군 수양개유적지 2014.6)되어 세상을 놀래켰던 땅! 그래서 5700년 전 **복희씨**(배달국 5대 태우의 환웅의 막내아드님)**가 갖고 있었다는 '삼각자'** 와 '**컴파스**'(여와)가 뜬금없는 것이 아니었음을 알게 했으니 세상의 많은 도형과 원의 무늬가 **어느 땅에서 유래되었나**를 알게 합니다.

무엇보다 **단군조선의 위용**을 보여주는, 청동기문화의 불가사이인 '**다뉴세문경**'(여러꼭지잔줄무늬거울)에는 지름 21cm 원안에 **0.3mm 간격으로 1만3천 개의** 가는 선과 **기하학적 무늬**와 함께 셀 수도 없는 많은 동심원들이 그려져 있습니다. **세상 어느 곳보다 많은 동심원**이, 그것도 어느 민족도 **감히 따라 할 수 없는 정밀함과 아름다움까지** 갖추고 있는 것도 이런 뜻이 아니었을까? 찬-란했던 문화제국!

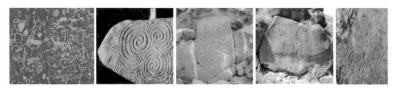

미국 신문바위 암각화 출처: 티스토리, *천전리 · 양전리 암각화를 연상케 하는 암각화들: 1아일랜드 뉴그랜지고분 입구의 암각화(기하문양 나선형과 겹마름모) 출처: 김성규 회장, 2홍산 삼좌점 동심원 무늬바위 출처: egloos, 3홍산 지가영자(전체와 부분 확대) 출처: 국립중앙박물관

김성규 회장은 아일랜드 √**뉴그랜지** 암각화의 기하문양과 미국 √ 유타주의 **신문바위**(Newspaper Rock) **암각화**를 비롯한 아메리카 √**인**

디언의 **암각화** 그리고 세계 먼 지역의 √해안지역의 암각화가 우리의
**천전리 암각화**의 마름모꼴, 동심원 **문양과 비슷함**을 밝힙니다.

그리고 **조상의 옛 땅** √홍산지역에서도 우리의 암각화를 연상하는
동심원과 검파형 무늬들, 마름모 등의 기하학적 무늬와 범, 사람 얼
굴 등이 나타나고 **영국 요크셔 지방의** √일크리 무어(Ilkley Moor) **암
각화**에도 이러한 기하학적 문양이 발견되면서 암각화의 기원을 연해
주 아무르강 유역으로 보았던 주장은 **힘을 잃게** 됩니다. 왜냐하면, √
연해주 등에서는 '**검파형 기하문양**'이 **확인되지 않았기** 때문이지요.


멀리 스페인의 √'**알타미라 동굴**'에는 벽화와 함께 추상적인 동심
원과 손자국이 있습니다. 채희석 박사는 알타미라 동굴 근처 **스페인**
√**바스크 지방**(우르티아 동굴)**에서 발견된 두개골**(탄소방사성연소측정 약 3
천 년 전, 토륨Th230 방사선원소측정 1.3~1만 년 전)의 바스크인들은 알타이
어 중에서도 우리와 재팬의 언어습관처럼 **동사(V)를 문장 끝에 놓는**
언어였으며 고대한국처럼 여성신(마고!)을 모시고 **집안에 신을 모셔**
놓는 관습이나 소도처럼 신성한 영역을 가지고 있었다고 합니다.

그리고 알타미라 동굴 옆 √'**라스코 동굴**'(프 Grotte de Lascaux)**에서**
는 **솟대를 보고 있는 사람 벽화**까지 나왔으니, 분명 이 **동심원과 손**
을 남긴 이들은 '**내**(한국땅의 사람)**가 여기 왔다**'(아끼 에스또이!)는 표식을
먼 곳에서나마 하고 싶었던 것은 아니었을까?


그런데 여기에 4만 년 전으로 추정되는, 인도네시아 √**마로스 동
굴**(술라웨시섬)**에서 알타미라 동굴**과 거의 비슷한 사람의 손자국벽화

가 발견(2014)되고 이어 √보르네오섬에선 최고 5만2천 년 전의 **손바닥벽화**(4만 년)도 발견됩니다. '**고차원의 예술**은 <u>유럽에서 시작되었다</u>'는 자부심의 손자국벽화였는데…, 그래서 **스페인이나 프랑스가 중심이 되어 예술을 시작했던 땅이라는 자부심**이 있었는데…?

그래요. 유럽은 예술도 시작이 아니었습니다. 분명한 것은 '원동심원'과 '솟대'와 '손자국'은 동쪽에서 온 아시아인의 것이었습니다. 이렇게 기존의 유럽중심적 학설들이 와르르 무너지지요.

인도네시아 마로스동굴(4만 년 전) 벽화, 보르네오섬의 벽화(5만 년 이상), 스페인 알타미라 동굴의 손자국과 동심원 출처: YTN, 프랑스 쇼베동굴의 손도장(3만 년 전)

아르헨티나 리오 핀투라스 손의 동굴과 사냥 장면을 담은 벽화와 손 출처: 위키백과, 인도네시아 마로스동굴 벽화 출처: 내셔널지오그래픽 웹사이트, 안중근 특파독립대장의 수결

그럼 4~3만 년 전 문명이 앞서 있었던 곳은 어디일까요?

수천만 년 전, **공룡의 최후의 서식지**였고 빙하시대 **생물체의 최후의 피난처**였으며 먹이사슬이 완벽하여 **온갖 동식물이 치열**하게 살았고 **아시아 최초의 사람 발자국**이 나왔던 곳은?

많은 인류학자들은 '인류의 문명이 동방에서 싹텄고 그 땅은 한국 땅'이었다고…. 그래요. 구석기 만능도끼라는 **아슐리안 주먹도끼가 가장 많이 출토**되고(아시아에서는 유일) **구석기시대 최대의 석기제작소**가 있었던 땅, 석기시대의 **최고의 발명품**이며 **인류최초의 기계장치**라는 **좀돌날몸돌**(細石刃核, micro-blade core)을 이미 **3만 년 전**에 만들어 '구석기문화의 꽃'을 피웠던 곳 또 **3만5천 년 전**, 현대인과 같은 지적 능력과 자의식으로 다듬었던 **'얼굴돌'**과 **'자'**(尺 1.8萬) 나왔던 땅!

그래서 1만 년이라던 **인류의 신석기연대를 다시 쓰게 했던 땅!** 또한 **10만 년 전 이미 개를 가축화**하여 많은 동물을 길들였고 10만 년 전에 이미 볍씨를 연구했을 개연성을 갖고 있는 땅, **인류최초로 벼농사를 지어** 인류문명의 시작을 공인받았던 땅, 그래서 **고대문명을 상징하는 고인돌과 솟대**를 처음 세우고 축제를 시작하고 하늘에 천제를 올렸던 천손들…, 그래서 세계에서 지능이 가장 높은 **이들이 옛날에도 동서로 퍼져나가** "우—리가 왔다!" 라며 벽화를 남기고 손도장을 찍고 솟대를 그리고 문화를 남겼던 것 아닐까?

특히 **최소 1만 년 전 역사를 상징한다는 우리의 윷판 암각화!** '고대한국인의 **천체관과 종교관을 상징**'하며 '세계놀이의 기원'이라는 윷놀이는 **1만 년 전 밤하늘의 천문 변화**를 읽어 삶의 풍요로움을 구현하고자 했던 조상의 역사를 전합니다. 그래서 '윷판형 암각화'는 우리 땅 전국에 산재하며 **현재 200여 개가 발견**되었지만, 지나(차이나)나 재팬에서 전혀 발견되지 않는 것은 **천손만의 심오하고 독특한 문화**였기 때문이지요.

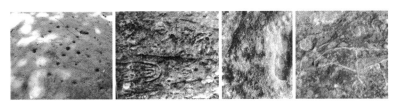

임실 윷판암각화(39점의 윷판과 고누판 1점) 출처: 전북일보. 안동 수곡리 암각화 여성성기.
성혈과 발자국 홈, 비상하는 새 출처: 임세권 *한국의 암각화

이렇듯 우리의 암각화에는 **자아의 인지**와 더불어 성기를 드러낸 남성과 여성 성기의 묘사 등 **인간의 원초적 본능과 성정**은 물론, **손 자국과 발바닥을 파 자신의 존재**를 남기고 하늘로 비상하고 싶은 마음으로 **고래와 새를 새겼던 것**입니다. 이 땅의 암각화를 연구해 온 임세권님의 저서 *한국의 암각화에는 우리 땅이 어째서 '디자인의 나라'였는지를 알 수 있는 많은 암각화가 소개되어 있지요.

또한 경남 상주리 남해에는 '낭하리 석각'(남해각석)이 전합니다. 혹자는 불노초를 구하러 왔던 진시황의 부하 '서불의 흔적', '별자리', 데스판데(인도)는 '수렵선각설'로 풀었지만, 육당 최남선은 **'고대문자'**로, 금문 해석의 권위자인 구길수님은 '낭하리 석각은 신지녹도문(사슴 발자국 문자), **전자, 금문, 수메르 우르문자**, 가림토가 혼용되어 天·地·人을 뜻하는, **세계 역사상 그림이 글자로 변하는 과정**을 한꺼번에 말하는 대단히 중요한 인류문화유산이라고까지 말합니다.

경북 경산시 와촌면 강학리 명마산 중턱에서도 **옛글인 가림토로 추정 되는 문자 다수가 새겨져있는 바위**(가로 1.8m, 세로 3.4m)가 발견되는데, 상형문자에 가까운 글꼴에 **ㅅ, ㅈ, ㄴ, ㅠ 등 한글 자모가 뚜렷이 각인**되어 있어 〈한국정신문화원〉 박성수 명예교수님은 '바위에

암각된 문자가 **가림토와 흡사한 형태**를 하고 있다'고 하고 재야사학자인 예대원 씨는 '훈민정음 창제의 **모태이자 기반이 된 것**으로 알려진 가림토 문자가 확실하다'고 주장합니다.

그런데 마침 **산동성 환대시**에서, 옛 한글(훈민정음)의 모체자로 단군조선 3세 가륵단군 때 재상 을보륵이 창안했다(출처: *환단고기)고 알려진 '**가림토문자**'가 발견되고 C14측정 결과 3850년 전의 것으로 확인(출처: *동이민족 논설 송호상교수)되면서 **옛글 가림토의 실체**는 물론 강단학자들에 의해 위서로 낙인찍힌 *환단고기(桓檀古記)의 기록들이 사실에 근거한 것이었음이 밝혀집니다.

그래요. *태백일사 소도경전본훈편에는 환웅의 '**신시**(神市)**시대에 우리나라의 문자가 있었다**'고 기록하고 신라의 '**최치원이 전하는 〈천부경〉**이 **어느 비석에 조각된** 신지글자(신지벼슬의 혁덕이라는 조상이 만드신 녹서)**를 보고 기록해 놓은 것**'이라 하고 '이때 녹서(鹿書: 녹도문자) 외에 **우서**(雨書), **화서**(花書), **투전문**(鬪佃文), **용서**(龍書), 단군 때의 문자 **신전**(神篆)이 있었다'고 기록하고 있어 우리는 **이미 6천 년 전** 인류최초의 문자를 세웠던 '문자의 종주국'이었음을 깨닫게 합니다.

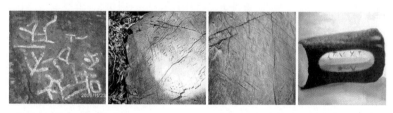

경남 상주리 낭하리 석각 출처: 구길수 박사, 경북 경산시 와촌면 강학리 명마산 '가림토문자'
추정 문자 출처: 부산일보, 명마산의 글씨바위 출처: 민족사관 홈페이지 알자고,
산동 환대시 '가림토문자' 출처: 플러스코리아

## 빼앗긴 것은 한국혼과 상상력!

이렇게 우리 땅의 벽화와 암각화는 '태곳적 인류문명의 발달과 관련된 신들과 신화'를 그려내며 **많은 것들을 처음 시작했던 신**(神)**의 나라**였음을 알리면서 우리 땅의 선조가 거의 유일한 세상의 주인이었고 문명·문화가 기원된 땅이었음을 웅변하고 있지요. 황희면 관장(대련시 영흥사 고려박물관)은 "중국은 **정작 있어야 할 것이 없다. 역사의 핵**(核)**이 없다. 영혼**(靈魂)**이 없다.** 그들이 아무리 **역사를 왜곡해도** 시간은 못 거스른다. 절대 한국의 혼(魂)은 못 만든다. 그래서 저들도 '**이것은 다 너네 꺼다**' 라 말하지 절대 자기 꺼라는 **말을 못하고 있다.**"라며 이 땅의 벽화와 암각화의 소중함을 귀띔해 줍니다.

그러나 아무리 일러줘도 우린 '**인류문화의 경전**'이라는 암각화의 가치를 모르기에 훼손시키고 **차이나를 영원한 문화의 은혜국**으로 알고 후손한테도 무언의 **굴종을 전수**하면서 광복 75년이 넘도록 '국보 1호'를 겨우 근세조선의 대문(숭례문)으로 한 것이지요.

세계의 석학들은 '**21C는 디자인의 시대**'라고 강조합니다. 창조산업이 가장 발달한 미국과 영국은 "디자인을 모르면 옷을 벗어라!" 라는 말을 공무원들에게 하고 있는 정도이지요.

차이나는 자체 제작된 **무인**(로봇)**달탐사체인 '옥토끼'**(玉兎위투)를 '**창어3호**'(嫦娥항아) **위성**에 실어 발사하여 **옥토끼호를 달 표면에 착륙하는 장면**을 생중계(2014.12)하고 글로벌네트워크 위성을 '북두칠성(베이더우)3호'로 명명하며 우주로 올리며(2020.6.23) 14억 지나인을 환호시킵니다.

그래요. 우리 천손에게서 뺏은 신화(문화)에 디자인을 입혀 제 문화로 굳히고 뿌리 깊은 역사와 문화의 굴기를 과시하면서 차이나의 구심력을 이끌어 냈지요.  아! 항아는 동이의 천신인, 천하의 명궁 예(羿)의 아내로 달로 가 두꺼비로 변했다는 전설의 '달의 여신'이었고 '토끼'는 동방의 나라의 상징적인 동물이었으며 '옥'(玉)과 '북두칠성' 한국의 고유문화였을 뿐인데!

차이나는 국가프로젝트나 우주선 이름을 짓는데도 역사를 들추고 문화를 찾는데 그러다 부족하면 빼앗아서라도 국가자부심으로 삼는데…, '항아 신화'는 분명 우리 동이의 신화로 주인인 우리가 사용해야 함에도 동이의 본가인 우리가 버렸기에 거저 주워갔습니다. 그러나 우리 위정자님과 강단사학자님들, 선생님들, 어르신께선 빼앗긴 사실조차, 항아가 누구인지, 동이가 누구인지 멍-하고 계시지요.

이미 해겨레를 상징하는 태양새 '삼족오'가 2002년 재팬 축구협회의 앰블럼으로 사용되면서 인류의 태양(문명의 근본)신화를 눈뜨고 빼앗겼는데도…, 아무 아픔이 없었기에 반복되는 역사입니다!

차이나의 무인 달 탐사차 '옥토끼호 출처: 중앙일보, 창어3호 출처: VOA 뉴스, 재팬 효명이 즉위식 때 입은 곤룡의의 삼족오(왼쪽 어깨), 붉은 해 욱일승천기 출처: COREA 정민수, 제팬축구협회 삼족오 휘장 출처: 프리미엄조선

우리의 벽화와 암각화는 우리 겨레의 상상력의 근원이었지요. 〈한국학연구소〉 소장인 박현님은 지금 순수함도 꿈도 환타지도 **잃고** 그저 **머저리**가 되어 **엉터리**로 살아가는 얼간이 한국인에게 도저히 모를 말들을 합니다.

 –사람 안의 신은 **반**, 사람을 보살펴 주는 신은 **버**, 그래서 **벗**(友)이란 말도 있고 또한 **엉터리**는 만주어의 **언더리, 언두리**로 '환타지의 신'(현실을 뛰어넘어 아름다운 것을 꿈꾸는 신)이며, **머저리**는 머더리, 즉 **멋**과 **더리**(형체를 가진 신)가 합쳐진 말로서 '순수의 신'(순수한 것이야말로 마음을 움직이는 가장 크고 멋진 신)이었고 그래서 옛날에는 멋진 사람을 '**머더시, 머더쇠**'라고 했다.–


 그래요. 우린 역사와 신화를 버렸기에 **인류최고의 자부심은커녕** 충고해 줄 **벗**마저 곁에 없고 더 이상 **언더리**와 **머더리**가 주는 아름다운 꿈과 순수함을 상실한 채, 세상을 온통 엉터리로, 머저리로 말하면서 아무 생각 없이 살아갑니다. **좋은 것만 본다고 좋은 사람이 되는 것이 아니며 아무 생각 없이 사는 것이 순수한 것이 아닌데?**

 이제 이 땅의 벽화와 암각화에서 21C 문화강국의 부활을 꿈꿉니다. 그래서 '**수백 기의 핵폭탄**을 보유하고 있는 것보다 **벽화**(뿌리문화)를 보유한 민족이 훨씬 위대하고 강하다'는 말을 곱씹어 봅니다!


"말과 말은 물, 무게, 마루와 통하고 입은 예쁘다는 감각으로부터 맛과 멋과 통한다.

김치는 어디서 왔을까? 약간 썩혀먹는 발상은 어디서 왔을까?

한국인은 왜 질긴가?" - 반신마비 속의 백남준 어록

"한 줄기 압록강을 넘어서면 벌써 우리 땅은 아니다!

우리 조상이 살던 옛 강토가 남의 손에 들어간 지 얼마요.

이제 그 해독이 날로 심하니

옛날이 그립고 오늘이 슬퍼 안타까움을 금할 길이 없다.

만일 하늘이 내게 장수를 누리게 한다면, 이 역사를 완성하게 되겠지만,

그러나 이 또한 국사를 완성하는 선구적 역할을 하는데 지나지 않을 것이다.

슬프다! 후세에 만일 이 책을 잡고 우는 사람이 있다면,

내 넋이라도 한없이 기뻐하리라."

- 숙종 원년(을묘 1674) 삼월 상순,

북애노인(北崖老人)의 규원사화 서문

한국의 자본주의
더 아리랑

# 17부

# 천손이 잊은 조상(신)의
# 불가사이 문화

불가사이1 신의 한계, 다뉴세문경　187

불가사이3 신의 음성, 신의 과학, 성덕대왕신종　191

불가사이4 신의 나노금속과학 감은사금동사리함　201

불가사이6 신의 문화 자부심, 활자　206

불가사이7 신의 말씀 천부경(天符經)　214

명품의 원조-신과 주인의 DNA　237

# 17부: 천손이 잊은 조상(신)의 불가사이 문화

혹, 유럽이나 외국을 여행하면서 '우리의 문화라는 게 **참 보잘 것 없구나!**' 라고 생각한 적은 없는가? 사람마다 다른 '세계 7대 불가사의'(不可思議: 헤아릴 수 없이 이상함)는 많은 이로 하여금 **경외심**을 갖게 한다. 이집트의 기자 피라미드, 올림피아의 제우스상, 바빌론의 공중정원, 만리장성 등등 다 대단하기는 하다! 그러나 어쩌면 **인간의 노력과 시간으로 다 가능**한 것이 아닐까?

　　　　그런데 우리에겐 '불가사이'란 말이 더 익숙하다.

**불가사이**(不可思異: 헤아릴 수 없이 경이로움)란 **10**을 **64제곱**한 수로서 바닷가의 모래알 수보다 많다는 수이다. **인간의 머리로 상상이 안 되는 영역을 생각했던 조상님**들이었다. 이렇게 한국의 문화는 보통사람의 수준으로, 시간을 많이 갖는다 해서 이루어지는 것이 아니기에 불가사이 문화라고 하여 전해왔다.

그러하기에 조선왕조의 수학책인 **\*산학계몽**은 아주 작은 수에서 아주 큰 수까지를 기록하여 전한다. '불가사이'(10의 64제곱)와 '극'(極 10의 48제곱), 같은 **큰 단위는 물론** '순식'(瞬息. 10의 -16제곱)간, '찰나'(刹那 10의 -18제곱) '천재일우'(10의 -47제곱)와 같이 **아주 작은 단위까지를 일상으로 말해온 사람들**이었기 때문이다. 이렇게 우리 겨레는 **물건**은 물론 **말**에서 **글자, 사고와 감정** 등에까지 **가늠할 수 없는 영역을**

**표현**하고 만들며 살아왔었다. 아, 도깨비 한국인들!

우리가 잊고 있는 천손의 DNA와 상상력과 잠재력은 무엇일까?

바빌로의 공중 정원, 지진으로 사라진 제우스상의 상상도 출처: 위키백과, 인도
타지마할 출처: 노원장, 로마 콜로세움 출처: 조선닷컴

**불가사이1. 신의 한계, 다뉴세문경**(여러꼭지잔줄무늬거울)

1960년대 어느 날, **세계가 깜짝 놀랄 발견**이 이루어집니다.

논산 육군훈련소, 참호를 파던 군인들에 의해 불가사이 역사가 **드디어 세상에 드러난** 것이지요. BCE 5세기(고대조선말기) 경 제작된 '여러꼭지(다뉴)잔줄(세)무늬거울(본 상)'(국보제41호)! 이후 **한머리땅에서만 30여 점**이 발견됩니다. 거울에 **빛을 담아 신과 소통**하고 싶었던 이 땅의 선조들이었지요!

'**다뉴**'란 끈으로 묶을 수 있는 **고리가 여러 개**라는 뜻입니다.

21.2cm의 원형청동거울, 그 원 안에 폭 0.3mm의 선이 무려 1만3천 개 그리고 100개가 넘는 크고 작은 동심원과 큰 원(우주, 하늘, 태양)에 내접하는 **정사각형**(땅)과 **삼각형**(재생, 사람)이 어울린 **기하학적 도형과 수학적 개념으로 절묘하게 디자인**되어 있는 고대의 신비를 간직한 유물!

1mm 안에 머리카락 굵기의 선 3개를 새겨 넣었고 **선과 선 사이의 간격은 0.3㎜**에 불과합니다. 현대의 컴퓨터기술이나 극세가공기술로도 **재현이 불가능**하다는 청동주조의 극치와 고도의 주물기술까지 청동기 시대 인류 최고의 걸작으로 **세계의 찬탄**을 자아내고 있는 예술품이지요. 그래서 **재현에 실패한 장인**과 **과학자**의 입에서 나온 말입니다. "사람이 만든 것이 아니다!"

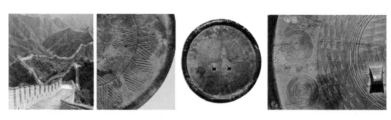

북방에 대한 두려움으로 쌓은 만리장성 출처: j블로그, 북방의 조악한 다뉴조문경,
다뉴세문경 국보제 141호 출처: 한국학중앙연구원

신비의 거울, 다뉴세문경은 **우리나라 문화권**(주로 남한)에서만 발견되고 있는 거울로서 한머리땅이 품고 있는 세계적인 수수께끼랍니다. 마치 '**우리처럼 쇠를 다룰 수 있으면, 나와 보라, 우린 이–런 나라다!**'라고 외치는 것 같지요. **2500년 전 이 땅**은 마치 지금의 **나노기술**(아주 미세한 물리학적 계량 단위: 1/10억) 같은 초정밀기술이 잔치를 벌인 나라였지요.

그런데 만주땅(요동 대련)의 고대조선무덤(강상무덤)에선 **0.25mm의 가는 구리실을 뽑아내** 천을 짜듯 엮었던 청동제 그물장식품인 구리베개가 발견됩니다.(*한국선사고고학개론: 최무장, 2004백산자료원) 2800년 전, 구리를 늘려 명주실보다 더 가늘게 뽑아내는 금속세공기술 또한 당대 세계최고였음을 일깨우는 발견이었지요. 이때 지나땅은 **춘추전 국시대 초**였고 로마는 **막 태어나려는 때**였으니, 이런 저들에게 첨단 과학이 있었겠어요?

〈한국의 정신과 문화 알리기회〉에서는 이렇게 말합니다. **"확대경이나 초정밀 제도기구가 없던 시대**, 이처럼 뛰어난 청동 주조 물은 **세계 어디서도 찾아볼 수 없다. 고대부터 이 땅**에 세계 절정의 초정밀 금속주조기술이 존재했음을 보여 주는 문화재다."

반면, 다뉴세문경보다 기하학적 구성이 **조밀하지 못하고** 줄무늬 가 **거칠고 조잡한 '다뉴조**(粗: 거친)**문경'**이 북방(요령성 조양)**과 대륙에 서 발견**되는 것을 두고 채희석 박사는 **"이는** 한반도로부터 건너간 **문 명이 퇴보**하는 역사를 분명히 밝히고 있는 것으로 **우리의 청동기문화** (BCE38C)가 BCE12C를 상한선으로 잡고 있는 시베리아(카라수크) 문화 의 **영향을 받은 것이 아니라**, 오히려 역으로 **이 땅의 문화가 북으로 전달**되었다는 것으로 이는 한반도가 당시에 세계 최고의 문명국이었 음을 증명한다." 라고 하여 처음 재팬학자들의 '다뉴세문경은 **차이나 에서** 제작한 것이고 다뉴조문경은 **한국에서** 차이나의 다뉴세문경을 **서투르게 모방하여 만든 것'**이라는 말이 얼마나 왜곡된 생각이었나를 드러냅니다. **최소한 고조선이라도 알아야** 하는 이유이지요.

이러한 유물들은 우리나라가 **온갖 고도의 첨단기술**이 갖춰진 세계 최고의 문명터였다는 것을 뜻합니다! 쉽게 말하면, '우린 **다뉴세문경 만**으로도 **당시 세계제일의 공업국**(산업국)이었다'는 것이지요.

오늘날 많은 악조건 하에서도 삼성반도체, 하이닉스 등이 **세계최고의 초정밀 과학기술을 이끌고 있는** 것이 우연이겠습니까?

그런데요, 우리나라 최고의 대학이라는 서울대의 **교수며 박사라는 분**(김○○)은 〈국회청문회장〉(1981)에서 고(대)**조선**에 대해…?

**"돌도끼**(√)**를 들고 다니는 시절에 무슨 국가**(√)**가 있느냐? 청동기 상한연대는 기원전**(√) **7~8세기**(√)**다.**" 라고 대답할 정도니 참~! 그래서 누군가 말하더군요. '지금 우리의 **국사학**○는 **폐쇄된 벽장 안에서** 썩어 문드러져 악취가 나는 시체와 같다!'

### 불가사의2, 신의 세계, 용봉금동대향로

지난 〈G20 서울정상회의〉 당시, G20 정상과 귀빈들의 탄성을 자아내게 했던 백제의 '용봉금동대향로'(국보287호)는 찬란했던 선조의 첨단제철기술을 보이는 증거입니다. 높이 64cm, 무게 11.8kg의 대형향로!

1몸체의 아랫부분은 **연꽃잎 속에 수생생물이 있고** 2밑받침은 **용**(龍)이 입으로 향로를 떠받치게 하여 **우리가 물을 근원으로 했던 역동적인 겨레**임을 밝히고 3뚜껑은 봉래산(鳳來山)에 신선들의 세상과 만물상을 새겨 **한국인의 이상향**을 표현했고 4향로의 정상에는 용으로부터 받은 여의주를 턱 밑에 끼고 천지를 응시하며 비상을 준비하는 **봉황을 얹혀 세상의 광명을 꿈꿉니다.** 한국인의 **태극과 음양오행 사상의 고매한 정신세계를 화려한 디자인**으로 표현한, 지구상 어떤 향로보다 **아름다운 걸작**이었지요. 대백제의 문화적 자부심(curture pride)이었지요! 지나에는 백제와 같은 **대형 향로가 없고** 자그마한

향로(박산로)에 용은 있으나 **봉황은 없습니다.**

〈한국의 정신과 문화 알리기회〉에서는 이렇게 소개합니다.
"백제금동대향로는 백제만의 획기적이고 독특한 도금법인 '**금·구리 아말감 도금법**'을 사용하여 우리 겨레의 창의성과 독창성을 드러내고 있을 뿐 아니라 **정교한 모습을 통째로 주조했던 놀라운 선조의 기술 수준**을 보여 주고 있다." 그래서 향을 피우기 위해 쓰였던 향로이기에 향을 피워 박물관에 전시하려 했으나, '특정**종교(?)**의 의식을 재연한다'는 항의가 들어와 중단됐다고 합니다. 그렇다고 **중단하는 나라나**…! 그래서 한국의 문화수준이 500$이라고 했던 것이지요.

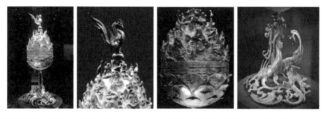

백제의 용봉금동대향로 복원품(높이 61.8cm) 출처: 국립부여박물관. 위·몸체·아래 출처: 일승의 공간. 하북성 중산정왕 박산로 출처: 신광섭 국립민속박물관장

**불가사이3.** *신의 음성, 신의 과학, 성덕대왕신종*
온-갖 **첨단의 제철기술**과 **과학**과 **예술과 혼**(魂), 그리고 **문화적 역량**이 총동원되었던 인류의 문화유산이 있습니다. **제철과학의 꽃이라는 '종'**(鐘)이지요. 그래서 인류최고의 종(鐘)의 제작은 가장 문명이 뛰어난 곳임을 증명하고 깊은 문화의 뿌리를 이은 사람들이었음을 증명합니다.

우리에겐 인류과학의 최고의 걸작이 있습니다.

34년을 공들여 771년 완성된 신라 **성덕대왕의 신종**(神鐘)−높이 3.75m, 두께 2.4cm, 25ton, 원래 경주 봉덕사에 있던 종으로, '에밀레종'으로 잘못 알려진 안타까운 종이지요. **제철기술의 불가사이**라는 '성덕대왕신종'(국보29호)은 우리의 금속기술 수준을 타민족과 **비교하는 것이 얼마나 부질없는 일인가**를 알게 합니다.

러시아 **상트 페테르부르크의 크레믈린궁** 안에는 성덕대왕종보다 약 천 년 후인 1732년 제작된 높이 6.14m의 큰 종(황제의 종)이 보관되어 있습니다. **200톤이 넘는 세계에서 제일 큰 종**이라지만, 제작과정에서 물이 들어가 **한 번 쳐보지도 못한 채 그냥 깨져**, 지금 깨진 채로 전시만 해 놓고 있으며 또한 "모든 땅 위의 사람들에게 자유(?)를 공표하라!" 라는 높은 뜻으로 제작된(1752년 높이 0.9m) 미국 필라델피아의 **'자유의 종'** 역시 **깨친 채로 전시**되어 있습니다.


종의 제작은 첨단 제철기술과 첨단과학의 만남이었지요.
1엄청난 **크기의 도가니**는 물론, **주형의 설계** 그것도 고도의 정밀성이 요구되는 2**'밀랍주조법'**으로, 여기에 3**쇳물의 온도 조절**과 4**냉각** 등의 어려운 조건들을 충족시켜야 하는 것이었으니까요. 무엇보다 공정자체가 복잡하고 까다롭다는 '밀랍주조법'을 이미 수천 년 전에 개발했던 신비로운 사람들이었습니다.

그리고 마지막 5**많은 양의 주물을 한꺼번에 넣어** 그것도 **얇은 주물에 기포**(氣泡)가 생기지 않게(기포가 많으면 종이 깨짐) 부어 식힌 고도의 노하우가 필요한 불가사이한 기술이었다고 합니다.

이것은 '우리가 왜, 인류의 문명을 시작했고 왜, 철(銕)의 민족이라했던가'를 알게 하는 이유들이지요. 그래서 신라의 **황룡사**에 성덕대왕신종의 **4배가 넘는 크기의 황룡사대종**(754년 완성 출처: 삼국유사)이 금동불상(5m)과 함께 있었다는 사실이 우리를 안타깝게 합니다.

경주박물관 성덕대왕신종 밑 명동(鳴洞) 출처: 류시영, 크레믈린궁의 짜르황제의 종 출처: 블로그 황소네 집, 필라델피아의 자유의 종 출처: 위키백과, 황룡사 예상 출처: 김영택, 나무위키

또한 **성덕대왕신종**을 비롯해 **한국의 종**에만 있는 것은 뭘까요? 정양모 교수(전 중앙박물관 관장)는 무엇보다 **25ton의 무게를 지탱하며 종을 거는 직경 8cm의** '용뉴(龍鈕龍頭고리)'라고 하는 고리는 물론이거니와 용뉴에 거는 '쇠걸쇠' 또한 **현대의 과학으로도 재현할 수 없는** 불가사이 과학의 압권이었다고 말합니다.

여러 가지로 합금해서 만든 철판을 수없이 때리면서 말아 만들었던 쇠걸쇠 고리였다는데 한때 **포항제철의 명장들이 총동원**되어 만들었으나, 종걸쇠가 점점 일그러져 밑으로 처지는 바람에 그만 포기했다고 하니 성덕대왕신종보다 **4배가 넘는 황룡사대종의 쇠걸쇠와 용뉴의 과학**은 어떠했을까? 그런데 옛 신라인들은 이러한 **고난도의 기술들에 바람까지 실은 디자인**을 입혀 뚝딱뚝딱 만들어 냈습니다.

1960년 대, 한국에 **제철기술을 지도하러 왔던 이탈리아의 과학자**가 성덕대왕신종을 보고 한국인을 힐책했던 유명한 일화입니다. **"1200년 전,** 성덕대왕신종과 같은 훌륭한 종을 만들 정도로 철을 다루는 기술이 뛰어난 민족이 어찌 **나 같은 하찮은 학자에게 자문을 구하는가?"** 정작 우리만 우리를 모르고 있었지요.

최준식 교수(이화여대)는 저서 *한국인에게 문화는 있는가에서 그 답을 **용뉴와 함께** 종의 꼭대기 부분에 있는 원통형의 '음통'과 여운을 돕기 위해 종 밑에 움푹 팬 **울림통인 '명동'**에서 찾아줍니다. 종의 내부를 파이프처럼 관통하고 있는 **음통**(관)은 위로 **고주파의 잡음을 제거하는 음향필터** 역할과 **소리를 사방으로 퍼져 나가게** 하는 역할을 하는 **독보적인 기술로서 이만큼** 쇠문화에 달통하고 있었다는 사실을 말하는 것이라 합니다.

〈한국과학기술원〉의 김양한 교수는 **명동**을 연구하면서 '**이 정도의 신라 장인들이라면**, 종소리가 더 멀리 오래 지속되면서 긴 여운을 남기기 위해선 **성덕대왕신종의 명동**이 지금의 30㎝ 정도의 깊이가 아닌 **최소 1m 깊이는 됐었을 것**'이라고 조언합니다. 맞아요. 지금의 어떤 후손도 듣지 못한 소리일 것입니다!

포철의 명장들이 만들었던 쇠걸쇠 출처: 동아사이언스, 음통 옆 나사로 고정시켜 있었던 쇠걸쇠 출처: 경주박물관, 받혀있는 성덕대왕신종 출처: 천지일보, 맥놀이 현상 출처: LG사이언스랜드

한국의 종은 **맑은 소리로 가장 오래 퍼지고 적은 에너지로 가장 멀리 가게 하는** 특징이 있다고 합니다. 특별히 성덕대왕신종은 종의 양쪽 두께를 다르게 하여 비대칭을 이루고 종 내부는 쇠찌꺼기 같은 것을 덕지덕지 붙여 종의 **비대칭성의 한계를 확대함으로써 '맥놀이현상의 극대화'**까지 생각했던 과학적 슬기로, 서로 다른 진동으로 만들어진 **두 음파**(64.06Hz*64.38Hz 와 168.31Hz*168.44Hz)**가** 가까운 음파끼리 어울리며 1초당 6회 정도 서로 간섭을 일으켜 **진폭이 커졌다 작아졌다** 하면서 소리를 오래 퍼지게 했다는 것이지요.

특히 인간을 가장 평안하게 한다는 64Hz 저음대의 여운은 **무려 3분이 넘게** 이어지면서 **60km 밖까지 들린다**고 하니 세계역사에 길이 남을 불가사이한 '아리랑문화'입니다.

세계의 과학자들이 한 말입니다. **"장중하면** 맑기 어렵고, **맑으면** 장중하기 힘든 법이건만, 성덕대왕신종은 이 모두를 갖추었다. 또한 **엄청나게 큰 소리이면서 이슬처럼 영롱하고 맑다."** 그래서 누군가 이렇게 표현합니다. "태산이 무너지는 듯 **장중**하면서 **거룩**하고 **평화**로운 소리가 **옥처럼 맑게** 퍼지다."

일본 NHK 방송국에서 세계적인 명종들의 **종소리 경연대회**를 연일이 있었지요. **성덕대왕신종의 종소리가 당연히 1등**이었답니다. 160헤르츠 정도인 종의 주파수를 넘어 **무려 477헤르츠를 넘나들며** 내는 **크고 장중한 음량**은 물론 **맑은 음색과 주조 방법**에서 **규모**와 아름다운 문양과 디자인, 그리고 **맥놀이 현상과 음통과 울림통의 여운**, 그리고 마지막 **용뉴**까지, 1200여 년이 지난 **오늘날의 현대 물리학으**

로도 만들기 어려운 **과학**으로 어느 민족도 해내지 못한 세상에서 가장 아름다운 소리를 우리의 선조께서 만들어 내셨지 말입니다.

그래서 지구상에서 **불과 쇠를 가장 잘 다룬 사람들의 발명품**이었던 '한국종'은 인류의 보편적인 문화에 맥을 같이 하면서 **종의 모든 것을 갖추고 있지만**, 다른 민족의 종과는 그 기원과 형태와 기법과 기술이 확연히 다른 **독창적인 종**이 되었던 것이지요. 이것이 콧대 높은 서양학계에서 성덕대왕신종을 포함해 한국에서 생산된 종을 '한국의 종'이라는 고유의 학명(學名, scientific name)으로 부르며 기리는 까닭입니다. 이러한 사실은 **당시 이 땅 사람들의 과학과 쇠를 다루는 기술**, 여기에 예술 감각에서도 당대 최고였음을 알게 하는 것이기에 어느 독일의 과학자는 "우리 독일에 **이런 유물이 있으면, 박물관 하나를 따로 세우겠다!**" 라며 한국의 문화를 부러워했다고 합니다.

### 종(鐘)의 기원

이러-함에도 **종을 발명한 민족**은 아직 <u>모른다</u>고 합니다.
**고대인도**에는 종을 닮은 '스투파'라는 **탑**(tower)이 있었을 뿐, 종은 없었다고 하고 **중동**과 **이슬람문화**에서는 첨탑에 올라 예배시간을 **육성으로 소리** 내었던 전통으로 종의 흔적을 찾기 어렵다고 하며, **이집트와 그리스·로마 시대에도 없었다**고 하고 지나가 또 종의 종주국(?)이라고 주장하나 **3000여 년 전**, 주(周) 때부터 사용했을 뿐이라 하고 뿌리문화인 고인돌도 솟대도 없습니다.

훗날 6C 말쯤 켈트족에 의해 유럽에 추 달린 종이 전파되었을 뿐이라는데, 수메르 문명터인 바빌론에서 BCE10C 전 추가 달린 종이 발굴된 적이 있어 최초(?)라고 주장하고 있지요.

그러나 '추(錘) 달린 종'으로 말한다면, **평양시 오덕형 대형 고인돌 무덤에서 발견된, 무려 BCE30C 전의 청동방울에서 기원**을 찾아야 할 것입니다. 예나 지금이나 방목하는 가축의 목에 작은 종을 달았으니까, 아마 가축을 처음 시작하고 쇠 또한 처음 발명했던 우리 땅에서 유래되었을 것이고 수메르인이나 켈트족이 다 우리의 피를 받거나 우리의 문화를 입은 이들이었을 것이니 이치에 맞지요.

많은 인류학자들은 종이 '제사를 올리거나 혹은 영혼을 불러오는 **종교의식에서 유래**되었을 것'이라고 합니다. **만물의 혼령을 불러내거나 위로하는 듯한 신비한 울림소리로 제사장**(巫무)**의 제구로 쓰였을** 것이라는 거죠.

그래요. 지구상에서 **고인돌 등 제단을 쌓고** 처음 제사를 올리고 종교의 모체인 애니미즘과 토테미즘과 샤머니즘이 차례로 **기원한 나라**였던 이 땅의 사람들에게 **깊은 바닷속에서 울리는 고래 떼들의 소리**는 신비로운 용궁을 꿈꾸게 했고 무지개를 뿜어 올리고 노래하며 하늘로 치솟는 **고래는 영계**(靈界)**의 영감**을 주었을 것입니다.

도대체 '한국 고유의 종(鐘銅) 또한 어디서 유래'되었을까? 한국인의 애국가(愛國歌)처럼, 태극기(太極旗)처럼, 한국인의 언어(言語)와 문자(한글)처럼, **우리의 종**(鐘) **또한 고유한 까닭**은 무엇이었을까?

이제 세계 고고학계가 풀지 못한 이 땅의 **수수께끼들의 퍼즐**을 조심스레 맞추어 보겠습니다.

무엇보다 인류최초로 토기를 만들어 **영혼의 울림을 들었던 이 땅 의 도깨비들!** 그래서 [항, 앙, 옹]이라는 울림에서 '**항아리**'(독)라 했고 '**옹기**'(甕器 Onggi)라 했을 사람들, '**아리**'는 입(口), 알(卵), 씨, 둥글다, 깨닫다란 뜻이었지요. 그래서 크고 작은 두 개의 항아리(옹기)를 맞붙 여서 만든 '**옹관묘**'(甕棺墓)는 청동기 시대에 이르러 해님(ㅇ)의 알의 땅 알(ㅇ)의 천손(마한인)을 알을 닮은 둥근 항아리에 넣어 **아리**(입)**를 통한 울림**으로 영혼을 **하늘**(해)**나라**(영계)에 **알리고** 싶었을 것입니다.

그래서 **인류의 시원문명을 열었던 장엄함과 시원겨레 천손마고 알 사람들의 영혼의 울림**을 강한 쇠(金)의 아리에 담아 울려퍼지게 하고 싶어 이 땅의 종은 추 달린 종이 아닌, 유독 알을 닮은 '**항아리모양**'을 하고 있는 것은 아닐까?  마고의 땅 영산강 유역과 전남지역에서는 **크기 2m, 100kg이 넘는 대형옹관들이 480여 개나 출토**됩니다.

인도의 제1스투파 출처: 네이버, 자바섬의 스투파 출처: 두산백과, 청동방울 출처: 하늘대장군,
장독대에 항아리, 정화수 출처: 하늘꽃별나무바람, 영상강 옹관(동아대)

그래서 간과해선 안 되는 것이 바로 몸체를 치는 '**당목**'이지요.

문화사업단 이장환 부단장은 '종을 치는 당목은 **원래는** 고래모양의 나무이거나 고래뼈였다'고 합니다. 이런 얘기지요. 고래가 **다가오기만 하면, 놀라 큰 소리를 내질렀다는 포뢰**(蒲牢: 용의 셋째 아들)라는 상상의 동물이 있었네요. 그래서 종을 거는 '**고리**'(용뉴) 또한 **용**(포뢰)**으로 만들어 종 위, 소리가 나오는 음통 옆에 앉혀놓고 고래모양의 고래뼈당목으로 쳐 소리를 내게 했다는 것입니다.

종(鐘)이란 본디 '**마을**(里–마고의 땅)**에 세웠던**(立) **쇠**(金 소리나는 신)'…! 아, 종을 울려 **세상을 깨우치려 했던 주체**가 바로 신석기문명을 시작했던 마고땅의 고래 · 해양겨레였음을 알게 합니다. 유목을 시작하기 전, **만 년 이상 세상을 다스리고**(다 살리고) **이**(夷)**끌어** 왔던 천손의 이상과 꿈이 어디에서 시작되었는가를 알리려 했던 것이지요.

그래서 **장중한 신종의 몸체에는 미역을 휘감은 아름다운 비천상을** 새겨 우리가 까맣게 잊은 '바다의 꿈'을 일깨우고 1037자의 글을 새겨 몽매한 후손을 **그때의 이상세계로 이끕니다.** "무릇 지극한 도(진리)는 **눈으로 보면서도** 그 근원을 알지 못하고 그 소리가 천지간에 진동하여도 그 울림(메아리의 근본)**을 알지 못하는도다**…!"

수덕사 범종의 당목 출처: 문화사업단, 포뢰 모양의 용뉴(용허리)와 음통 출처: 최응천 미술사학과 교수, '어밀네종'이 되는 매일신보(1925.08.05) 제공: 문년순 위원

세상에 없는 **과학과 영혼으로 천지를 진동시켰어도** 그 아름다움을 단지 외국인의 입을 통해서 들을 뿐, 세상을 울리는 본분을 잊은 종은 더 이상 울리지 않습니다. 지금은 **녹음으로만 종소리**를 들려 줄 뿐, 국보(29호)니까 훼손될까봐—! 메아리의 근본을 알지 못했던 **조선왕조는 소나무당목**으로 바꾸어 제 소리를 내지 못했는데, 지금의 후손은 아예 **콘크리트** 건물에 아름다운 음통과 용뉴를 흉측한 강철로 고정시켜 매어두고 밑에 나무를 괴어 놓고 **그냥 전시만…**.

신(神)의 종이라는 신라의 범종 7구 중 **4구는 재팬이 가져가 재팬의 종이 되어** 외국인의 찬사를 받고 있네요!

한때 **길가에 내버려져 있어** 아이들이나 소와 말 등 가축들의 노리개로 쓰였던 조선왕조나 조상의 근본을 알기에 너무도 시간이 부족하고 돈(책값?)이 아까운 **지금의 후손**에게 매월당 김시습은 쓸쓸히 읊습니다. "봉덕사는 자갈밭에 **매몰되었고**/ 종은 풀 속에 버려져 있으니/ 아이들이 **돌로 차고**/ 소는 **뿔을 가는구나.**"

1975년 이동모습 출처: 위키백과, 성덕대왕신종 비천상문양 출처: 글돈선생,
명문 1037 자와 괴여 있는 종 출처: 솔바람소리

〈문화재청〉의 문년순 문화재 감정위원은 **문화의 힘**을 빌어 위대한

한국의 역사를 왜곡한 대표적 사례가 성덕대왕신종이었다고 합니다. '일제 때 친일신문인 **매일신보**(1925.08.05)에 **렴근수**란 무명인으로 하여금 성덕대왕신종을 '**어밀네 종**'이란 이름으로 **창작**(거짓으로 지어낸)**동화를 발표하게** 하고 이어 친일극작가 **함세득의 희곡인 '어밀레 종**'이 현대극장에서 공연한 후부터 우리에게는 **기록에도 없었던 에밀레종**이 생겨났다'며 안타까워합니다.

돌아가신 아버지왕에 대한 추모의 마음과 '중생들의 **이고득락**(離苦得樂: 괴로움에서 벗어나 즐거움을 마음껏 즐기라)**을 원하는 마음**'이라 새겨 넣었던 신종이기에 분명 창작동화처럼 **어린 아기를 빼앗아 끓는 쇳물에 던지는 패악과 슬픔으로 만들어진 종은 절――대** 아니었지요.(실험 결과 사람의 인은 불검출) 이렇게 **눈물과 한숨이 서린 에밀레종**으로 **둔갑되고 나약하고 슬픈 역사로 변질**되어 한겨레의 위대하고 장쾌하고 숭고한 역사는 이렇게 잊혀져 건 것입니다.


**불가사이4. 신의 나노금속과학, 감은사금동사리함**

1996년, 경주의 **감은사지 동탑**(東塔: 신문왕2년, CE682 국보 112호)의 보수를 위해 탑신을 들어냈을 때, 세계에서 가장 정교한 금속공예품이 1300년의 **세월을 넘어 세상을 경악케** 합니다.

신라의 '감은사금동사리함'(보물 1359), 화려하고 섬세하게 꾸민 사리내함의 높이는 18.8cm. 지붕에는 바람 불면 흔들리며 소리를 내는 **풍탁**(風鐸: 일종의 풍경)이 달려 있지요. **0.1mm의 얇은 금판**을 말아서 만든 **풍탁의 무게는 0.04g**, 풍탁의 **사슬 굵기는 0.25mm**(머리카락 굵기)로 사람이 느낄 수조차 없는 무게이구요, **풍탁의 표면엔 지름 0.3mm 정도의 금알갱이가 3개씩** 붙어 있습니다.

뿐만 아니라, 내함 안의 사리를 담은 **수정사리병**(높이3.65cm) **안의 뚜껑과 사리병 받침**에도 0.3mm의 작은 금알갱이가 수없이 부착되어 있는데, 땜질의 흔적조차 없는 신비로운 도금이었지요. 이런 크기는 **'지구중력의 영향까지 고려**한 결과'였다고 합니다. 첨단기술 운운하는 오늘날에도 재현하는 것조차 **어렵다** 하니…!

감은사금동사리함(내함, 외함), 풍탁, 사리병뚜껑(1.2cm)의 구슬(200배 확대) 출처: 토함산솔이파리

한때 **자동차 엔진기술**을 요청할 때, 재팬의 기술자가 한국에 했던 말은 '**우리가 우리에 대해 무엇을 알고 있는지**'를 반성하게 합니다. "**1000년 전에도 이렇게 높은 과학을 가지고 있었던 한국이 오히려 자동차 엔진 하나를 만들지 못하는가?**"

서울대 주최 〈원자력안전회의〉 관련행사(2011.4.11) 당시 **감은사지 금동사리함 영상을 본 350명의 외국 과학자들**은 신라의 초정밀 나노(극소)금속공예기술의 신비와 **한국의 높은 과학기술**에 온통~ 감탄과 놀라움뿐이었습니다.

"1300년 전에 1052°(땜쇠가 녹는 온도)와 1064°(금이 녹는 온도) 사이의 12° 사이의 온도를 조절해야 하는, 그것도 1000°가 넘는 고열에서 12°의 미세한 온도의 차이를 오-또-케 식별하고 조절하였는지도 불가사이다. 정말 1300년 전에 만들어진 것인가? 정말 대단할 뿐이다. 1300년 전이라면, 독일은 아~무것도 없던 시절이다." 라고 ●독일 학자는 입을 다물지 못했습니다.

●영국의 〈극동아시아 미술관〉의 학예연구원 마이클 리(Michel Lee)는 "1300년 전 고대의 나노기술을 보여주는 믿을 수 없는 놀라움이다." 라며 고대한국의 신비한 과학에 믿을 수 없다는 표정이었고, ●영국의 또 다른 과학자는 "1300년 전의 유럽은 거의 원시적이었다. 셀트(켈트: 아시아에서 이주한 유럽종족)족이 금속공예품을 만들기는 했지만, 아주 초보적인 수준이었는데, 한국은 1300년 전에 극도로 섬세한 사리함과 같은 공예품을 만들어냈다는 것이 믿어지지 않는다. 그런 기술(filigree)을 가졌다니, 혹시 '우주에서 온 외계인들' 아닌가? 당시에는 현대 같은 전열기구도, 또 온도계도 없던 시절인데 너무나 대단할 뿐이다." 라고 하며 유럽과학의 상대적 낙후성과 문화적 충격에 입을 다물지 못했지요.


그래도 '금세공은 중동과 중앙아시아가 원조며 신라 때 들어온 것'이라고 우기니 더 소개합니다. 경주 보문동 부부총에서 출토된 신라의 '금귀고리'(국보90호 길이8.7cm, 무게57~58g)는 화려하고 정교하게 디자인되고 세계최고의 금속기술을 보여준 걸작이었지요. 귀고리에는 0.5mm미만 금알갱이 5천 알이 장식되어 있었습니다!

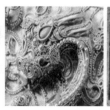

보문동 부부총 금귀고리 출처: 위키백과, 순금허리띠 장식(용 7마리)과 확대 모습 출처: 국립
중앙박물관, 고려불화 비로자나불도(162㎝×88.2㎝ 재팬 不動院소장), 물방울보살 수월
관음도(142㎝×61.5㎝ 재팬 센소시 소장) 출처: 국립중앙박물관 '700년 만의 해후'

무엇보다 경주가 아닌 곳 평양 석암리에서 출토된(1916) 1C경 제
작된 '순금허리띠(금제 띠고리) 장식'! 길이 9.4cm 안의 놀라운 기술
들…! 정교한 7마리 용에 지름 0.3mm의 금알갱이 수천 개! 아, 신라
의 금동사리함보다 **600년이나 앞선 것**! 학자들은 말합니다.

'지구상 이런 첨단에 이른 민족은 그 어디에도 **없었다!**'

**바다**(또는 구름)를 치솟는 **옥**(玉)이 박힌 용 7 마리는 온 우주를 다스
린다는 **북두칠성**! 그래요. 세상을 이끌었던 **옥을 찬 마고**와 후예인
배달과 고조선의 **곰토템**과 **칠성신앙**…! 비교할 수 없는 시기… 온통
우리 천제국의 정체성으로 이어온 첨단기술이었던 것입니다.

가히 **도깨비 같은 조상**들이었습니다.

'**감은사금동사리함**' 어찌 보면 작은 문화유산이지만, 세계의 많은
과학자들에게는 '세상의 한계를 뛰어넘는 불가사이 문화가 무엇이며,
이 땅 사람들의 문화적 자부심이 어떠했는가'를 알게 했고 저들의 견
고한 고정관념을 무너뜨리면서 이렇게 말합니다. '작지만, 거인처럼
거대한 예술', '너무나도 **높은 정신적 수준**으로 만들어진 유물이다!'

## 불가사이5. 신의 그림, 수월관음도

그래서-, 신라의 뒤를 이은 **고려불화**(탱화) 또한 인류의 값진 유산으로 꼽히지요. 무엇보다 고려불화 중 '만오천불'(162㎝×88.2㎝) 일명 **비로자나불**(우주에 빛을 발하여 어둠을 좇는 佛)은 일만오천 부처를 '초정밀 마이크로(micro) 기법'으로, 우주정신인 '**프랙탈구조**'로서 표현해 냄으로써 인류최고의 과학으로, 또한 신이 내린 그림으로 알려져 있습니다.

그리고 **투명함과 섬세함의 극치**로, 물방울무늬의 광배가 전신을 감싸고 있는 '물방울보살 수월관음도'(재팬 센소지 소장) 또한 한없는 감동을 줍니다. 배영일 학예연구사(국립중앙박물관)는 '수월관음도는 **금니**(金泥: 아교에 갠 금박가루)**를 머리카락 한 올짜리 붓으로 찍어 그렸으**리라 추정될 정도로 **그 섬세함이 극에 달해 육안으로는 확인할 수 없**을 정도'였다고 합니다. 현미경으로 확대해 보니, 더 놀라운 것은 한 올 한 올이 모두 **물분자구조로 알려진** '**육각수**'였다고 하니 생명의 근원을 찾아 그렸던 것이지요. '독창성이란 **자연의 근원으로 돌아가는 것!**'이라는 건축가 안토니 가우디의 말이 떠오릅니다. 우리 아들이 그의 작품을 보고 눈물을 흘렸다는 말을 듣고 얼마나 기뻤었는지…!

세계최고의 명화(?)로 레오나르도 다빈치의 '모나리자'(1505 프랑스 루브르박물관 소장)를 손꼽지만, **200여 년이나 앞선 고려불화를 서양인들이 일찍이 알지 못했기 때문**입니다. 그래서 서울G20 기념 〈고려불화대전〉에서 고려불화를 본 외국인들이 경이로움에 탄성을 올린 것은 **미적인 아름다움** 너머의 **오묘한 정신세계**에 대한 감동이었지요.

160여 점 대부분 **재팬**(130여 점)과 **미국·유럽**(20여 점)이 갖고 있고 **최고걸작으로 꼽히는, 희귀한 보물인 '수월관음도'**(세상에 46점밖에 없다) 또한 **대부분 약탈당하여 우리나라는 겨우 4점만을** 보유하고 있는 실정, 그나마 **지나**(禾)나 **왜의 불화**로 알려져…. 그나저나 **비단에 그린 그림은 수명이 500년**이라는데, 이미 700년이 넘었으니, **이 또한 전설이 될 것** 같습니다. 이러한 때, 〈중앙박물관〉에도 없는 수월관음도 1점을 윤동한 회장(한국콜마홀딩스)이 **고국으로 돌아오게 하여 기증**하네요! 그런데 재팬에선 군이 '**양류**(楊柳)**관음도**'라는 말로 전하는 것은 우리에게 **물**(卄)**의 정체성**과 '**버드나무 어머니**'(마고)를 일깨워 <u>배꼽의 땅을 잊지 말라는 뜻</u>은 아닐까?

### 불가사의6, *신의 문화 자부심, 활자*

뭐니뭐니해도 세계의 과학자들이 서기2000년을 앞두고 '**과거 2000년 동안의 인류최고의 발명품**으로 활자를 **만장일치로 선정**'한 것이며 타임스(미)에서 발행한 *더 라이프 밀레니엄(The Life Millennium)에서 **지난 1000년의 인간의 역사 동안** 〈세계를 변화시킨 가장 큰 사건 100가지〉 중에서 금속활자 인쇄술을 1위로 꼽은 것은 **인류의 자부심을 대신했던 문화**이기 때문일 것입니다.

'문자'와 '인쇄술'의 발명은 기득권 카르텔을 깨면서까지 지식의 대중화를 꿈꾸었던 천손 한국인의 아름다운 소통의 마음과 이상, 슬기로 이루었던 **인류최고의 문화, 한국인의 아름다운 위상**이었으니…

인류가 가장 부러워하는 '문화굴기'(文化崛起)입니다!

**활자를 발명하여 최초로 인쇄를 하고 금속활자마저 발명**하여

'인류의 지식문화를 선도했던 문화강국!'

세계최초의 목판본인 \***무구정광 대다라니경**(불국사 삼층석탑 706~751)과 \***팔만대장경**(고려 23대 황제 고종, 1237~1248)과 그 전 거란 병 침입 때 고려 현종(8대)2년(1011)~선종(13대)4년(1087) 사이에 새겼 다는 \***초조대장경**이 이규보의 \***대장각판군신기고문**에 전해져 (목판) 인쇄술이 갑자기 만들어진 것이 아님을 알 수 있습니다.

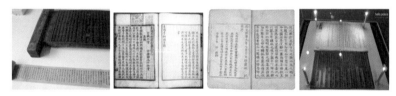

무엇보다 우리나라는 세계최초로 금속활자도 만든 나라이지요. 기록으로는 \***상정고금예문**(高麗 고종21년 인쇄-1234년)이라는 금속활자 본이 있었음을 이규보의 \***동국이상국집 후집**(신서상정례문발미)에서 알 수 있습니다. "주자(鑄字: 금속활자)를 사용하여, **28본을 인쇄**한 후 여러 관아에 나누어 보내 간수했다."(遂用鑄字, 印成二十八本, 分付諸司藏之) 라 는 기록으로만 전해 우리에게 안타까움을 주지만, '기록의 나라'의 기 록에 잘못이 있겠습니까?

그런데 목판본 \***증도가**(\*남명천화상송證道歌) 서문에는 더 안타까운 사실이 전합니다. "**이 책**(금속활자본 증도가)이 제대로 유통되지 않아 **기**

해년(己亥年 1239) 주자(금속활자)본을 중조(重彫)했다."

그리고 천우신조였는지, 증도가를 인쇄한 활자로 인(추)정되는 '증도가자'(證道歌字)가 발견됩니다. 서지학자 남권희 교수(경북대 문헌정보학)는 "〈서울대학교 기초과학공동기기원〉에 의뢰한 탄소연대측정에서는 **衆**(중), **廣**(광)자가 무려 **8~9C**로 판명되고, **佛**(불)자와 **悲**(비)자를 분석한 〈한국지질자원연구원〉은 주조시기를 **9C**로 보고 〈경북대학교 산업협력단〉은 **대상활자 20개 중 셋은 7~8C**로 나머지는 **11~12C**에 주조된 것으로 확인됐다. 이 활자(증도가자)가 고려 초에 제작된 세계 최초의 금속활자이다." 라고 강변하며 우리가 알고 있는 **1234년보다 훨씬 전에 금속활자와 활자 문화**가 있었음을 알게 합니다.


또한 **12C 청동**(구리50.9, 아연0.7, 주석28.5, 납10.2, 철2.2%)**으로 만들어진 고리**(려)**의 금속활자가 개성에서 복(複)과 전(塼)이라는 활자 외에 4점이 추가 발견(6점)되어 〈개성박물관〉에 전해집니다.

그래서 〈직지국제 콘퍼런스〉(2015.10.13)에 참가한 도미니크 바르조 교수(파리 소르본대)는 **"금속활자의 제조와 이를 이용한 인쇄실험이 한국에서 1100년경, 어쩌면 그보다 더 앞선 신라시대부터 시행됐다는** 점이 **더 확실하게** 드러나고 있다." 라고 말합니다.


아, 몽골을 탓하여 무엇하랴만, 저들의 짐승같은 흉포함과 **문화의 어리석음**으로 이르는 곳마다 다 불태워 버렸고 **조선왕조의 혼몽함**으로 다 없애고 빼앗겼으니…! 그렇지만, 박병선님에 의해 독일에서 발견(1967~)된 금속활자본인 ***직지**(Jikji, 직지심체요절 1377)가 알려지며 세계최초의 금속활자의 나라라는 명분만은 유지하게 됩니다.

반면 독일은 **구텐베르크에 의해 1450년**, 지나는 **1490년경**에 시작되었다고는 하나 1434년(세종16년)엔 우린 이미 금속활자 인쇄술이 정점에 이르렀음을 보여주는, 금속활자의 백미라는 '갑인자'(甲寅字)를 **20여만 개나 창조**했을 정도였지요. 세종 때 변계량은 *갑인자발(甲寅字跋)에서 "인쇄되지 않은 **책이 없고** 배우지 않은 **사람이 없다.**"라고 기록하여 조선왕조 초기의 **높고 왕성했던** (출판)문화수준을 알려줍니다.

3D프린팅 복원 전(塼)자, 원본 출처: 전북테크노파크. 복(複)자, 한글금속활자 출처: 국립중앙박물관, 해인사 장경각의 8만대장경판 출처: 한국학중앙연구원

여기에 1461년(세조 7년)에 간행된 '능엄경언해'와 1481년 '두시언해'(최초의 번역한 두보 시집)를 찍을 때 사용했던 **국내에서 가장 오래된** '한글 금속활자'도 있었습니다.(2007.1.4 국립중앙박물관 발표)

지구상엔 '**문화민족**'(?)이라고 큰 소리를 치는 몇 국가가 있지요. 그러나 우리(한국)는 조용히 "우린 활자를 발명했고 무엇보다 **인류최고의 발명품**인 금속(동)활자를 최초로 발명했고 금속활자로 인쇄된 현존 최고의 인쇄본(책) *직지(1377)도 있고 세계최초로 납활자도 주조했던 나라다." 라고 하면, **전부**(무식하고 오만무도한 자 빼고) **고개를 숙여 존경**을 표할 것입니다. 문화 중의 문화가 인쇄와 서적이니까요!

그래서 **프랑스**는 병인양요(1866) 때 알지도 못하는 글이지만, **금속 활자로 되어있는 강화도 외규장각도서들**(191종 297권의 희귀고서)**을 가져가** 〈프랑스 국립박물관〉에 두고 **문화국 행세**(?)를 해왔던 것입니다. 지금 세계최초의 금속활자본인 세계문화유산 **직지**(Jikji)**는 프랑스의 소유**이지요.

인류학자 존 M 홉슨은 *서구문명은 동양에서 시작되었다. (*The Eastern origins of Western civilzation) 서문에서 '한국의 존재는 **지난 1000년 동안 서양의 발흥에 기여**했기 때문에 중요하다고 말할 수 있다.'라며 존경을 표시했던 것이고 **엘고어 전 부통령**(미)은 〈서울디지털포럼 2005〉 개막식 기조연설에서 "한국의 디지털혁명은 **인쇄술**에 이어 세계에 주는 두 번째 선물이다. 서양에서는 **쿠텐베르크**가 금속활자를 발명한 것으로 알고 있지만, 이는 당시 교황의 사절단이 한국을 방문한 이후 **얻어온 기술**이었다." 라고 말하며 **한국인에게 감사**를 전했던 것이지요.

2017년 개봉되었던 영화 〈직지코드〉의 제작진은 세계가 궁금했던 사실을 밝혀냅니다. 무엇보다 독일 마인츠 박물관의 주장('구텐베르크가 금속활자를 발명했다')의 실질적인 증거가 없다는 것이지요.

그가 최초로 인쇄했다는 '구텐베르크 성서'의 인쇄본에는 **발행인에 대한 표기나 기록 등이 없었고 글자의 금속 모형, 인쇄기** 또한 남아있지 않았으며 충격적인 사실은 박물관 앞의 **구텐베르크의 동상이나 초상화도 실제 인물을 보고** 그린 게 아니었다는 것…!

여기에 박물관 관계자가 제작진에게 제시한 증거란 '활자'라는 말도 없는 '구텐베르크는 **책에 관한 일에 돈을 썼다고 말했다**'는 불분명한 표현의 법정공방 공증문서뿐이었다는 것입니다.

그래서인지, 지금은 독일 쿠텐베르크 기념관(세계2대 인쇄박물관)에도 '한민족이 쿠텐베르크보다 앞서서 **금속활자를 발명했다**'는 글을 한 쪽에 게재하고 있으나 촬영은 금지라네요.

엘고어 전 부통령(미)은 개막식 기조연설 출처: 프린팅코리아, 지켜야 할 한글 출처: 리뷰아카데미 최종원, 활자장 임인호씨가 복원한 '직지 금속활자' 출처: 한겨레 오윤주 기자, 우광훈 감독의 야심작 '직지코드' 출처: PicBon

한국이 인류최고의 자부심인 활자와 금속활자를 발명하고 세계기록문화유산 아시아 최다보유국(이면 세계최다)이 된 것이 뜬금없는 것이 아닙니다.(유럽은 의미 있는 기록유산 없음!)

왜냐하면, **문화란 돌연변이가 없는 것이니까요.**

–백제가 왜에 하사했던 강철검인 칠지도 표면에 새겨져 있는 **한국 고유의 상감기법의** 글이나 백제의 용봉금동대향로의 쇠를 엿 다루듯 한 **주조술**, 성덕신종 표면에 양각으로 새겨져 있는 **1000여 자의 글자**와 여기에 낙랑의 순금허리띠와 신라의 감은사금동사리함에서 보인 **나노금속공예기술**, 양류(수월)관음도 같은 고려불화에서 보인 **오묘한 기법과 정**

신세계 등 노하우와 이른 신석기로 불과 쇠를 다루었던 기술 등이 축적이 되었기에, 아니 더 나아가서는 울산의 반구대암각화를 비롯한 많은 **고대암각화**와 **벽화**라는 천손의 깊은 뿌리문화에 기원을 두었기에- 인류최고의 발명품인 금속활자가 태어날 수 있었고 **팔만대장경판** 같은 대역사를 이룰 수 있었던 것입니다.

그런데요. 실제 81,258 대장경판을 쌓으면(1장-4cm×81258=3250m), **백두산**(2750m)을 훌쩍 넘어 500m위까지 치솟는 높이라고 하니, '우리 한겨레의 문화굴기(崛起: 우뚝 솟은 산 앞에서 느끼는 마음)가 어떠한가'를 세상 사람들은 **도저히 모를 일**이지요. 우리는 '**금속활자**' 하나만으로도 세계1위의 문명·문화국입니다. 설혹 우리가 〈한국인의 4대발명품〉인 **종이**와 **화약**과 **나침반**을 다 **빼앗겨도**(빼앗겨선 안 됨!) **꼭 지켜야 하는 한국인의 문화주권**이 '한글과 인쇄술'의 발명인 것이지요.

그럼에도 최초의 목판인쇄본인 '**무구정광 다라니경**'(706~751)을 두고 지금 **인류최고의 자부심을 건 전쟁**을 벌이고 있는 사실을 혹 아시는지요? 문자문화의 뿌리조차 없는 **재팬**은 '백만탑다라니경'(770)이 가장 오랜 목판본(다라니경 발견 이전까진)이라며 **주장했고 차이나**는 국가주도로 대책을 세워 인쇄문화 종주국의 위치를 **빼앗**으려 합니다.

**차이나가 주장하는 가장 오래된 목판인쇄물**은 뒤늦은 '**금강반야바라밀경**'(868 대영박물관 소장)이지만, 판지싱 연구원 또한 문자와 인쇄의 깊은 시원문화도 연구하지 않고…

"**목판인쇄**는 물론 **비금속·금속활자** 등 **모든 분야**(√)의 인쇄술에서 지나가 앞선다.(√)"라며 우깁니다.  왜냐하면, **우리의 다라니경 인쇄본**을 '지나에서 인쇄된 것을 갖고 간 것'으로 우기는 것인데 그러나 우리의 **무구다라니경의 종이**는 저들의 삼나무가 아닌 세계에서 가장 오래된 종이라는 우리 땅의 닥나무였습니다!

　　　　그럼에도 이러한 문화를 알리지 않았기에
세계는 '목판 인쇄는 8C에 중국에서 **시작됐다**'라고 알고 있지요. 그런데 '3000번을 거짓말을 하면, **진실이 된다**'고 말했던 등소평과 '**권력**은 총구에서'라고 말했던 모택동을 존경하는 공산국가가 옆에 있으니, 어쩌면 좋죠? 저들이 2000년이 넘게 **우리 역사를 왜곡**하고 **우리 것을 다 빼앗아** 갔고 지금도 **막대한 자본**과, 14억의 입으로 전 세계에 선전을 해 대며 빼앗으려는데, 우리 정부관계자는 **제 문화를 모르**고 묵묵부답이니!

　옛날 고구리처럼 문화적 자부심과 **일당백의 정신**으로, 중무장한다면, 조상님께서 물려주신 이 소중한 것들을 지켜낼 수 있을 텐데….

　문제는, 우리가 무관심하고 버리니까 **고구리**고, **고조선**이고, **홍산문화**고 **인류의 시원문명**마저도 **다 빼앗아가는 것**이지요. 그래서 〈구글 시사컬럼〉은 '**금속활자**'를 소개하면서 인류의 문화를 꽃피웠던 한국을 이렇게 안타까워했던 것입니다.  '최초, 최고의 발명품도 빼앗기고 민족의 자긍심도 내팽개치는 대한민국의 현실!'

　　　"누군가 나의 소중한 것을 뺏으려 할 때, 목숨을 걸고 싸워야 한다.
　　　　　지금이 그때다." – 역사의병 다물

# 불가사이 7, 신의 말씀 천부경(天符經)

만약 외국인이 '너희 나라의 **역사가 그렇게 깊다면, 당연히 고유종교**
**가 있을 텐데 과연 너희에게 있는가?**' 라고 물어 온다면, 뭐라고 말할
겁니까? 이렇게 답하세요. "**대우주의 조화를 삼신**(三神)**과 하느님으로**
하는 '신교'(神敎)가 있다. 대자연의 순리를 따르는 현묘한 '道'(풍류도)
로서 바로 인류사상의 원류이며 세계 종교의 기본이 되었다." 라고.

그 다음 물을 것입니다. '그럼 그 정신과 철학을 적어 놓은 **경전**(經典
scripture)**도 있냐?**' 하면 어깨를 으쓱이면서 "한겨레의 정신세계를 담
은 3대 경전 천부경, 삼일신고, 참전계경이 전해오고 이 정신과 철학
이 세계 철학의 뿌리와 기본이 되었다." 라고 분명히 말하십시오!

그래요. **한겨레**에게는 인류시원의 정신세계를 담은 경전이 있었습
니다. 조화의 시대(환인시대)에 나왔을 것으로 생각되는 **조화경**(造化經)
인 〈**천부경**〉, 뒤의 배달국(밝달국)시대에는 밝게 교화할 수 있는 **교화**
**경**(敎化經)인 〈**삼일신고**〉, 발전된 단군시대에는 **이들을 다스릴 실천교**
**범인 치화경**(治化經) 〈**참전계경**〉이었지요.

교화경인 〈**삼일신고**〉(三一神誥)는
인간으로서 **참 삶을 누리는데 필요한 선한 마음가짐**(眞我, 참나)을 하
늘의 정의, 우주의 탄생, 지구의 생성, 신과 영혼의 세계, 인간의 정
신세계, 믿음세계 등을 통해 쌓고 그것이 넓은 세계로 이어지게(大我,
큰나) 해 세상을 조화롭게 만들며 모든 인간을 이롭게 교화시키고자
하는 **366자로 된 경전**입니다.

'집일함삼 회삼귀일'(執一含三 會三歸一), 하나(우주 삼라만상의 근원)를 잡으면(執) 현상계의 삼라만상인 셋(천·지·인)이 포함(含)되고, 셋이 모이면(會) 하나로 돌아간다(歸)는 **우리 겨레의** 3·1철학이 보이고 **인류의** 3위1체사상의 원류가 나타나지요. 우리의 **3사상과 삼태극과 삼족오** 등의 기원이랍니다.

그러하기에 세계적인 석학, 이탈리아의 자코모박사가 **한국의 3위1체 사상을 알고 2시간이나 그렇게 감격의 눈물을 흘렸던 것이고** '세계에서 유일하게 최고의 선진국은 유대와 희랍이 아니라 한국, 코리아'라고 했던 것이며 '인류의 위대한 시원사상이라 일컫는 〈**3위1체 사상**〉이 이집트나 이스라엘도 아니고 바빌로니아나 인도나 중국도 아닌 **코리아에서 나왔으며** 그래서 **코리아는** 인류문명을 싹틔운 민족'임을 발표하고 '**황하문명과 그 모태인 홍산문화가** 정작 코리아의 문명임'을 밝혔던 것이었지요.


〈삼일신고〉 중 '**세상에 대한 일깨움**'(世界訓)을 소개합니다.
"끝없이 널린 저 별들을 보라. -중략- 너희 눈에는 너희가 살고 있는 땅이 제일 큰 듯하나 **사실 한 알의 구슬에 지나지 않는 법.** 하느님(우주를 조화롭게 관장하는 조물주)께서 온 누리를 창조하실 때, **거대한 기운 덩어리가 폭발**(BIG BANG)하여 **무수한 별들이 생겨나고 바다와 뭍이 이루어져서** 마침내 지금의 모습을 갖추었도다. 하느님께서 기운을 불어 넣어 땅속 깊이까지 감싸고 **햇빛과 열로 따뜻하게 하여** 걷고, 날고, 허물 벗고, 헤엄치고, 흙에서 자라는 온갖 것들을 번성하게 하였도다."

'대폭발 이론'은 조지 가모프(George Gamow 러시아 출신 미국 과학자)에 의해 **1936년 시작된 이론**(서양의 입장에선)이지요. 반면, 근세조선 초 문신이었던 이맥(李陌 1455~1528)이 지은 *태백일사(太白逸史) 안의 *수두경전 '본훈'은 "**한웅천황**(BCE3897~)께서 천신에 제사하고 *삼일 **신고를 조술**(祖述: 조상의 글을 나타내다)하였다." 라고 기록하고 있으니, 지금의 **빅뱅이론**보다 우리의 열린 조상님들은 무려(최소한) 5800년 전 에 이미 깨닫고 있었음을 알 수 있습니다.

놀라울 것도 없는 것은 우리의 땅은 다른 곳보다 어쩜 만 년도 앞서 깨우친 시원의 땅이었기 때문이지요! **소리와 음악이 나온 땅!** 그래요. "음악이 있는 곳에 악(惡)은 없다." 라고 세르반테스가 말했던 것처럼 눈이 맑고 마음이 깊었던 이들의 경전이었지요.

그래요. **단양군 수양개에서는 3만5천 년 전** 신석기문명의 상징인 마제유물 '**얼굴돌**'이 출토되어 **일찍이 자아**(自我)를 **의식했던 땅**이었습니다. 다른 땅에서는 8천 년쯤 나오는 마제유물이지요. 그래서 세계의 석학들은 인류문명을 싹틔운 사람들**이라 말해 왔던 것**입니다.


〈삼일신고〉는 고구리의 멸망 후, 발해의 건국자 대조영과 동생인 **대야발이 \*신사기**(神事記) **등 몇 권의 겨레의 경전**(經典)을 **보본단**(保本壇: 근본을 지키는 단) **돌집 속에 간직**(대흥3년, 968년)**하여 전한 것**이라 하지요. 근본을 깨닫게 해 주셔서 감사합니다!

그럼에도 우리는 지구문명을 이끌던 최고의 선진국인 고조선의 **단군마저 마치 원시인들의 모습으로 그리고 있으니, 이것이 제 역사와 국조**(國祖?)**에 대한 한국인의 인식수준**이지요. 고조선연구의 1인자

U.M 푸틴(러)은 안타까워합니다. "(옛)조선을 빼고는 **동양의 역사를** 말할 수 **없다.** -중략- 차이나와 재팬은 **없는 역사도 만들어** 내는데, (한국은 정작) 자기의 **있는 역사도 없다고** 하니 참으로 알 수 없는 국가다!"

빅뱅의 상상도 출처: NASA, 단양군 수양개 3만5천 년 전 얼굴돌 출처: 한국선사문화연구원, 무지몽매한 산적 모습의 단군의 어진 출처: 월간개벽, 반면 단군의 제후인 순왕 출처: 나눔의 집

치화경인 〈**참전계경**〉(參佺戒經)은 참인간(佺人間)으로서 세상을 살아가야 할 정도(正道)가 무엇인가를 정치, 철학, 자연의 이치를 들어 **원칙과 해결방법을 366가지로 분류한 정신문화의 실천교범**이라고 할 수 있지요. '참전'이란 **사람으로서 온전하게 됨**(신선)을 꾀한다는 뜻입니다. 그래서 일명 '**366事**'(일)라고 말하기도 하며 이를 **실천교범으로 다스린다**(治) 하여 **치화경**(治化經)이라고 하지요.

**단군께서 전하고** 고구리 국상 을파소(乙巴素 ?~203)가 편찬하여 나라를 지켜야할 젊은이를 중심으로 거국적으로 가르쳤던 동양사상의 핵심이자 한겨레의 천서(天書, 하늘의 글)로서 훗날 **유·불·선 3교의 모태가 되는 경전**입니다. 아, 유럽의 지성 루돌프 슈타이너(1861~1925 독)가 "극동의 성배민족을 찾아 경배하고 **그들을 도우라.**"라는 유언을 남겼던 이유일 것입니다.

고구리 9대 고국천태왕 때, 명재상 을파소(CE?~203)는 우리나라 **최초의 사회보장**(복지)**제도인 '진대법'**(賑貸法)을 실시합니다. 백성이 굶주릴 시기, 나라 창고의 **곡물을 가족의 수와 연령을 고려하여 빌려 주고**, 수확 후, 빌려간 만큼을 반환하게 하는 **구휼**(救恤)**제도**이지요. 이렇게 1800년 전에도 덕치(德治)를 할 수 있었음은 수천 년부터 내려 온 *참전계경이란 뛰어난 경전이 있었기 때문이랍니다. 그래서 예부터 **우리나라를** 성인(聖人)의 나라 불러왔던 것이지요.

〈참전계경〉 중 제6강령인 **'복리훈'**(福理訓) 일부를 소개합니다. "어진 사람이란, 덕(德)이 있을 땐, **어리석은 사람에게** 교만하지 않아야 하고, 부유하면 **가난한 사람에게** 교만하지 않아야 하며, 존귀하면 **비천한 사람에게** 교만하지 않아야 하는 것이다. 또한 사람들이 스스로 어려워할까 염려하여 **친근한 얼굴로 화평하게 하여야** 하고, **말을 바르고 온화하게** 하여야 한다." 어때요? 우리를 왜, 군자 · 신선이라 하고 성인의 나라 했는지, 이해가 되죠?

인류학자 엥겔스는 **국가**(國家 state)**의 단계를 '문명**(civilization)**과 문명사회의 법**(法, low)**을 가진 사회**'라고 정의한 바 있습니다. 그렇다면 **최소한 고조선 때만이라도 확실한 국가**였음을 알 수가 있습니다.

왜냐하면, **고조선의 '팔조금법'**(八條禁法)**과 그 배경이 되는** 〈참전계경〉이 있었기 때문입니다. 그래서 세계의 학자들은 한국이 인류 최초의 국가를 **형성**했다고 하는 것이지요. 이럼에도 **식민강단사학자들은 고조선이 허구이고 있다면, 원시인의 시대**였다고 하니 참…!

그리고 **조화경인 〈천부경〉**(天符經)은 우리 한겨레의 종교관, 우주관, 철학관을 담고 있어 한겨레의 정신의 뿌리가 되는 경전(經典 scripture)입니다. 우주생성의 원리(섭리)로서 세상의 이치와 조화를 고도의 압축과 상징적 암호로 나타낸 **세계최고의 경전으로서 동 · 서양의 어느 경전에도 비교할 수 없는 심오한 진리**를 담고 있고 또한 **인류시원의 문화를 시작한 오랜 역사 속의 至高한 경지의 혜안**이 담겨 있어 세계의 석학들은 **음양오행과 역**(易), **철학과 윤리, 도덕은 물론 유 · 불 · 선**(儒彿仙=道)**사상과 종교의 근원**이 모두 우리(東夷)의 〈천부경〉에서 비롯되었다고 말합니다.

〈천부경〉은 9000여 년 전 천제국 환국(桓國) 때 **'구전되어 온 서'**(書)로 환웅께서 혁덕(赫德)에게 명해 **'녹도문'**으로 쓴 것을 신라의 최치원(857~?)이 일찍이 **'전자'**(篆字)의 비문을 보고 **'갱부작첩'**(更復作帖)한 것(이맥 *태백일사)을 계연수가 세상에 전한 것이라고 전합니다.

일제말 **독립운동가 이시영, 홍범도, 여운형 등**이 천부경을 소개하거나 **항일독립운동을 전개했던 독립투사들**은 항상 천부경을 가슴에 품고 다녔다고 하며 차이나의 **강욱**(强昱 북경대), **주 위에리**(朱越利 사천대), **쥐시**(鞠曦 안양주역학원), **류종위**(劉仲宇 화동사범대), 대만의 **소등복**(蕭登福 과기대), 재팬의 **가와카미 신지**(川上新二 고마자와대) 교수 등과 **M.하이데거**(Martin Heidegger 독), **C.V 게오르규**(Gheovghiu, Constantin-Virgil 루), **루돌프 슈타이너**(Rudolf Steiner 독) 등 많은 **동 · 서양의 석학들**이 천부경을 동양사상의 원천으로 삼고 있었다고 합니다.

박정규 님의 *세상의 전부, 천부경에는 **세계적인 석학 하이데거**가 서울대 모 철학교수를 초대하고 머리를 숙이고 부탁을 하는 일화가 나옵니다. "내가 당신을 초대한 이유는 **당신이 한국인이기 때문**입니다. 나를 유명하게 한 철학사상은 바로 **동양의 '무**(無, 无 Nichts)**사상'** 인데 동양학을 공부하던 중 아시아의 위대한 문명발상지는 한국이라는 사실을 알게 되었습니다. 그리고 세계 역사상 가장 완결무결한 평화정치로 2천 년이 넘는 **장구한 세월 동안 아시아 대륙을 통치**한 단군시대가 있었음을 알았습니다. 그래서 나는 **동양사상의 종주국인 한국을 존경**합니다. 그러나 아직 당신들의 국조 한배검(단군을 높여 부르는 이름, 大皇神)님의 〈**천부경**〉은 이해를 못했으니, 설명을 좀 해 주십시오." 한마디라도 대답했을까-요? 그럼에도 훗날 이 얼이 나간 교수에게 **문화훈장과 국민훈장**이 표창됩니다!

**우선 '천부'**(天符)**란 무엇일까요?**
쉽게 말하면, 하늘 부호, 하늘의 길이라고 합니다. 시인이자 역사가인 김지하님은 "천은 **숨어있는 질서**이고 부는 **드러난 질서**다. **우주의 숨어있는 기이한 질서**(하느님)를 드러낸 숫자나 신비적 부호(符號)"라고 말합니다.

**81**(9×9)**자로 압축**된 〈**천부경**〉은 **미국의 CIA가 해독하지 못한 유일한 경전**으로도 유명한데, 그런데 피라미드나 수메르글자마저도 해독한 CIA가 **유독 우리의 〈천부경**〉을 해독하지 못하는 이유는 무엇일까? 그것은 한국을 이해하는데 '한국이 인류의 시원겨레'라는 인식의 바탕이 없었고 그래서 **깊고도 오묘한 우주적 정신**을 파악하지 못했기

때문입니다. 학자들 연구에 의하면, 뜻 그대로 '한울님의 예언서'라고도 하고 '우주의 미래를 담고 있는 유전자 지도'라고도 합니다.

일시무시일(一始無始一) '세상(一, 우주)은 시작도 없이 시작되었고'로 시작하여 일종무종일(一終無終一) '세상의 끝은 끝남이 없이 끝난다'로 끝나는 81자의 상징이지요. 이러한 〈천부경〉은 우주생성의 원리와 우주의 섭리로서 세상의 이치와 조화를 일깨움이라 하여 이를 이화경(理化經) 또는 조화경(造化經)이라고 하지요.

"一始無始一 析三極 無盡本 (일시무시일 석삼극 무진본)

天一一 地一二 人一三 (천일일 지일이 인일삼)

一積十鉅 無匱化三 (일적십거 무궤화삼)

天二三 地二三 人二三 (천이삼 지이삼 인이삼)

大三合六 生七八九 (대삼합육 생칠팔구)

運三四 成環五七 (운삼사 성환오칠)

一妙衍 萬往萬來用變 不動本 (일묘연 만왕만래용변 부동본)

本心本太陽 昂明人中天地一 (본심본태양 앙명인중천지일)

一終無終一" (일종무종일)

고려말 농은 유집의 천부경 출처: 코리아 히스토리 타임스, 고운 최치원

출처: 위키백과, 하이데거 출처: 수유너머 104

독일 함부르크(Hamburg) 다물민족학교 교장이며 천체물리학자로
서 함부르크 대학에서 *천부경으로 본 동양우주론을 연구하고 있는
최양현 씨는 〈천부경〉에 **이미 우리의** 우주정신이 **오롯이 존재함을**
밝히며 〈천부경〉을 보고 **현대의 우주이론**(宇宙理論)**이 이 안에 이미 정
의**되어 있음을 알고서 온 몸에 전율을 느꼈으며 우리가 우리의 것을
너무 몰랐음을 반성했다고 합니다.

그런데 〈천부경〉의 해석방법은 <u>너무나 많습니다.</u>
**순수한 토박이말로, 이두로, 한자로, 천문**으로 풀어야 한다고 주장합
니다. 김익수 님 또한 "**철학과 역학**으로도 해석하고 **수리학, 과학**으
로도, **원방각**(圓方角)**으로도** 연구할 수 있고, **득도**(得道)**의** 방법으로도
가능하다." (*한국사상과 문화 83권) 라고 역설합니다.

이렇게 〈천부경〉은 해석하는 이가 300분, 아니 3000분이 넘게 있
고 **사람마다 다르고 단체마다** 다릅니다. 문제는 지금의 한국인은 <u>자
신의 **진정한 문화와 역사의 1%도 모르고 있고** 또한 인류최고의 경전</u>
인 만큼 감히 잘못하여 단정 짓거나 혹 표월지지(標月指之)의 오류를
범하여 **천손 한겨레의 정체성을 더욱 혼란에 빠뜨려선 안 되는 것**이
기에(아직 '시원문화' '홍익인간'도 이해 못하는 깜냥에), **훗날의 위대한 석학
들의 정의를 기대**하며 해설을 약하니 큰 이해를 바랍니다.

〈천부경〉은 **원래 환인시절부터** 있다가 훗날 환웅에게 전해진
삼부인(三府印) 세 개 중의 하나인 **신경**(神境 거울)**에** 녹도문(鹿圖文 사슴

발자국을 보고 만든 인류의 첫 글자)**으로 새겨져** 전해왔다고 하며 환웅천황의 **밝달**(배달)**나라가 신시**(神市 신들의 집회 장소)**를 열고** 태백산 동쪽에 **큰 비를 세워 전해왔다고도** 합니다.

훗날 신라의 **최치원은 전자**(篆字: 고대문자)**로 새겨진 〈천부경〉을** 지금의 **이글**(한자)**로 번역**하여 우리에게 전했으며 대학자 **이맥**(1455~1528) **또한 〈천부경〉을 *태백일사에 실어 후세 사람들에게** 전하여 왔고 이 **\*태백일사가 \*환단고기**에 실려 우리에게 전해진 것이지요.

그러나 많은 강단사학자들은 우리의 경전 **〈천부경〉을 '고본**(古本)**이 존재하지 않고 출처** 또한 명확하지 않으며 **글자가 난해**하다는 이유로 믿을 수 없는 **위작**(僞作) **또는 개작**(改作)'이라고 매도했습니다.   정작 이들은 제 책의 내용 한 줄도 밝혀내지 못했던 자들이지요.

그러던 중 〈대종언어연구소〉 박대종 소장은 '고리(려)말 충신으로 두문동 72현 중 한 분이며 목은 이색, 포은 정몽주, 야은 길재 등 **6은**(六隱)으로 불렸던 **농은**(農隱) **민안부**(閔安富) **선생의** 유집에서 적어도 고리말에 갑골문으로 기록된 '천부경문'(天符經文)을 소개합니다.(일요시사 2002.9.29)  실로 혁명과도 같은 사실이었지요.

근세조선 말기의 위작이라고 **주홍글씨**를 붙이고 사이비역사학, 유사역사학으로 몰았던 천부경이 **'갑골문고본'**으로 발견됨으로써 〈천부경〉이 조작된 것이 아니라 **고리 때**, 아니 훨씬 전 **최소한 3600년 이전부터** 전해내려 온 우리의 경전임이 밝혀진 것이지요.

그뿐 아니라 **농은의 〈천부경〉**에는 갑골문이나 금문으로 해독이 불가능한 글자가 있어 〈천부경〉이 갑골문 시대보다 앞서 있었으며 그러므로 **고조선은 물론 그 이전의 환웅시대와 환인시대가 허구가 아닌** 역사시대였음을 밝혀냅니다.

**진정한 시원겨레-답게,** 우리 천손에게는 세계정신과 우주정신을 담은 경전인 '천부경, 삼일신고, 참전계경'이 전해지고 있으니 **극동의 성배민족이 왜 한겨레인가를 알게 하면서** 얼마나 감사한 일인지 모릅니다! 지나족과 왜족은 꿈도 꾸지 못하는 경전이지요.


## 신들의 깃발, 태극기

지구상 어느 국기와도 닮지 않은 **세계 유일의 독특한 기**(flag)-!
해(태양)를 숭상하고 처음 해(바다)를 개척했던 나라, **남**(해양농경인- ☼ ☽★)**과 북**(유목농경인- ☼ ★)**에서 모인 사람**(동이)**들이 크게 태극**(◕)**으로 조화를 이루며 살았던 '우리나라'의 정체성을 드러내는 것이** 바로 우리의 '태극기'이지요.


루마니아 망명작가(노벨문학상), 신부인 게오로규는 말합니다.
"한국의 태극기는 유일하다. 거기에는 세계 모든 철학의 요약 같은 것이 있다. 우주의 대질서, **인간의 조건과 생사의 모든 운명이** 그려져 있다. 태극기는 멋지다!" 그래요. 우리의 태극기는 한마디로 **인류의 시원겨레 천손이 세상의 중심**(中心)**에서 음과 양의 조화를 생각하며 광명함과 열정의 우주의 홍익에너지로써 인류의 문명·문화를 이**

끌고 조화와 상생으로 다스려야(다– 살리다) 함을 상징하는 **세상에서 가장 아름답고 철학적이며 예술적인 국기**입니다. 그래서 시원문명을 의미하는 태(太)를 붙여 '**태–극기**'(太極旗)라 했던 것이지요.

삼도수군조련도의 태극깃발과 태극문양(10 개 이상), 확대 출처: 해군사관학교

그래서 **세계인들이 무척 궁금해** 했지만, 정작 우린 모릅니다!
태극기의 바탕색 흰색은 우주만물의 **본질**이며 원초적인 **생명**(精정)**의 색**으로, 또한 이를 이해하는 **광명**하고 **순수**하고 **평화**를 사랑하는 한국인의 마음을 상징합니다. 그러하기에 '**태백**'(太白크게 밝음)이란 **도**(道)를 이해하는 하늘겨레 천손의 밝은 마음 또한 드러내는 말이지요.


여기에 '**태극문양**'은 우주만물이 **생성하고 발전한다는 대자연의 진리**를 형상화한 것입니다. 태극(☯)이란 우주만물의 창조의 본체로서, **혼돈**(Caos)의 우주가 **만물생성의 근원**인 운동에너지(음 · 양의 움직임)를 품는 상태를 표현합니다.

그리고 둥근 원(ㅇ)은 세상만물의 영원한 순환원리(질서)를 나타낸다고 하지요. 그래서 태극(☯)문양 중 적색은 양(陽)과 불(火)을, 청색은 음(陰)과 물(水)을 뜻하는 **상극의 표현은 윤회와 순환**이라는 동양의 질서(神)에서 **물질을 발생하는 원동력**을 말함입니다.

좌우의 **4괘**(卦)는 **천지**(天地)라는 공간을 **일월**(日月)**이** 운행하면서 시간과 만상을 만들어 냄을 상징했던 것으로 태극을 중심으로 통일의 **조화를** 이루면서 **음**(--)**과 양**(—)**이** 서로 **변화·발전**하는 모습을 음양의 효(爻)의 조합을 통해 사상(건곤감리)을 구체화한 것이라고 합니다.

 \*건(乾☰: 하늘, 봄, 東, 정의)  \*감(坎☵: 물, 겨울, 北, 달, 지혜)

 \*리(離☲: 불, 가을, 南, 해, 정열)  \*곤(坤☷: 땅, 여름, 西, 풍요)

여기에 건·곤(☰·☷)괘는 **하늘의 정의로움과 땅의 풍요로서 영원 무궁한 정신을,** 리감(☲·☵)괘는 **해**(日) **같은 정열과 달**(月)**의 지혜로움**을 상징하지요. 그중 건괘는 정의와 '**인**'(仁)을, 곤괘는 '**의**'(義)를 뜻하며, 리(이)괘는 '**예**'(禮)를, 감괘는 '**지**'(智)를 나타내며 이 모든 것을 중앙(中)에서 주인인 한국사람(황룡)이 '**신**'(信 믿음)**으로써 지켜가야 한다**는 **오행**(五行)**의 정신**을 나타낸 것이라고 합니다.


태극기는 우리의 역사가 결코 **변두리 주변역사가 아님을 상징**하지요. 그러하기에 **코로나19 팬데믹 상황**에서 한국이 세계에 보인 '인의예지신'의 도리는 우리가 왜 '도(道)의 나라였고 세상의 주인이었나를 느끼게 합니다.

장영주 (사)국학원장은 말합니다. "태극기를 통해 '보이는 **세상 너머의 보이지 않는 우주의 심오한 질서**'를 이토록 아름답게 표현할 수 있음은 **우리 한겨레가 뛰어난 두뇌와 지혜를 갖춘 사람들이었음을 증명한다.**" 라고. 그래서 태극기를 우주의 본질과 철학이 담긴 깃발이라고 하는 것이지요. 세상의 현자들이 말해 왔던 '**당신은 도(道)를 아십니까?**' 라고 했던 해답이 우리의 국기 안에 있는 것입니다.

# 태극과 역(易)의 기원

그런데 태극(太極) 하니까 또 '차이나 것이 아니냐!' 라고 하네요.

지나인들이 **매일 아침 일찍 모여 태극권**을 하는 모습을 보고 부러운 마음에 그렇게 생각할 수도 있을 것입니다. 지금 차이나를 비롯한 세계는 '태극과 팔괘를 지나의 고대문화(?)'라고 알고 있지만, 현재 차이나중원에서의 태극은 **용어만** *주역에서 나타날 뿐, 누군 **북송 때의 진단**(?~989)이 처음 제작했다고 하지만, 문양조차 **1070년 송**(宋)**때**, **주돈이**(1017~1073)**의 책** *태극도설의 그림뿐이라고 하고 팔괘(八卦) 또한 지나에게는 **고대의 8궤도나, 그려진 책도 없다**고 합니다.

반면, 우리는 이보다 **500여 년 전의 고구리 벽화**(집안현 오회분4호묘)에서는 팔괘(八卦)를 긋는 신선이 그려져 전하여 왔고 이보다 이른 돌 암각화에 많이 전해지며 **최고**(最古)**의 문양(?)으로는 백제 목간**(사비성시기538~660 나주 복암리고분)이 전해지고 또 공주의 **백제 공산성의 태극무늬기와 628년**(신라 진평왕50) **건립된 감은사의 석각**에, 불교에서 유래된 것이 아닌, 태극도형이 새겨져 있으며 심지어 신라 미추왕릉(400~500)에선 **태극형상으로 결합되어 있는 곡옥**(曲玉)이 출토되기도 하여 우리 땅이 온통 태(太)극의 땅이었음을 일깨웁니다.

**태**(太)**와 태극문양**은, 본디 유입된 것이 아닌, **우리 땅에서** 인류의 시원문명이 **태동을 상징하면서 오래 전부터 사용**하고 있었던 것으로, 마치 **행복을 바라는 부적처럼**, 한국에서 **가장 사랑받는** 고유의 전통상징문양이었다고 합니다. 그래서 드나드는 문(門)마다 돌(石), 기(旗), 종(鐘) 등 물건마다 온통 태극(☯)이었던 것이지요. 다행히 이러한 태극의

기(旗)를 대한제국의 **고종태황제가 창안하여 우리나라의 공식국기로** 채택하고(고종20, 단기4216-1883.1.27) **상해 임시정부와 독립군 등에서 국기로** 상징하면서 단기4281년(1948) **대한민국 국기**가 된 것입니다.

감은사터 장대석의 태극도형 출처: 한겨레 커뮤니티백제 공주 공산성의 태극무늬기와, 신라 미추왕릉 (A.D 400~500) 태극형상으로 결합해 출토된 곡옥(曲玉) 출처: 한겨레 커뮤니티, 7C 복암리고분의 백제 목간태극 적외선 복원도 출처: 문화재청

팔괘를 긋는 신선(집안현 오회분4호묘) 출처: 한국역사연구회, 최근 세워진 하남성 회양현의 복희상 출처: STB 상생방송, 고종황제가 조선의 외교고문 데니(Owen N. Denny 1838~1900)에게 하사한 태극기(263×180)

무엇보다 **동양학의 뿌리**라는 역(易)의 유래와 역문화의 주체를 따 지는 것이 인류문명사의 주체를 밝히는 요체일 것입니다.

　*명리 속의 철학의 저자 김민기 님은 "**역**(易)이란 해(日)와 달(月)이 합 쳐진 우리의 글자로서 **해**(양: 하늘, 불)**와 달**(음: 땅, 물)로 하여 **만물의 변화** (발생과 소멸)**의 이치**를 함축하는 말이며 **태극**(☯)**문양**은 음과 양의 조화로 **우주만물을 생성하는 대자연의 진리**와 시작도 끝도 없이 생멸의 변화를 반복하는 **우주의 홍익에너지를 형상화**한 것이다." 라고 말합니다.

우리에겐 해와 달 그리고 별이 움직이는 원리를 기록한 '인류최초의 천문도'가 많습니다. 평남 증산군 용덕리 10호고인돌 덮개돌 위의 천문도는 **최소 BCE28C!** 이 해와 달 그리고 별이 움직이는 원리를 나타낸 것이 **역**(易)이었고 역에서→ **역**(曆: 책력)**과 역법**(曆法: 천체의 운행에 따른 세시와 요일, 일식 등)이 나왔으니 시원문명을 시작했던 천제국의 문화였음이 당연한 것이지요.

그래서 이들은 '천통'(天統: 하늘과 태양의 후손)의 위엄으로 **하늘을 열고 관측**하여 농경과 어로를 처음 시작했던 백성에게 **도움을 주며 세상을 다스려야** 했던 것이니 이것이 바로 세상에 알려진 '개천'(開天)이고 '홍익'(弘益)이었고 그래서 하늘을 관측한 사람(천문학자)의 땅을 '聖人의 나라'라고 했던 것입니다. 무엇보다 '曆'이라는 글자에 **벼**(禾禾)와 日(해, 태양)이 있어 역의 시작이 **태양력**(日)**을 토대로 벼농사**(禾)**를 처음 지었던 사람들의 문화**였음을 알게 하지요.

*태백일사 '삼한관경본기'에는 단군왕검(BCE2333)보다 약 4백 년 전(BCE2700) 배달국 14대 치우천황 때의 국사(國師)인 **자부선인께서 천체의 운행을 측정하고 오행의 수리를 고찰**하여 현재의 칠성력(일월화~토)의 모태인 '칠회제신의 책력'을 만들고 또한 '윷놀이'를 만들어 '우리의 역(曆)'을 강연했음을 전하고 있고 단군조선 5대 구을단군 을축4년(BCE2096)에는 '**혼천기**'(천체의 위치와 운행을 관측)를 만들게 하고 처음 **육십갑자**로 '**책력**'을 만들었다는 기록(*단군세기)을 남겨 역법의 주체가 누구였나를 알게 합니다.

그래서 차이나의 서량지도 *중국사전사화(중국사 이전의 역사 1943)에서 "중국의 책력법은 동이에서 비롯됐다." 라고 했던 것이지요.

김영기 역술원 원장 또한 '역이 지나의 문화가 아니었음'을 지적합니다. "십간(十干: 갑을병정무기경신임계)십이지(十二支: 자축인묘진사오미신유술해)에서→육십갑자가 나오고, 육십갑자에서→음양오행이 나오며, 음양오행에서→태극팔괘가 나오는 것이 상식인데, 중국의 주장은 하늘에서 팔괘가 뚝↓ 떨어졌다(복희가 갖고 태어났다)는 것이다. 팔괘 안에 음양오행이며 육십갑자가 전부 다 있는데(?), 게다가 후대 사람인 헌원이 육십갑자를 갖고 태어났다(?)니 도대체 말이 되지 않는다."
　　　　무엇보다 음양오행은 한국인의 사상이었는데…?
　　그런데 헌원의 조상도 동이인이고 팔괘를 얻어 역(易)의 시조로 불리는 복희씨도 우리 천손일 뿐, 훗날 은(殷) 다음 이어지는 주(周)라는 부족의 국가가 우리의 역(易)을 가져가 周자를 붙이며 '주역'(周易)이라 말하게 되면서, 마치 역이 주(周)에서 시작된 것으로 알게 됩니다.
　　여기에 차이나인으로 알려진 공자가 〈주역〉을 묶은 가죽끈이 3번 끊어질 정도로 읽어 '위편삼절'(韋編三絕)이라는 고사를 남기고 그 후 3년 만에 하늘이 만물에 부여한 원리를 깨달았다는 '지천명'(知天命)이 유명해지면서 애석하게도 우리의 한역(韓易=桓易)이 주역으로 회자되며 지나의 문화로 둔갑하게 된 것입니다.

　　진(晉)의 대학자 황보밀(皇甫謐)의 *제왕세기에 따르면, 태호 복희씨는 '구이(九夷)에서 태어나 성기(成紀)에서 자라고 어대현에 묻혔다'

고 기록되어 있고 이맥(李陌1455~1528)의 *태백일사(太白逸史) 또한 '**배달 신시에서 태어나 천하**(天河: 송화강)**에서** 용마의 등에 그려진 용마하도(河圖-55점 선천역)를 계시 받아 '**팔괘**'를 그으시고 산동성 **어대현**(현재 미산현)**에 묻히셨다**'고 하여 비슷한 기록을 남깁니다.

그런데 *태백일사 신시본기에는 **배달나라 제5대 태우의 환웅**(3512~3419BCE)의 **12번째 막내아들**로서 '크게 밝다'(대광명)는 뜻의 **태호**(太昊)라는 호를 얻었다고 하지요. 그래요. 천제국 배달나라의 황자였던 복희씨가 아버님의 명으로 **서쪽 지나**(한족)**의 동부지역으로 파견**되어 홍익의 정신으로 우리 배달국의 우수한 문화와 정신을 일깨우는 데 쓰였던 것이 팔괘(八卦)였다고 합니다.

**팔괘란 본디** '**64괘**'로 상징되는 복잡한 한국의 역(韓易)을 문화가 낮은 지나족(漢族)에게는 이해시키기가 어려워 **단지** '**8괘**'**로써 배달국의 사상과 문화를 가르치며 교화시킨** 데서 비롯된 것이었다고 합니다. 이렇게 복희씨는 문화가 없었던 지나족에게 팔괘와 문자, 음악, 사냥 등 모든 문화를 만들어 주었다고 알려져 **지나족의 시조로, 문화**(文化)**의 신**으로 나아가 **인류문명의 아버지**로 알려지면서~

**한국의 역**이 차이나의 문화로 둔갑되었던 것이지요.


훗날 하(夏 BCE2070년경~)의 시조 우(禹)가 낙수(황하 지류)에서 신령스러운 **거북의 등껍질 위에 무늬인** 신구낙서(神龜洛書-45점 후천역)를 발견하고 후천세상의 만물을 표현하는 부호(낙서)로 삼았다 하여 하도와 더불어 **동서고금의 문명을 낳은 만유의 진리적 원형을 도식화한** 그림으로 전해진 것이 그 유명한 '하도'(河圖)와 '낙서'(洛書)였지요.

지금의 지식의 창고를 일컬었던 '**도서관**'(圖書館)의 유래입니다!

이렇게 **우주생멸의 이치**(하도)와 **우주변화의 이치**(낙서)를 함축하여 상징한 것이 **태극**이었기에 조선 제2의 성군이라 불리는 정조대왕께서 우리의 사상이 반영된 가장 한국적인 궁궐인 창덕궁에 왕실직속 기관의 '**규장각**'(奎章閣: 별처럼 귀한 글을 소장한 각)**을 두시어 도서관**으로 삼고 위층에는 열람실 겸 학문과 교육을 담당하는 '**주합루**'(宙合樓: 우주의 이치를 바라보는 누각)를 두신 것은 모두 한겨레의 우주정신을 깨닫고자 한 뜻이었지요.

옛날 이 땅(인류)의 **어머니 마고**께서 세상을 바라보셨던 **누각**인 마루는 텅 빈 마루이고 **주합루는 있으나** 열람실인 '열고관'과 부속건물인 '개유와', '봉모당' 등은 소중한 **도서와 자료와 함께 흔적도 없이 사라졌으니** 어찌 우주의 이치를 볼 수 있을 것이며 심지어 서권기 속에서 책 향기가 났다는 '**서향각**'(書香閣)을 식민지시대 왜가 '**누에치는 곳**'으로 바꾸어버려 후손의 생각을 캄캄하게 했으니…, 1년에 책 한 권 읽지 않고는 "책 같은 거 안 봐요!" 라고 당당히 말하는 후손들이 **선조의 우주**(宇宙) **같이 넓고 깊은 생각들을 어찌 읽어낼지?**

하도와 낙서 출처: 김상학의 쉬운 역학, 창덕궁 주합루 야경 출처: 구산(九山),
정조의 글씨 '宙合樓' 출처:Culture &History Traveling

일찍이 **태극과 역에 대한 찬사**는 많은 석학들로 이어졌습니다. 현대물리학의 아버지, **닐스 보어**(Niels Boh 1885~1962 덴마크)의 '태극에 대한 일화'는 지금도 회자되지요. 보어는 '우주만물은 태극에서 나와 음양이 되고 음과 양은 **상보적**(상생조화)이다'는 **역의 내용을 응용하여 원자의 구조를 밝히면서** 1921년 아인슈타인에 이어, **노벨 물리학상**(1922년)을 받게 되는 세계적인 천재석학이었지요. 그런 그가 노벨상 수상식장에 **역**(易) **팔괘도가 그려진 옷**을 입고 참석하였고 기사 작위를 받은 후, **닐스보어 가문의 상징 문장**(紋章)**에 태극**을 디자인하여 사용했을 정도로 태극에 심취했던 까닭은 무엇이었을까?

이미 350년 전, 유럽연합(EU)이 나올 것을 예상했던 혜안으로 **미 · 적분법**을 창시하고 **역학적 에너지보존의 법칙과 이진법**(0, 1)**체계를 정립**시켜 **디지털**(컴퓨터)**문명**을 촉발시킨 독일의 철학자이며 물리학자, 수학자, 법학자, 신학자, 언어학자이고 역사가인 **라이프니츠**(Gottfried Wilhelm von Leibniz 1646~1716)의 고백은 현대 수학과 과학의 뿌리가 어디에 있었으며 **우리 천손이 스스로에 대하여** 얼마나 무지했고 더러운 잠을 자고 있었나를 깨닫게 합니다. "나의 **불가사의한 이진법**의 발견은 5천여 년 전 **고대동양의 복희왕이 발견**한, 철학서이며 문학서인 (주)역의 원리에서 나온 것이다."

여기에 **빅뱅**(우주대폭발)과 **블랙홀 우주론**의 거장 천재물리학자 **스티븐 호킹**(Stephen Hawking 1942~2018)은 "**양자역학**(분자, 원자, 전자와 같은 작은 크기를 갖는 계의 물리학 연구 분야)**이 지금까지 해놓은 것**은 동양철학의 기본 개념인 태극, 음양, 팔괘를 **과학적으로 증명한 것**에 지나지 않는다." 라고 말합니다. 인류문명의 모태가 역(易)이었고 역이 과학의 뿌리였음을 일깨우는 말이지요.

그러나 이미 천재 수학자 J. 브로노브스키(英 1908~1974)는 '**고대 그리스문명은 동양문화권에 속하는 것으로서 60진법의 수리 체계나 시간과 각도의 측정** 등의 과학이론이 그리스인이 창시한 것이 아니라 복희의 역(易)과 역(曆)의 이론이 **수메르, 이집트를 통하여 전파되어 온 것**으로 판명되고 있다'고 인류사를 정리해 놓았었습니다. 지금 미국을 비롯한 서구의 대학에서 '역을 인류과학(科學)의 뿌리'라 하여 〈(주)역강좌〉를 개설하는 등 동양 연구에 박차를 가하고 있는 이유이지요.

*태백일사의 태극팔괘 출처: 국립민속박물관, 닐스 보어와 닐스보어의 작위문장 출처: 위키백과, 라이프니츠 출처: 위키백과, 스티븐 호킹 출처: 한겨레

아, 유레카! 이제 이해가 됩니다. 복희씨 부족이 1**하수**(河水)**농경민**이며, 2**풍씨**(風氏)였고 3**뱀토템족**으로 알려져 있는 것이나, 어느 학자는 역(易)이 원래 **변**(變)**한다**는 뜻의 4**변색동물 도마뱀**을 가리키는 글자에서 왔다는 말이나 사당에 복희와 여와가 5**인면사신**(人面蛇身)**의 사진**들로 남아 있는 것들이 이해가 되네요.

다 '**우리나라**'(井) **물가**에서 해와 달과 별로 **천문**(易)을 살피며 쌀을 짓고 **고래**를 잡고, 지혜로움(뱀, 虫)으로 **문화를 시작하며 떠났던**~~, 바람(風)같은 사람들 풍이(풍백)의 문화였기 때문이었습니다!

일찍이 "수학(數學)을 모르는 자는 학문을 하지 말라!" 라고 했던 플라톤이나 '자연의 조화의 본질은 수(數)'라고 했던 피타고라스가 왜, 그렇게 수에 집착했고 우리 한국인의 수리능력이 언어능력보다 높은 것이 이상했었는데, **다 천손의 문화(易)** 때문이었지요.

훗날 이들 한겨레의 갈래가 한겨레의 **역(易)**과 **역(歷)문화**와 함께 뛰어난 문명을 가지고→ **BCE3500년경 메소포타미아에 진출**하여 서구문명의 모태라는 **수메르 문명**을 건설하고 →**그리스문명**(헬레니즘) 등을 **탄생**시켰던 것입니다.

그래서 첫 아리안으로 알려진 **루마니아의 7천 년 전 문명**인 '쿠쿠테니 트리필리언'(Cucuteni-Trypillian)의 태극마크를 비롯하여 유럽의 지배자였던 **켈트인**과 그리스 · 로마, 멕시코 등 많은 곳에서도 태극문양이 나타나지만, 단지 문양으로 알 뿐, **깊은 우주철학을 담아** 태극으로 설명할 수 있는 나라는 '우리뿐'이지요.

벌써 잊으셨습니까? **7천 년 전 차이나의 조상은 동남아시아**에서 살던 때였으니 논할 가치도 없고 **우리 땅은 시원문명과 더불어 '디자인'이 시작**되어 비슷한 문양들이 우리 땅과 만주 홍산지역의 암각화에서 이미 나타났었으니, 이 **역(易)의 주체가 누구**였겠습니까?

그럼에도 지나인들은, 천손인 우리가 조상인 태호 복희씨의 **이름조차 잃어버린 사이**, 매일 아침 모여 '태극권'을 하고 복희의 묘를 '천하제일묘'라 부르며 '제사'를 지내고 있기에 이제는 **인류의 시원문명·문화의 근원**까지 가로채며 우리를 열등문화국으로 만드네요.

"역사는 사랑하고 지키는 자의 권리입니다!"

7천 년 전 동유럽 쿠쿠테니 태극 출처: http://www.abovetopsecret.com/forum/thread889
324/pg1 고대그리스의 태극문양, 영국 켈트족의 태극 출처: 흔丹가리, 프랑스 셀틱(켈트)
문양(BCE300) 출처: http://pasttimesandpresnttensions.blogspot.kr

신(神)의 나라, 도(道)의 나라의 상징이었을 우리의 태극기!

그러나 지금의 우리는 이러한 천손 특유의 상생(相生)의 마음을 잊었기에 **제로섬게임**('너의 불행은 나의 행복')이나 **치킨게임**('너 죽고 나 죽기')에 길들여져 있지요. 그래서 우리가 아무것도 해주지 못한 **김연아가 피겨 여제**(女帝)**가 되어 태극기를 감싸고 있을 땐**, 너무나 고마웠고 미안했을 뿐입니다.

지금 우리의 **태**(太)**극기가 펄럭이는 것**은 단지 대한민국 한 나라의 국기를 게양함이 아니요, 온 인류가 **광명한 정신**과 **인 · 의 · 예 · 지 · 신의 숭고함**으로 우주와 더불어 **끝없이 창조하고 함께 번영시키**고자 하는 시원겨레 한겨레의 간절한 바람을 담고 있는 것입니다.

광복절을 앞둔 어느 날 뉴스(2016년)에 '우리나라 성인 10명 중 3명이 집에 태극기가 없고 태극기를 **그리지 못한다**'는 발표에서 코리아 디스카운트를 떠올렸지요. 그러나 배우 유준상의 **11살 아들**(유민재)**의** 시에서 우리나라의 미래를 봅니다. "태극기는 **불과 바다**를 보는 듯했다. 불은 뜨거운 열정이 있고 **바다는 푸른 마음**이 있다. 나라를 위해 태극기의 열정과 푸른 마음을 갖고 간다. 태극기는 사람들이다.”

그래요. 민재군으로 하여 우리의 '태극기'가 **한겨레의 위대한 정신유산**이었음을 깨닫게 되고 한국인 각자 최고의 브랜드가 되어 '**코리아 프레미엄**'이 되는 날을 꿈꿉니다.

## 명품의 원초-신과 주인의 DNA

스스로 자기의 가치를 **인정하고 존중하는** 사람이 만든 것, **배보다 배꼽이 더 큰 것**을 세상은 '**명품**'이라 부릅니다. 그래서 사람들은 **명품**, **명문**(名門), **명가**(名家)에서 **모두 품격**(品格)**과 향기**(香氣)를 느낍니다. 그런데 스스로의 존엄성을 모르는 사람이 명품을 만들 수 있고 세계에서 존중받고 세계를 존중할 수 있겠습니까?

'**멋과 자부심의 문화**' **명품**(名品 luxury)!

그런데 '우리나라 사람처럼 **멋을 내고 멋을 알고 있는 나라가 없다**'는 것을 아마 외국여행을 해 본 사람은 잘 알 것입니다. 명품시장규모 2위의 재팬을 가 보고, 대인의 나라(?)라고 배웠고 신흥부자가 많다는 차이나를 가 봐도 뭔가 어색한 것이 그들은 **천부적으로 멋하고는 한참 거리가 먼 사람들**이라는 생각이 들며 또한 화려함과 사치로 넘칠 것 같은 유럽은 정작 **일반적으로 검소한 생활**을 합니다.

그래요. 멋은 '주인(主人)의 문화'였는데, 그들은 **세상의 당당한 주인이 아니었기 때문**이지요. **귀족 몇만이 주인**이었을 뿐, 나머지는 주인을 위한 하인들의 문화였기에 주인의 눈치를 보고 머리를 조아리고 하늘을 보지 못하며 살아왔던 문화였습니다. 하인이 멋 부리면 됩니까? 혼나지요! 그리고 **멋도 내 본 사람이 내는 것** 아닙니까? 천손이 아니었기에 당당한 자신감이 없는 찌질한 마음으로 늘 남(주인)의 역사나, 남의 문화를 **빼앗으려는 생각**에 연연했던 것입니다.

이것이 어쩔 수 없는 저들 지나와 재팬의 정체성이지요!

반면, 우린 누구나 종이나 노예가 아닌 '인내천'(人乃天: 사람이 곧 하늘)이란 **천손의식으로**, 세상문명을 끌었던 세상의 진정한 주인(主人)으로서의 **당당함과 자부심과 자신감으로 세상과 조화를 이루려 했던** 마음이 있었습니다. 그래요. '진정한 멋'이란, 독선과 오만이 아닌, **천지만물과 조화를 이루면서 세상을 두루 아우르며** 눈에 보이는 것을 넘어 **오감**(五感)**의 만족을 넘어 오묘한 삶을 추구하는 것**에서 나오는 것이었으니까요. '한국인이 어찌 멋을 잘 내는지'에 대한 답이고 4살의 천손이 "고모부는 멋있어!" 라고 말할 수 있는 이유일 것입니다.

한국인의 명품선호도 세계 2위! 누구는 우리 **한국인의 명품홀릭**(중독)을 두고 **생각 없는 민족**이라 하고, 경제학에서의 **속물 효과**(snob effect) 등으로 매도할지 모르나 역발상을 해보면, 예부터 **우리는 세상문명과 명품문화를 시작했던 천손**(天孫)**의 당당함과** 세상의 주인(主人)으로서의 **자부심과 자신감으로 온-갖 명품을 만들어 쓰고 명품을 즐기고 걸치고 했던 유전자**가 있었기 때문일 것입니다.

마치 이탈리아의 **로마가 엄청난 사치를 즐길 수 있었던 이유** 또한 당시 로마가 '**세상의 중심**(Core)'이라는 자신감과 로마인들이 바로 '**세상의 주인**'이라는 자긍심에서 비롯된 것과 같은 것이지요.

그래서 지금 **유럽의 천손**이라는 자부심에서 당당한 주인의 **명품문화**를 세계에 팔고 있고 세계는 명품에 박수를 보내는 것입니다.

**진정한 명품**이란,

결코 비싸고 화려해서가 아닌 **남이 따를 수 없는, 불멸**(不滅)**의 가치를 이룩했던 이들의 귀한 마음까지** 전해지는 묘한 매력을 느끼기 때문일 것입니다. 그래요. **우리가 우리의 명품문화를 스스로 인식할 때,** 비로소 타민족의 존경을 받으며 **코리아의 격**(格)**을 높일 수 있고** 주인(主人)의 품격을 명품에 담아 저들의 마음을 감동시킬 수 있을 것입니다.

'명품은 사는 것이 아니라 스스로 만드는 것'이지요.

'명품브랜드'란 곧 최고의 문화생명체가 만들어 낸 것입니다! **인류 역사상 가장 창의적이고 발명을 많이 한 민족**을 선정한다면, **단연 한겨레**를 꼽아야 할 것입니다. 맞아요. 산과 들과 강과 그리고 **바다까지 온 세상을 두루 아우르면서 인류의 신석기문명을 시작했던** 코어(중심, 핵)의 땅의 신의 나라. 천손답게 모든 문화에서 **주인의 멋을 드러내는 다양한 명품들을,** 지구상 어느 민족도 감-히 비견하지 못할 1등 **명품들을 끝없-이** 창조해 내었던 사람들이었습니다.

지금 우리만 모를 뿐, 세계의 인류학자는 거의 짐작하고 있지요. '한국이 **인류문명의 어머니**였고 세상의 주인이었다'는 것을! 대표적인 것이 **거석**(巨石)**문화,** 세계문화유산으로 등재된 '**고인돌**'입니다. 세계 피라미드의 뿌리와 양식의 원형이라는 **우리의 고인돌**(돌맹이 DOLMAN)은 누구도 부인 못할 시원문화의 자부심이지요.

학자들은 우리 땅이 가장 오랜 고인돌을 시작으로 **지구상 2/3가
넘는 고인돌**이 있었고 **1만 년 전**, 세계에서 가장 많은 사람들이 모여
**살았던 초밀집지대로 인류의 문명·문화를 열었던 조직화된 문명사
회**였으며 고도의 문명을 지닌 초강대국이었다고 합니다.

고인돌 덮개판에 **세계최초로 천문도**들을 새겨 천문을 시작했음을
전하고 **최초의 배**를 만들어 고래를 잡았던 과학과 조직을 이룬 흥 넘
쳤던 해양문명인들! 이들은 세상의 주인으로서 이땅의 **우주수**(세계수)
**동검**을 만들고 **오방색 색동옷**을 입고 천손의 상징으로 **상투에 명품모
자**를 쓰고 퍼져나가 신(GOD)이라 불렸던 문명인들이었지요! 그래서
옛날 **인류최초·최고의 명품보석이라는 옥**(玉)을 처음 가공하여 팔찌
와 귀걸이 등으로 치장하고 **지구상 최고로 화려하고 신비하다는 왕관**
을 유일하게 써왔던 사람들! 지금 **천상의 옷, 바람의 옷, 신선의 옷**을
그것도 비단으로 처음 만든 사람들! 온통 **명품문화**!

그리고 불(火)을 다루어 인류최초의 **명품그릇 햇살무늬토기**를 만들
어 **인류의 음식문화의 혁명**을 이루고 음식문화의 최고단계인 **발효**(醱
酵, fermentation)**음식**까지 계발하여 명품 식(食)문화를 이루었던 이들!
여기에 **건강과 풍류**를 갖춘 자연건축물에 바람을 들이고 불 위에서 자
는 온돌까지 명품 의식주생활을 해 왔던 이 땅의 사람들이지요.

여기에 신(神)의 나라를 증명하는 **'다뉴세문경'**(여러꼭지잔줄무늬거울),
신선의 세계를 조각한 **'용봉금동대향로'**, 신의 음성을 신의 과학으로
이룬 **'성덕대왕신종'**, 신의 나노금속과학 **'감은사금동사리함'**, 신의 그

림 '**수월관음도**', 신들의 문화자부심 '**활자**', 신의 말씀 '**천부경**'(天符經), 신의 깃발 '**태극기**'와 신의 과학 '**역**(易)**문화**'…!

심지어 '인류의 3대발명품'(불, 바퀴, 화폐)에서, '인류의 4대발명품'(종이, 인쇄술, 화약, 나침반) 그리고 '과거 2000년 · 1000년 동안 인류최고의 발명품'(활자, 금속활자)마저 **모─두 발명**하여 인류에 **진정한 홍익**(弘益)**을 실천했던** 사람들! 그러하기에 이 땅에 널려 있는 **암각화**와 **고구리벽화**는 세계최고의 코어문화, 보물 같은 명품유전자를 디자인했던 **조상의 타임캡슐**이었음을 알게 하지요.

무엇보다 지금까지 인류의 최고 발명품이라는 '**문자**'(文字)를 처음 발명하고 그것도 '**우주인의 문자**'라고 그래서 '**지구상 최고의 언어의 사치마저 누린다**'는 말까지 듣고 있는 '**한글**' 같은 명품 하이브랜드문화를 발명했던 신비로운 사람들! 여기에 세계의 석학들이 이구동성으로 극찬하는 한국의 '**효**(孝)**문화**'와 인류최고의 경전인 '**천부경**', 여기에 '21C 미래세계를 이끌 사상'이라며 칭송하는 '**홍익인간**'(弘益人間) 또한 천하의 명품문화입니다. 그래서 지금도 '교육은 **홍익인간의 이념 아래 인격을 도야해야 한다**' 를 넣어 가르치는 것은 세상을 큰 스케일로 이(夷)끌고자 했던 천손의 사명에서 비롯된 것일 겁니다.

'명품고인돌'이야 무거워 갖고 갈 수 없었기에 남겨 두었지, 갖고 갈 수 있는 **명품들은 구한말을 거치는 동안** 거의 모두 다 재팬과 차이나 그리고 서구열강에 싹쓸이 당했지요.

지금 한국인의 삶은 **명품문화**와는 한참 거리가 먼 하인의 너저분하고 너덜너덜한 문화로 살아가는 것일 뿐, 그래서 **당당하질 못합니다.**

더 이상 짝퉁에 기웃거리기보다는 **정신**(精神: 몸에 붙어 있는 신)을 차리고 곰곰이(곰곰: 신처럼 밝게) 돌아보면, 지금 세계가 왜, 한류에 열광하는 지에 대한 답은 물론, 나아가 위대한 역사와 문화 속에서 우리 천손의 몸속을 **도도히 흐르고 있는** '명품DNA' 속에서 **우리의 찬란한 미래를 볼 수 있을** 것입니다. 비록 다 빼앗겼어도 '우린 사람이 명품'이잖아요! 그래요. 진정한 명품은 **스스로 명품이 되는 것**인데, 우리의 만 년 너머의 장구한 역사 속의 세상의 주인의 문화DNA를 **발현**시켜 이제 '**코리아**'를 **명품브랜드**로 만들어야 할 때입니다.


요즘 '**1인당 GDP**(구매력)**에서 재팬을 앞섰다**'(2018년 $42,136〉41,364)는 경제협력개발기구(OECD)의 발표와 'K-pop'으로, '코로나19'에 군자국다운 대처로 대한민국의 위상이 높아져 이제 우리를 개도국이 아닌 **선진국**(先進國)이라고 부추기며 **한국의 명품DNA를 알고 싶어** 합니다.

'진정한 명품과 선진국'이란 누가 정해주는 것이 아니라 **주인**(主人)**인 자신이 정하는 것**이 아닐까요? 지금 우리는 아직 우리(한국인)끼리 눈이 마주칠까 두려운데… 국방력, 경제력을 넘어 자신의 역사와 문화를 존중하는 당당한 사람들의 사회 그래서 눈이 마주치면, 서로 인사를 나눌 수 있는 기본상식이 통하는 아름다운 사람들의 세상, 그래서 '나'를 넘어 '**우리**'의 기쁨을 생각하며 양보하고 배려하는 사회가 진정한 주인의 명품사회가 아닐까? 지금 세계는 고향을 찾아 **한국의 명품문화를 알려** 하는데, 이들에게 무엇을 보여주시겠습니까?

그래서 '한국어가 들어가면 모두 고급스러워 보인다!'는 외국인들의 말과 함께 〈C20 폐막토론회〉'(2010.9)의 문화계정상들의 말은 잠자고 있는 명품겨레의 혼(魂)을 깨웁니다. '질투를 느끼게 하는 한국문화'라고. 그리고 "사업차 한국인을 자주 만나지만, 그들이 **자국의 文化**에 대해 이야기한 적은 **거-의 없었다.** 한국인은 **자신의 나라를 더 자랑스럽게 생각할 필요가 있다.**"(이탈리아대표 비토리오 미소니)

단재 신채호 선생은 그의 *독사신론에서 말합니다. "**무정신의 역사가 무정신의 민족을 만들고, 무정신의 민족이 무정신의 국가를 만드나니, 어찌 두렵지 아니한가!**" 그런데 정몽준 의원이 〈나눔재단〉을 만들면서 한 말이 떠오르는 것은 왜일까요? "한국기업은 성공했다. 하지만 **내부적으로 국민 간의 공동체가 훼손되면** 기업도 실패한다." 지금 우리의 공동체가 위기에 처한 것은 우리의 역사의 상실에 있습니다. 스스로의 가치는 자기의 배꼽에서 나오는 것이기 때문이지요.

지금 한국인에게 진정 시급한 것은 우리의 몸속에 전해지고 있는 '문화정체성'을 찾아 오랜 민족적 콤플렉스로부터 탈출하고 '**우리**'로 '**하나**'가 되어 **문화DNA로 미래창조에 역량을 키워나가야** 하는 일일 것입니다. 그래요. 배꼽의 크기가 곧 민족의 역량과 품격의 차이라면, 이제 '**우리의 배꼽을 키워야 하고 찾아야 할 때**'입니다.

"나도 알고 있다. 일본 장교 몇 명 죽인다고 독립이 될 수 없다는 것을.
나는 한국인의 독립의지를 전 세계에 알리기 위하여
나의 목숨을 바친다." -윤봉길 의사(1908.6.21~1932.12.19)

"배꼽을 후비지 마라.

배꼽이 상하면, 몸이 썩어 들어간다.

배꼽은 그래서 따뜻이 보호해야 하는 것이다.

대한민국은  배꼽이다."

한라의 지붕사람

# 18부

# 한국인이 잊은 신의 언어
# − 아리랑(알이랑)!

시원역사를 간직한 신의 불가사이 언어  246

한글은 문화의 혁명  255

언어와 문자의 종주국, 한자(이글)의 기원  262

수메르문명어의 모어, 한국어  281

말과 문자와 문명의 종주국  318

시원역사를 간직한 알~이~랑, 아사달!  322

겨레여, 어디로 가는가? 이제 '아리랑'을 부르고 돌아오라!  329

# 18부: 한국인이 잊은 신의 언어- 아리랑(알이랑)!

## 시원역사를 간직한 신의 불가사이 언어

우리가 정말 '시원의 역사로 인류의 문화를 시작했던 깊은 근원의 땅'이라면, 언어(言語)에서도 오랜 역사의 흔적이 있어야 한다.

언어학자들은 인간에게 가장 원시적인 음은 '**모음**'(母音)이었다고 한다. 혹독하게 추웠던 빙하기, 세상을 따뜻하게 밝히며 만물을 생육하는 해(SUN)를 보고 내지른 감탄사 '아(하)'는, **남녀가 사랑해서 나오는 소리**와 함께 '신(神)의 소리'가 되었다고 한다.

반면 지구상에서 가장 큰 동물인 고래(魚)를 잡으며 해양문명을 시작했던 한겨레에게, 물고기를 거느리고(御) 다니며 **바다에서 고래가 튀어오를 때, 눈이 둥그레져 나오는 감탄사**가 생명(生命)을 바라는 신의 소리 '어'가 되고 고래를 빌어 '**어명**'(御命)이 된 까닭이었다.

그래서 '**부모를 호칭**하거나 엄마의 젖을 빨거나 **본능에 가까운 말**에는 원시음(인류의 뿌리말)이 쓰이는데, 즉 **원시모음 '아, 어'**에 입술로 내는 **원시자음**(ㅁ[m], ㅂ[b, v, p], ㅃ, ㅍ 등)이 쓰이는 법'이라고 언어학자들은 말한다! 그래서 우리가 **아프고 급할 때**는 '**아-, 아야**' (지나-**아이요**哎哟, 이탈리아-**아이야**ahia, 영어권국가-**아우**ow 아우치ouch)라고 외쳤던 것이다. 다- 신(神)과 생명을 부르는 소리였다.

'해' –WIKITREE, 한국의 샛노–란 가을 –나눔의 사랑, 자연에서의 깨달음 '아' –법정스님 앨범

무엇보다 **원시음**(인류 초기음)**은 '단음'으로 시작되었다**고 한다. 그런데 우리에겐 '**암**(마), **엄**(마: 마더), **압**(바: 파더), **맘**(마), **눈**, **코**(:노우즈), **입**(:마우스), **믈**(水물: 워터), **블**(火: 화이어), **집**(하우스), **소**(牛), **곰**(熊: 배어), **똥**(:dung덩)…' 등 **다른 민족어에 비해 단음절어가 엄청 많다**고 한다. 우리말에 원시음의 원형이 고스란히 있고 **단음절어가 많으며 또한 어휘수가 가장 많고 자음보다 모음이 가장 많다**는 것은 우리의 말이 가장 긴 역사의 언어였다는 확실한 증거는 아닐까?

이 모든 것은 우리 겨레가 **얼마나 오랜 시간**(역사) 속에서 **언어를 갈고 쪼고 실험하며 즐겨왔고** 그래서 얼마나 **자유로운 생각 속에서 풍부한 감정을 표현해 왔던 겨레였는가**를 잘 웅변하는 것이다.

그런데 어떤 민족의 사상과 감정은 물론 문화와 역사의 깊이는 그 **민족의 언어에 가장 잘 반영**되어 나타나 있고 특히 **감정의 세분화를 드러내는 형용사**(a)**나 부사**(adv)**의 발달**에 나타난다고 한다.

지금 세계에서 가장 영향력이 있는 언어라는 영어에서는 '**노랗다**'라는 표현이 '**yellow**' 단 **하나뿐**이지만, 우리말에서는 '**노랗다**, 누렇다, 뇌랗다, 누르다, 검누르다, 감노랗다, 연노랗다, 샛노랗다, 싯누렇다, 노릇하다, 노릇노릇하다, 노르스름하다, 누르스름하다, 노르탱

탱하다, 노르틱틱하다, 노르께하다, 노리끼리하다, 뇌리끼리하다, 노르족족하다, 노르끄레하다, 느르끄레하다, 노르무레하다, 누르무레하다, 누르슴하다 ,누르칙칙하다….' 더구나 '빨갛다'의 표현은 100개가 넘는다고 한다.

이러한 **풍부한 언어적 표현과 삶의 깊이**가 다양한 개성으로 나타나 지금 애니메이션, 게임, 영화 등 한류로 세계를 열광케 하는 것은 아닐까? 그래서 신(神)의 영역을 표현하고 있는 불가사이한 한국인의 언어와 다른 민족보다 30배 진화했다는, 우주인의, 4차원 문자로 이 땅이 인류시원의 어머니의 땅이었음을 밝힌다.


### 신의 배꼽, 엄마와 아빠

무엇보다 세계인이 공통적으로 부르는 '엄마, 아빠'라는 말의 근원을 찾는 것은 인류시원의 역사 즉 배꼽을 찾는 일일 것입니다. 기록으로는 **한국인의 첫 아빠, 엄마**였다는 '**나반과 아만**'이 세계인의 아빠, 엄마의 호칭으로 이어졌음을 일깨웁니다.

'멀~고 먼~ 아주 옛~날, 신화보다 더 오랜 옛날(약 6~7만 년 전), 이때 북쪽에서 살아남은 ♡나반(那般)이라는 사내와 남쪽땅의 ♡아만(阿曼)이라는 아씨가 만나 **아이시타**(阿耳斯它? 아사달로 해석하기도)에서 **혼례를 올렸던 일**'을 고리 때의 원동중은 *****삼성기**(三聖記) **하편**에 소중히 기록으로 전했습니다.

> "극동의 성배(聖杯)민족을 찾아 경배하고 그들을 도우라!"

-루돌프 슈타이너(独 1861~1925)

또한 *신사기(神事記: 대종교 경전)와 *태백일사는 '처음에 한 남자와 한 여자가 있었으니 ♡나반과 ♡아만이었다. 각각 **하늘가람 천하**(天河, 天水: 松花江 혹은 바이칼 호수?)**의 동과 서에 있어** 그 처음에는 서로 왕래하지 않더니 오랜 후에 만나 서로 짝하였더라… 그 자손이 **오색 인종**으로 나뉘었는데, 가로되 황(黃)·백(白)·현(玄)·적(赤)·람(藍)이 다'고 기록합니다.

이러한 기록은 그간 목이 타게 찾았던 인류사의 비밀들을 오롯이 간직하고 있었습니다. '인류의 문명이 **유목문명과 농경문명의 접점에서 시작되었다**'는 인류사의 가설을 어느 정도 입증시키면서 많은 인종이 함께 했던 시원의 땅이 어디였었으며 세계인의 엄마, 아빠의 호칭의 근원지가 어디였었나를 찾게 합니다.

그래서 한국인의 마음 깊은 곳에 자리잡고 있는 옛 이야기—, '**칠석**(七夕)**날 견우·직녀와 남남북녀**(南男北女)의 유래'가 **유목문명과 농경**(해양)**문명의 만남**을 엄마와 아빠의 만난 날로 상징한 것이었고 **지구의 모든 인종**이 우리 땅에서 배척과 갈등이 아닌 서로의 **축복으로 함께 시작했던** 칠성겨레의 역사였고 **7의 숫자**로 퍼져나갔던 인류사의 큰 흐름이었음을 상징화했던 것임을 알게 합니다.

엄마와 아기 출처: 클림트, "반갑습니다♪" 북한예술단 공연 현장 출처: YTN, 출처: K-maru

*아만— 아마〉 어마〉 엄마, 엄니 : (외국)아마〉 마마〉 맘마, 맘

*나반— 아바〉 압아〉 압바〉 아빠 : (외국)아바〉 빠빠, 파파

아바지〉 아버지(인디안: 아파치, 거란: 아보기)


이렇게 **아만**과 **나반**에는 원시모음 '아'와 원시자음 'ㅁ, ㅂ'이 고스란히 있고 **마마**[mama]**와 파파**[papa]**와도 자연스럽게 연결되는** 것 또한 이런 까닭일까요? 이에 〈한국학연구소〉의 박현 소장은 아만의 **마**는 '뿌리, 진실, 참'의 뜻을, 나반의 **반**[BAN]이 옛 우리말로 '**사람 안의 신, 하늘에서 내려온 신과 같이 완전한 인간**'을 나타내는 먼 옛날의 언어였음을 밝혀냄으로써 우리 겨레가 엄마와 아빠를 **참된 뿌리와 신**(神)으로 여겼었음을 알게 합니다.

〈국학원〉의 장영주 원장 또한 한국인이 사람을 만났을 때 하는 말인 '**반갑습니다**'가 '그대는 **반과 같습니다!**'로서 **하늘에서** 내려온 신처럼 완전한 인간을 뵙습니다라는 의미였다고 말합니다.

아, 영어 "Glad to meet you!"(만나서 기쁘다.) 처럼 단순한 뜻이 아니었지요. 그래서 **반하다**(반이 하다), **반듯이**(반이 한 듯이 완벽히), **반반하다**(많은 반이 하듯 멋지다)라는 말이 전해지는 것이라고 합니다. 그래요. 그래서 '**반고**'라는 신도 전해지는 가 봅니다.


### 주인의 자리를 잃어버린 조상신들

한국인들이 역사의 끈을 **놓아버리고** 역사의 어머니와 아버지를 **잊어버린** 바람에, 원래 한겨레의 큰—어른을 모셨던 **환**(한)**웅전**(桓雄殿 대웅전)**의**

주인인 환인과 환웅과 단군은 **쫓겨나시며 불교의 부처님**으로 채워졌고 우리나라 고유의 신(神)들은 **이름마저 변한 대웅전**(환웅전) **뒤쪽에 간신히 초라한 모습으로 명맥**만을 이어가고 있는 것이지요. 그래서 어느 한국인은 '**우리는 모두 호로자식!**'(부모 없이 막 자란 사람)이라고 합니다.

삼신산을 배경으로 호랑이를 거느린 흰 수염의 **산신을 모신 '산신각'**(山神閣)을 비롯하여 후손의 수명과 풍년을 관장하는 **칠성신을 모신 '칠성각'**(七星閣), 길고 흰 눈썹에 정겨운 미소로 후손에게 재앙을 없애며 소원을 들어 준다는 **나반을 모신 '독성각'**(獨聖閣), 이들을 함께 모신 **'삼성각'**(三聖閣)은 한국인에게서 정겨웠던 잊힌 뿌리문화이지요.

우리나라 사찰에는 재팬이나 지나, 동남아 등에 없는 **독특한 전각**이 있습니다. 바로 환웅전(대웅전) 뒤편에 있는 **'독성각'**(獨聖閣 또는 천태각)이지요. 스승 없이 **홀로 도를 깨우쳐 성자**가 되었다는 한겨레의 아바(버)지 '나반'을 모시는 집입니다. 우리(지구인)가 위급하거나 도움을 간절히 원할 때 부르는 한국인의 '**아빠**'(파파) 말입니다.

그러나 **허연 눈썹이 말하듯, 오랜 세월 속의 성자**(聖子) **나반**은 역사가 잊히자 오히려 **젊은 석가**(563경~483경 BCE)**의** 제자인 나반존자로 둔갑(주객전도)되어 번듯한 환웅전이 아닌, 전殿 〉당堂 〉합閤보다 훨씬 품격이 떨어진다는 **초라한 각**(閣)에 웅크리고 계시지요.

진리란 상식과 논리에 바탕을 둔 것이라 하는데, 스승 없이 홀로 도를 깨우친 분(獨聖)이 그래서 눈썹이 허연 분이 **어찌 젊은 석가의 제자가 될 수 있을까요?** 그래서인지 석가 제자(?) 중 가장 영험하였다

는 '나반존자는 제자나 나한 그리고 불경 어디에도 **기록이 없다**'고 \*
불교신문과 \*한국민족문화대백과사전은 전하고 일제시대, 선각자 육
당 최남선도 "사찰의 삼성각이나 독성각에 모셔져 있는 **나반존자**는
불교의 것이 아니라 한겨레 고유의 것이다." 라고 밝힌 것이 아닐까!
그래요. 나반존자가 불교에서 그렇게 중요한 분이라면, **왜, 지나나
왜의 문헌**에서는 **전혀 나타나질 않는 것**일까요?

이젠 한낱 '복을 빌고 시험 잘 보게 해 달라'는 사심으로 사시사철
붐비는 장소가 되었을 뿐-, 오늘 온갖 꽃들이 흐드러진 어버이날, 어
디에선가 **우릴 부르며 손짓하는 분들**을 느낍니다!

차라리 쓸쓸히 비라도 내리면 좋겠습니다.

흰 눈썹의 나반(경남 통도사) 출처: 한국학중앙연구원, 나반을 모셔놓은 해인사 독성각 출처:
블로그 자인행, 칠성각 출처: 두산백과, 산신각 출처: 참 나를 찾아 산사로의 여행

## 글은 천손의 소통문화

인간은 다른 영장류와 달리 눈동자에 **흰자위를 가짐**으로써→ **소통이
가능**해졌고 그래서 **언어를 교환**하고 언어를 기록하기 위해 **문자가 탄
생**되었다고 합니다. 리처드 랭엄(인류학자 하버드대) 교수는 '침팬지가
공동체 안에서 보이는 **폭력 횟수가 사람에 100~1000배**나 많은 것은

언어로 폭력을 해결할 수 없었기 때문인 반면, 인간은 **언어를 통해 협조함으로써 평화적이고 진화된 인간**이 되었다.'고 합니다.

아, 소통이 가장 빨랐던 그 땅, 사람들은 누구였을까? **가장~ 평화스러웠고 가장~ 빨리 문명화된 사람들**이었을 개연성이 있다는 것이지요. 그래서 문자를 인류의 가장~ 위대한 발명품이라고 하고 또한 **고대문명을 이루는 가장 중요한 요건 중의 하나**로 꼽는 것입니다.

인류학자들은 글자가 '하늘과 조상에 제(祭)나 차례를 지낼 때, 뜻을 **고한 후 이를 간직하여 후손에게 전하려고 나온 것**'이라고 합니다. 그래요. 우리 한국인은 **인류의 문명을 가장 먼저 시작하여 처음 하늘에 천제를 고한 천손**(天孫)이었으니 **맨 먼저 글자를 발명했던 것은 당연**한 일이었을 겁니다.

**천제**(天祭)**란 세상과의 소통**을 원한 것이었고 글은 **신과 소통하기** 위한 것이라고 생각했기에 **위에서 아래**(세로쓰기↓)로 썼고, 해 뜨는 동쪽 나라에서 모든 문화가 비롯되었기에 **서쪽으로 ←동쪽**(북쪽을 등지고 왼쪽)에서 썼다고 합니다. 이러한 자부심에서 벼슬문화 또한 영의정 다음 우(서쪽)의정이 아닌 **좌**(동쪽)**의정**으로 했던 것이지요.

지금은 **천손인 우리마저도** 서쪽에서→동쪽(가로쓰기)으로 쓰고 있지만, 먼 옛날에는 **수메르문자도, 그리스문자도 세로쓰기**(↓)**를 했다**고 하니 글 또한 하나(천손)의 문화에서 퍼져나갔음을 알게 합니다.

> **"부끄러운 줄도 모르고 남의 역사왜곡만 질타하는, 그 가증스러운 행위는 왜, 분노하지 못하는가?"** -송복 명예교수의 '내팽개친 역사' 에서

## 신의 문자, 한글

지구상 6천여 종의 언어 중 **문자까지 갖춘 언어는** 불과 **100여 개,** 그 중 한글은 마법 같은 글자랍니다. 〈세계문자올림픽〉 3위인 **영어가 알 파벳 26자로 표현할 수 있는 소리는 300여 가지에** 불과하고 재팬어 300, 지나어는 400에 불과하지만, 1위인 **한글은 24개 문자**(자14, 모10) **로 1만1천 가지의 소리의 표현이** 가능하다고 하지요. 이찬구 박사(철학)는 말합니다. "우리는 **받침을 발견한 위대한 민족이다.** 받침이 없으면 초성과 중성만 조합해 399자밖에 안 나오지만, 받침이 있으면 1만1천172자가 나온다. 우린 30배 진화한 글자를 쓰고 있다."

그래서 **자연의 감동을 풍부하게** 표현함은 물론 **세상의 무엇이나 어 떤 표현도** 할 수 있는 독보적인 글이기에 과학자들은 한글을 '인류의 최고발명품'으로 선정하고 '우주인의 글, 신의 글자'라고까지 칭송합니다. 아, 천손(天孫)이란 군림이 아닌 세상과 소통(疏通)하는 이였지요.

**자연을 닮고 세상을 담은 글이기에** 30분만 알려줘도 금방 읽을 수 있어서 '낫 놓고 기역(ㄱ)자도 모른다'는 속담이 있을 정도, 여기에 **세계에서 가장 과학적이고 체계적이고 실용성까지** 갖춘 글이기에 짧은 시간에 이뤄지는 **정보전달 능력에서** 다른 문자의 추종을 불허하고 **컴퓨터에서의 업무능력에서도** 타 언어권(영어, 지나어, 재팬어)에 비해 **두 세 배 이상** 속도가 빨라 지금 우리가 세계의 정보화 시대를 이끌어 가고 있는 것이지요.

스카스 게일(James Scarth Gale)의 저서 *전환기의 조선(1909)에는 "차이나나 인도는 천 명에 1명만이 글을 읽을 수 있는데, 조선은 읽기가 보편적이다." 라는 기록이 있어 문명인이라던 저들마저 얼마나 갑갑하게 살았는지를 짐작하게 합니다.

언어학자들은 인간의 **언어의 발달단계**를 넷으로 분류하는데, 최하 1단계는 **차이나어**(한자), **아랍어**  2단계는 일본어, 프랑스어, 독일어, 러시아어  3단계는 영어, 스페인어  그리고 최고발달단계인 4단계로는 유일하게 한국어(한글)를 꼽고 있습니다.

그래요. 이렇게 **4차원의 문자**이기에 땅(사람)의 글이 아닌 하늘의 글(한글)을 쓰는 한국인을 '**참-불가사이한 사람들**'이라고 말하는 것이지요! *훈족 아틸라(Attila the Hun)의 작가 John Man(英의 역사 다큐멘터리 작가)은 "단순하면서도 효율적이고 세련된 한글은 가히 알파벳(문자의 총칭)의 완벽한 전형이자 알파벳 중의 별(star. 명품)이라고 할 수 있다. 모든 언어가 꿈꾸는 최고의 알파벳이다." 라고까지 말합니다.

'인간과 DNA유사성 98.8%' 침팬지-한자가 無 출처: 동아사이언스, 제2회세계문자올림픽 출처: YTN, 신의 옷 출처: 청주비엔날레 Hp, '찌아찌아어'가 된 한글표지판 출처: 세종학당

## 한글은 문화의 혁명

음성 · 언어학자 제프리 샘슨(英 Geoffrey Sampson)은 '한글은 **신이 인간에게 내린 선물**로써 단순한 **음절문자**(자음, 모음을 가

를 수 없는 문자)를 넘어선 **음소글자**(자음과 모음이 결합하는 문자)도 아닌 (넘어선), 유일한 자질문자(資質文字, featural alphabet)로서 인류의 위대한 지적유산이라'고 칭송하지요. 자질문자란 평범한 음소문자를 넘어 자음은 **조음 위치**에 따라, 모음은 **혀의 전후와 높이**에 따라 변별이 되는 **인류의 글자 중 더 발전할 수 없이 발전한 글자**를 말합니다. 이를테면 '**감감**하다: **깜깜**하다: **껌껌**하다: **캄캄**하다: **컴컴**하다'는 자음과 모음의 자질이 조합되어 다른 글자로 발전한 말이지요.

그래요. '한글'은 모든 자음과 모음에 고유한 뜻이 내포되어 있기에, **알파벳처럼** 소리만 내는 단순한 표음문자가 아닌 '뜻과 소리를 함께 나타낸 글자'(표음문자이면서 표의문자)이기에 게리 레드야드 교수(컬럼비아대) 또한 '한글은 세계문자사상 가장 진보된 글자이다. 한국국민은 **그 무엇과도 비교할 수 없는 문자의 사치를 누리고 있는 민족이다.**' 라고 부러워하고 재팬의 노마 히데키 교수(국제교양대)는 *한글의 탄생에서 '한글은 문화의 혁명'이라고까지 역설했던 것입니다.

그래요. 인류최초로 슴베(창, 화살촉, 도끼 등)를 창안하여 **조립식 연장과 도구들이 나온 땅!** 그래요 **조립식 청동검과 조립식 건축**(고인돌, 배, 집) 등 **창의와 합리와 소통**으로서 '조립유전자'를 면면히 이어받은 사람들은 자연히 음과 양에 따라 **자음과 모음을 분리**하고 **소리와 뜻에 따라 절묘히 조립**하여 온 세상을 표현할 수 있는 문자(자질모음과 자질자음)를 탄생시켰던 것이지요.
**창의와 합리, 소통과 자부심의 문화!**

그래서 인류학자들은 '한글은 세계문자역사의 눈부신 돌연변이'라고 말하지만, 이것이 우연이었겠습니까? 우리 땅은 다른 곳보다 적어도 만 년 앞서 신석기문명을 시작한 땅이었기 때문이지요.

세계적인 석학 하이데거(1889~1976)는 '언어는 존재의 집'이라 했습니다. **우리의 말과 글에는 수만 년이나 앞선, 발달된 인류의 문명과 문화의 경험이 축적**되어 있는 것이지요. 한마디로 말해서, 우린 '한글' 하나만 갖고도 지구상 최고의 문화민족이었고 최고의 문화를 발명했던 사람들이었다는 것입니다!

### 인류의 최고 발명품, 지구 최고의 문자!

그래서 다른 민족이 '만지다'(touch) 하나뿐일 때, 우리는 만지다 외에 **'매만지다'**(마음으로 ~), **'어루만지다'**(얼로 만지다) 등이 있었으니 이런 차이로 **신의 문자**니, **인류의 가장 오랜 글자**이니, **불가사이한 언어**니 했던 것이지요. 인류의 시원지조차 파악하지 못하고 퓰리처상을 수상한 재레드 다이아몬드(Jared Diamond)조차 그의 *총·균·쇠 서문에서 '한국인의 천재성에 대한 **위대한 기념비**'라고 한글을 극찬했던 것이 다 뜬금없는 것이 아니었습니다.


### 한국인이 지켜내야 할 보물, 찾아야 할 소리들!

세계의 지성들이 우리의 문화를 부러워하는 이유는
저들에게 없는, **정신문화와 역사, 종교, 의·식·주문화, 언어·문자**에 인류문명·문화의 시작과 뿌리가 있고 여기에 민족과 자연을 뛰어넘는 '홍익인간'이라는 인류의 큰 정신이 있기 때문이지요.

맞아요. **철학과 과학, 음악과 음양오행의 조화**까지 담겨있는 문자, 한글! 알 수는 없지만, 하늘나라의 언어와 문자를 쓰면, 입가에 미소를 짓게 하고 깊은 원초적 그리움이 느껴지는 것이 이런 때문입니다.

그래서 한글 자체의 우수성도 칭송하지만, **한글에 담긴 백성을 사랑하는 지도자**(왕)**의 마음**을 부러워하면서 UN에서는 '**세종대왕상**' (King Sejong Literacy Prize 1989)을 제정하여 인류문자의 본을 삼고 있고 (지금의 한글의 전신인 훈민정음은 세종대왕님보다 3500여 년 전인 3대 가륵단군 ~BCE2181 때 이미 있었던 가림토문자를 기본으로 한 것) 심지어 "프랑스 회의 때 모인 **세계의 언어학자들**이 한국어를 세계공통어로 채택했으면 좋겠다'는 **말까지 했다.**" 라는 사실이 방영(KBS-1 1996.10.9)됩니다.

한글날(2014) 요르단국립대 한국어학과 한글체험, 출처: 뉴시스, 한국의 자부심을 저버린 외래어 남발 출처: 한국방송뉴스, 잃어버린 옛이응, 천손의 상징인 상투(꼭지) 출처: 뉴스에이드

제임스 매콜리 교수(시카고대)는 작고 전까지 20여 년을 10월9일이면 휴강하고, 집에서 '한글기념잔치'를 벌였던 **한글 사랑**은 감동적이었지요. "세계의 위대한 유산이 탄생한 날을 찬양하고 휴일로 기념하는 것은 **언어학자로서 당연한 일이다**" 지금 K-pop, 영화, 드라마, 예술, 한식 등 **문화한류**(K-wave)**로 세계가 한국을 알고 싶어** 찾으려는 이때, '**한국문화의 힘이 한글에서 나온다**' '**한글은 한국인이 끝까지 지켜내야 할 보물, 미래한국의 최대의 자산**'이라는 세계지성들의 말

에서 한글이 한국문화의 응집체였음을 알아야 합니다.

　　그래서 **우리말의 오염을 막아야** 하고 〈조선총독부〉에 의해 상실된 **조상의 소리도 찾아야** 합니다. 특히 **세상을 온통 밝게 했던** 옛날의 하늘소리 · (아래 아)를 찾아 지금의 어둡고 병든 한국사회를 치유해야 하며 해(알)를 닮은 글자 ㅇ[옛이응 ŋ]을 찾아 우리 한국인의 **해처럼 밝고 광명한 마음을** 다시 찾아야 합니다. '—양(陽: 태양), **정**(情), **강**(江), **랑**(郞: 아리랑, 신랑, 자랑, 국자랑)…', 손택수 시인은 우리에게 사라졌지만, **가슴으로 느껴지는 글자** ㅇ(옛이응)에서 '어머니의 젖꼭지'와 '탯줄 붙은 배꼽'을 느낀다고 하는데 **아! 하늘**(ㅇ)**의 탯줄**(ㅣ)**을 잊은** 한국인의 모습(ㅇ)에서 저는 **상투**(자부심)**를 잊은 천손**을 떠올립니다.

　　그리고 ㆆ(여린 히읗), ㆅ(쌍히읗)과 ㅿ(반치음)과 ㆅ, ㄸ, ㅺ 같은 초성에 복자음 소리를 냈던 **합용병서**(나란히 합쳐 쓴 글)들 그리고 입술을 가볍게 닿는 순경음(가벼운 입술소리)인 ㅱ, ㅸ[v], ㆄ, **ㅃ** 등 **한국인이 잊었던 소리**(글자)**를 복원**할 수만 있다면, 진정 조상님(옛 인류)께서 내셨던 지구인의 첫소리를 들을 수 있을 텐데….

　　　　그러면 **이 땅을 떠나 유럽과 세계로 퍼져나간 말들을** 우리가 지금의 70%가 **아닌 90% 이상 발음을 할 수** 있어 세계의 언어가 우리에게 **결코 낯선 이방인의 소리가 아닐** 수 있고 **세상의 모든 소리를 담는** '진정한 하늘나라 글자'(한글)가 되어 한국어가 인류의 모어(母語)였고 이 언어를 담았기에 우리가 '문자의 종주국'이었다고…, 당당히 말할 수 있을 텐데 말입니다.

그래서 이제 한글이 '인류의 최고발명품'이고 지구에서 유일한 '자질문자'임을 깨달아 아무 생각 없이 '우리글은 뜻 없는 표음문자'(√)라거나 '알타이어족(√) 언어'라고 학교에서 가르치지 않았으면 하고 누군가 말하듯 '한국인이 한국어로 세계에서 행사를 하고 우리말을 올바로 쓰는 것이 한글의 세계화'임을 깨달았으면 합니다.

**"말이 오르면 나라도 오르고, 말이 내리면 나라도 내린다!"** -주시경

## 헐버트를 잊으면, 한국사람 아니다!

한국인보다 한국을 더 사랑한 외국인, 안중근 의사께서 사형을 앞두고 "한겨레라면 하루도 잊어서는 안 될 **한국의 은인이다.**" 라고 하신 분이 계십니다. 우리나라 **최초의 한글학자**로서 **최초의 한글교과서**(＊士民必知사민필지)를 편찬하시고 **주시경에게 한글사랑**을 심어주어 한글의 혼을 잇게 하고 우리나라 **최초의 종합역사서**(800쪽) ＊**한국사**(The History of Korea)를 출간하신 분 호머 헐버트(Homer Bezaleel Hulbert 1863~1949 한국명 흘법 또는 할보)!

생을 마감할 때까지 **교육자**, 언론인, **한글학자**로, **역사학자**, 저술가, 민요 **'아리랑' 채보자**, 한국문화 발굴자로, **고종황제의 특사**로 〈만국평화회의〉에서 을사늑약 무효를 선언하는 친서를 전달하고 **조선의 독립을 역설했던 독립투쟁가**…! 1919년 한국에서 삼일항쟁이 벌어지자, 〈미국상원외교관계위원회〉에 '한국을 어찌 할 것입니까?'(What About Korea)라는 진술서(Statement)를 제출하고 한국의 독립을 호소하면서 한국사랑을 멈추지 않았던 분이었습니다.

조선에 도착해 **4일 만에 한글을 읽고 쓸 수** 있게 되었던 위대한 글에 대한 사랑의 추억을 회고록(*헐버트문서)에 기록하지만, 그의 *대한제국멸망사(The Passing of Korea1906) 책머리에 조선인들이 위대한 한글을 업신여기고 있는 사실에 안타까움과 함께 천손이 긴 잠을 깨 제정체성을 찾기를 고대합니다. "잠은 죽음의 가상이기는 하나 죽음 그 자체는 아니라는 것을 증명하게 될 한겨레에게 바친다."

샌프란시스코에서 대한민국으로 떠나며 언론에게 한 **"나는 웨스트민스터 사원보다 한국땅에 묻히기를 바란다."**(I would rather be buried in Korea than in Westminster Abbey.)라는 헐버트의 말은 그에게 **한국**은 해가 지지 않는다는 영국의 안식처보다 **가치가 있는 땅이었기 때문**이었지요. 다행히 소원했던 한국땅에 묻혔지만, 생을 마감하면서 소원을 남깁니다. "한겨레가 **꼭 통일**을 이뤄 세계사의 주역이 되라!"

이후 40년을 한국정부와 국민은 **그를 잊고** 살았습니다. 그래요, 빨리 잠에서 깨어야 합니다. (☞ 재외동포신문 오피니언에서 김동진 헐버트박사 기념사업회 회장의 기고문2012 ***한국인보다 한국을 더 사랑한 헐버트**에서 발췌)

조선의 혼을 깨운 헐버트, 양화진(楊花津) 외국인 묘지의 헐버트 55주기 추모식, 헐버트의
*한국사, 최초의 한글교과서 *士民必知 중 유럽편 출처: 재외동포신문

# 언어와 문자의 종주국, 한자(이글)의 기원은 한국어

세계의 지성들이 우리의 **한글을 부러워하는 이유**는 한국인의 **말과 문자 속**에서 앞선 인류의 문명과 문화의 흔적들이 발견되기 때문입니다. 진화의 최종점까지 온 한국인의 한글에서 **인류 진화의 시간과 뿌리문자의 존재를 의식했기 때문**이지요. '한국이 언어의 종주국이 아니겠느냐!' 하는 것입니다.

여기에 언어학자들이 신비롭게 여기는 것은

'한글이 유일하게 **세계의 모든 언어의 70%**(ㆍ, ㆆ, ㆁ, ㅿ, ㅸ, ㅹ, ㆅ,ㅻ 등을 제외하고도) 특히 **영어는 90%의 발음**을 할 수 있고 또한 전 세계 언어를 **한글로 바꿔서** 다시 통역(번역)할 때, 제일 **빠르고 정확한 통역**이 가능하다는 것입니다.


왜일까요? 우리의 태곳적 말(훗날 문자까지)이 세계로 퍼져나갔던 것이지요. 그래서 인류최초로 콩(豆)을 바치고 **천제를 올리며 '예'**(禮)를 갖추었던 한국인의 자부심을 드러내는 원시한반도어 [예]가 퍼져나가 뿌리어가 되고 공통어가 되어 대화할 때의 호응어인 [예]가 되고 영어의 **'예스'**(yes)**라는 자식어**와 **'네'라는 변형어**를 탄생시키고 여기에 **쌀**(禾)**문화까지 시작한 우리 선조의 거대한 이동**(移動)으로 **엄마** 또한 **'마마와 엄마'**로 전해지며 우리말의 흔적들을 남겼기 때문입니다.


세계적인 언어학자인 람스테트(Gustaf John Ramstedt)도 처음엔 잘 모르고 '알타이 가설'을 주장하며 한국어를 **세계언어의 가지인 일개 어족**(알타이어족)에 넣는 오류를 범했지만, 끝내는…,

"한국어를 **쉽게** 알타이어군(群무리)에 **포함시킬 수는 없다.** 한국어는 앞으로 **더 연구를 요하는** 불가사이한 언어이다."(1950) 라고 했던 이유도 두꺼운 안개 속에 켜켜이 싸여 있는 '한국의 문화굴기'(崛起: 우뚝 솟은 모습)를 보고 뒤늦게나마 한국어를 느꼈기 때문일 것입니다.

그런데 우리가 세계언어의 종주국이 되기 위해서는 **반드시 넘어야 할 문자들이 있습니다.** 그것은 옆에 있는 거대한 인구의 1**지나어,** 그리고 인류의 문명을 처음 시작했다(?)고 알려진 2**수메르인의 언어,** 그리고 지금 세계의 공용어로 인정되는 3**영어**(유럽어)와 유럽어의 어머니의 말이라는 4**인도어**일 것입니다. 그리고 우리를 좁은 우물로 집어넣은 5**'알타이어족'이라는 굴레**입니다. 만약 이것들을 넘는다면, 우린 **이것만으로도** '인류의 시원국'이 되는 것이지요.

지구인의 **약 1/3인 20억 인구가 쓰고 있는 한자**(漢字)! **한국어 명사의 70%가 한자어!** 그래서 한국인에게 **사상과 문명의 근원으로** 여겨지며 우리로 하여금 남의 문자를 빌어 쓴다는 비굴한 마음으로 **빠져들게 하는 거대한 블랙홀**(black hole: 헤어날 수 없는 수렁)과 같은 문화입니다. '한국의 헌법(憲法)이 한자로 써 있으니 **한국은 중국의 소국**(小國)이다.' 맞아요. 한국인의 **모화사상과 사대주의**(事大主義)의 출발점이 바로 위대한 뜻글 한자어였기 때문이었지요.

따라서 한자가 한국인의 발명인 것을 밝혀내는 것은 이 모든 열등의식에서 벗어나는 **정신적인 해방뿐** 아니라, **한자 속에 전해지는 수많은 문화가 우리의 문화였다는 자부심**을 갖게 하는…

아-주 중요한 과업일 것입니다.

조셉 니덤, '동북공정의 허구성'을 입증하기 위해 열린 〈국회토론회〉를 주재하며 고교역사 교과서의 편향된 역사의식을 지적하는 권철현 의원, '중국의 역사는 날조된 것, 중국은 우리의 가지역사'를 주장하는 이중재 회장, 질의하는 이계진 의원 출처: 상고사학회

윤복현 교수는 차이나의 글자로 알려진 '한자(漢字)의 중세와 고대의 음가(발음) 대부분이 한국말이거나, 한국에서 사용하는 현대 한자음에 가깝다'는 사실을 모스크바 대학의 스타로스틴 교수의 〈바벨 프로젝트〉(북경대와 대만대 연구진 참여) 논문의 분석을 들어 밝혀냅니다.

예를 들어, 우리 말 '나'를 의미하는 我[아]는 고대지나음인 '나, nah'와 같고(현대지나음 워wo), '너, 네'(you)를 뜻하는 爾[이]의 고대지나발음은 '네neh'였으며(현지나발음 니ni), 우리 말 '파람'(바람 예: 휘파람)을 뜻하는 風[풍]의 고대지나음 또한 '프람/퍼럼'(현지나음 펑feong)이었으며, '불휘'(뿌리)를 뜻하는 本[본]의 고대지나음은 '파르/퍼르'(현지나음 번ben)였다는 것입니다.

소위 **한자어의 고대발음이 = 우리 한국말과 같고 ≠ 지금의 지나음과**는 맞지 않는다는 것은 **순 우리(한국)말을 사용했던 이(夷)들에 의해 처음 '한자'가 만들어졌고** 그것이 '갑골문'과 '금문'이며 이들에 의해 홍산과 황하에서 문명·문화가 일어났음을 입증하는 것이지요.

그래서 차이나과학을 서양에 소개했던 조셉 니담(Joseph needham

1900~1995)은 저서 *차이나어에 대한 노트에서 이렇게 말합니다.

　"까마득한 옛날 선조로부터 이어온 것이 말이고 글은 지극히 가까운 역사시대에 만들어진 것인데, 차이나는 글이 먼저 있었고 그 글에서 **말이 파생**하였다." 라는 엉뚱한 말을 하면서 **차이나어의 뿌리가** 말이 아니라 글(문자)**에 있었음**을 말합니다. *브리태니커 사전 또한 "**차이나말은** 역사·문화적인 접촉에 의한 것이지, **고대로부터 물려온 말이 아니다.**" 제 뜻글을 잊어버린 한국인을 일깨우는 말입니다.

　그러니까 〈상고사학회〉의 고 이중재 회장님께서 늘 하신 말씀이 생각나네요. "우리가 말하는 한자(이글)란 원래 **지나족이 만든 문자**√에 **지나음**√이 붙여진 것이 아니라, 한겨레가 발명한 글자에 한겨레의 음에 맞춰 표기된 것이다. 한자는 우리의 글이고 고대 지나대륙의 **중심세력은 우리 한겨레였다. 처음 한자에 붙인 음**(소리)**과 훈**(訓: 뜻)이 바로 한국의 말이다. 더구나 글자는 **천제**(天祭: 하늘제사)**를 지내고 역사를 남기려 한** 천제국(天帝國: 인류의 문명을 시작한 나라)의 발명품이었다." 그래요. 그래서 글은 천손이 내린 신물이었기에 **위에서**↓ 아래로 쓰고 문명의 시작이 해 뜨는 동방이었기에 상고시대는 **우**(西)**로**← **좌**(東)**에서** 썼던 것('우횡서')이었지요.

　또한 "처음의 **옛 한문**(이글문)**은** 우리말 어순(SOV)**과 똑같았다.**" 라고 말씀하셨습니다. **당**(唐) **때에 백화체**(언문일치체, 구어체)**가 등장**하면서 **어순이 달라**(영어처럼)졌을 뿐, 그전 한(漢) 때까지 썼던 글(고급어, 문어체)은 지금 우리와 어순이 같았다고 합니다.

그래서 **지금의 지나어의 어순**(SVO)으로는 옛 이글문(한국인의 글이기에)을 이해 못하는 것이며 지금의 **지나의 말**이란, 글이 생기기 이전부터 있었던 언어가 아닌(제 언어를 제 고유의 문자로 쓴 것이 아닌), **우리의 글자**(한국인의 뜻글자 '이글')**를 우리의 사투리쯤 되는 말로 차용하는 과정**에서 **어순이 바뀐 언어**였으며 그래서 저들 스스로도 알 수 없는 괴물 글자가 되고 만 것이라고 말이지요.

이랬던 것이죠! 지나족은 **동남아에서 살다 뒤늦게 지금의 차이나 남부로 이주**(5~6천 년 전)하지만, 이미 중국땅에는 문자를 쓰는 문명·문화의 초강국인 천제국(배달나라)이 있었습니다. 지나족은 천제국 사람(동이)의 문명과 문화를 배우고 공유하면서 자연스럽게 옆에서 **천제국 문자**(조상 한자)**를 천제국의 음으로 흉내내면서 빌어썼지요!**

그러다 보니 하나의 글자는 하나의 발음으로 해야 하는 원칙에서 벗어나 지나는 **한 글자**에 √2~3가지 발음과 √복수모음이 있고 √어형변화나 √활용, √격(주격, 목적격 등)변화 등은 **없고** √명사(n)와 동사(v)는 **바꾸어 쓰는** 등 두루뭉술하며 √**극단적으로 단순한 문법**이 되면서 **응얼대는 동남아의 억양과 톤만 남고** 그래서 √**어순만을 강조**하다보니 **뜻글자**라면서 뜻도 모르고 음도 서로 맞지 않는 이상한 문자가 되어 이젠 뜻글자가 아닌 **소리글자**가 되어 보고도 뜻도 모르고 제대로 음도 낼 수 없어 지금 **[영어의 발음기호]**로 기록하고 있으니 '우이독경'(牛耳讀經)이란 저 지나족을 두고 나온 말일 것입니다.

이 모든 이상한 점은 **차이나족**(한족)**이 한자를 만들지 않았다'**는 증거일 뿐이지요. 쉽게 말하면, 저들 언어(한어)의 **핵**(하급문화)이 한겨레의 핵(상급문화)**으로 대치**되고 혹 천제국문자에 저들 말(지나어)을 **구겨 넣어** 사용하기도 하다가 √**음도** 맞지 않고 √**뜻도** 모르는 말이 되었던 것입니다. 문자와 문화가 없었던, 그리고 문명이 까맣게 뒤졌던 지나족이 겪은 **슬픈 언어의 바벨탑**이었다고 할까요?

그러다가 넓은 지역으로 **갈라지고 많은 민족의 말이 섞이고** 여기에 **최근까지 북방이민족**(元, 淸: 동이계)**에게 지배**를 당하자 구겨 넣어 사용한 **말들이 더욱 혼란스럽게** 된 것이지요. 언어학자들이 **언어의 발달단계**에서 **차이나어**(한자)를 가장 낮은 **1단계언어**로 분류하고 '한어(漢語)는 괴이하게 문자에서 파생된 말이고 **고대로부터**(제 조상에게서) **물려받은 말이 아니라**'고 했던 이유가 여기에 있었습니다.


알고 보니, **진실은 정—반대**⋯ 한국이 발명한 한자를 지나족(族: 어둠의 무리)이 빌어쓰고 있었던 것이지요. 지나의 말(한어)이란 **선조가 대대로 물려준 언어도 아니었으며**(잊고) 글(한자) 또한 **제 조상이 발명한 글도 아니었던 것**을 제 글인 양 착각하고 쓰고 있는 것이지요.

그래서 **백성**(百姓)을 뜻하는 '**민**(民)**의 어원**'조차 해석에서 큰 차이를 드러냅니다. **왕을 뜻하는 씨**(氏=王) 위에 **한 획**(一:하늘)을 더한 글자 **백성民**을, 왕이 위의 하늘을 대하듯 섬겨야 하는 큰 하나(民)로(고 이중재 회장 이론) 여기는 천손겨레의 기본적인 민본(民本: 백성이 근본)사상을 모르기에 지나학계는 '**예리한 송곳이나 침으로 눈을 찔려 앞을 못 보는 노예**(?)에서 비롯되었다'는 밑도 끝도 없는 해석(우민사상)을 하는 것이지요.(허진웅 전 대만대 교수 *중국문자학강의)

이렇게 많은 **글자의 음(音)**과 **형태(形)**와 **뜻(字意)의 관계를** 파악하지 ~~못하다~~ 보니, 같은 차이나에서도 북경어와 광동어 쓰는 사람이 만나면, **음과 뜻이 서로 맞지 않아 혼란스러워** 실제로 대화가 안 되어 그들 입에서 '**한자망국론**'까지 나왔던 것이지요. 그래서 지나의 대문호 루쉰(周樹人)이 소설 *아Q정전에서 "**한자가 망하지 않으면, 중국이 망한다!**"(漢字不中國必亡)라고 했던 것이지요.

'예술, 낙관, 발매'의 원 뜻을 무시한 '간자체'(右) 출처: 무명의 더쿠, 차이나 초등교과서의 영어
발음기호 파파(쑵쑵: 父) 출처: MBC, 루쉰 출처: 위키백과, '백성 민(民)은 노예가 아니다'
출처: 블로그 '뜻대로', 북경올림픽 오성홍기의 굴기(?) 출처: 조선일보

이렇게 한자는 제 민족 스스로 발명하지 않은 글자였기에, **글자 하나하나의 √유래는커녕 √뜻도 모르고 √음도 바르지 못했던** 것이었지요. 정말 놀라운 것은 **전통적인 뜻과 사상이 담긴 글자인 번자체를 버리고 간자체**(簡字體: 약자)를 만들어 쓰면서 **뜻글자에서 뜻을 내버렸다**는 것입니다. 그래서 **제 글의 발음도 서로 몰라 로마자를 빌려다가 제 글의 발음기호**로 쓰고 있는 것이지요.

하긴 '소리글자'라면서 **발음기호를 따로 배워야 하는 영어**(미국문맹률 20% 이상)나, 한자가 '뜻글자'라면서 뜻을 무시하고 발음도 못해 서양의 발음기호마저 빌어와 발음하고 제 조상이 발명한 글자라면서 고

학력자도 뜻을 제대로 몰라 뜻을 무시한 '간자체'를 쓰는, **문맹 투성이인 지나족**(漢族)이면서 무슨 '**중화?**'(中華: 가장 문명), 심지어 **뿌리문화도 없으면서 '문화의 원조?**'(근본, 조상). '**中國?**'(세상문화의 중심국) 그리고 '**문화굴기?**'(우뚝 솟은 문화)를 외칩니다…. 그저 웃지요!

세상을 포용할 **큰 정신의 뿌리도 없으면서,**
힘만 키워 남을 윽박지르고 남의 역사나 문화를 빼앗지 말고 이제 모든 것을 내어주고 가르쳐준 어버이의 나라이며 평화의 나라인 한국을 존중하면서, **문맹률 0%대의 한국의 한글을 배워 홍익의 큰 정신으로** 함께 번영해야 합니다. 그렇지 않으면, 지나의 계몽작가 루쉰이 그랬듯이 '**阿Q**'(무지한 지나인 상징)**에서 벗어날 수 없을 것입니다!**

예전 19C 말 지나는 위안스카이(원세개 1859~1916 초대 대총통)에 의해 **한글을 지나의 공식어로 채택하려고** 했었으나 "망한 나라의 글을 사용해서는 안 된다"(亡國之音, 何謂國字)는 신하들의 반대로 무산되었던 일은 제 역사와 조상의 뜻글인 한자를 빼앗긴 사실도 모르고 사는 지금의 한국인으로서는 차라리 다행한 일이었습니다.

먼 옛날 우리 땅에 객(客)으로 들어와 **역사와 문화와 땅과 사람을 야금야금 다 가로채** 거대해져 모든 것을 **중국(?)의** 것으로 생각하게 했고 지금은 서양어 남발로 '**우리의 말과 글이 압사 직전의 상황**'에, 한국문명인 만주의 **홍산문화**를, 여기에 **고구리역사마저 다 빼앗아간** 마당에 저 지나족이 한글을 사랑하면서 "우리(차이나)가~ 인류최고의 발명품인 한글을 **발명했다!**" 라고 하면 어찌 하겠습니까?

## 한글과 한자의 어머니, 녹도문

세상은-, 인류최초의 문자를 메소포타미아의 수메르인이 만든 설형문자(BCE 3500년)라고 하지만, *태백일사 '소도경전본훈'은 우리에게 인류최초의 문자가 있었던 사실을 기록으로 전하며 우리가 문자의 종주국이었음을 일깨웁니다. "세상에 전하는 말로 신시(神市)에는 녹서(鹿書, 鹿圖文字: 사슴발자국 모양)라는 글자가 있었고, 자부에게는 우서(雨書)가 있었으며, 치우에게는 화서(花書)와 투전문(鬪싸움個사냥文)속이 있었다 하니 이 모두가 그 남은 흔적이요, 복희에게는 용서(龍書)가 있었고, 단군에게는 '신전'(神信篆)이 있었다."

그래서 소위 '漢字' 이전의 고문자인 '갑골문자'(약 3천 년~3천6백 년 전)와 이보다 1천 년 앞선 '골각문자'가 우리 선조의 땅 산동에서 나오는 것인데 그 뿌리는 가깝게는 단군조선 때의 문자 '신전'이었지요. 차이나 언론은 산동 골각문을 '차이나 최초의 문자'라고 흥분하며 문화축제를 벌였지만, 정작 주인인 이 땅의 천손들은 모-릅니다.

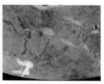

소뼈 등 동물의 넓적한 뼈에 새겨진 문자들 출처: kknews.cc/culture/b2jl9bj.html

우리가 '문자의 종주국'이라고 함은 배달나라 제1세 거발한 환웅(BCE3898) 때에 신지(神誌: 문자를 주관한 벼슬) 혁덕(赫德)이라는 조상이 인류최초로 창안하신 1녹도문자라는 글(*태백일사)로 인한 것이지요.

이것이 '참글, 진서'(眞書)라고 전해왔던 어머니 나라의 글자, **천제를 지낼 때만 쓰는 신**(神)의 글자였다고 합니다. 그래서 바위나 돌에 **그림으로 상형**해 놓고 청동(金)으로 제작된 각종 제기와 병장기, 농기구 등에 **그림글씨로 전해진 것이 바로 원시상형 문자인** 2**'금석문**(金石文: 돌, 그릇, 쇠에 새긴 문자–광의의 금문)인데 훗날, 이 글이 변한 3**갑골문자를** 진(秦)과 한(漢)시대에 저들 **한족**(漢族)**이 빌어가 쓰며 '한**(漢)**의 글자'로** 부르면서 4지금의 한자(漢字)라는 명칭이 생긴 것뿐이지요.

*한글은 단군이 만들었다의 저자 정연종씨는 **우리의 '녹도문자'가** (지나가 자기의 문자라고 주장하는) **고대문자와 갑골문이 거의 같은 글임**을 알 수 있게 비교를 통해 밝혀냅니다.

그래서인지 '금문의 1인자'로 '차이나문자의 아버지'로 일컬어지는 낙빈기도 50년의 연구의 결과인 *금문신고에서 **"한자의 기원이 금문이며 금문은** 동방의 동이(옛 한국인)의 글자**이다."** 라고 하여 **한자의 근원이 동방**(한국)이었음을 밝혔던 것이지요.

불쌍한 우리 역사를 **문화**(文化)**로 써야** 하는 이유입니다!

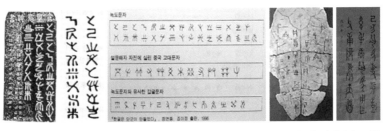

산동성에서 발견된 창힐문자 비석 출처: 야촌 이재훈, 평북 연변군 묘향산 비석의 녹도문자 출처: 한韓문화타임즈, 녹도문자와 고대문자와 갑골문의 비교 출처: 출처: *한글은 단군이 만들었다, 갑골에 갑골문 극정금문 출처: 무릉도원

그래요. 지금의 한자(漢字)는 애초 **한족**(漢族)**이 만든 글자가 아니었지요.** '한족(漢族)이란 시원의 나라 **한**(韓)**을 흉내 내어 이름붙인 말**'(재팬학자 가지마 노보로)이고 한고조 유방(劉邦) 이후에야 나오는 말로 한(漢: BCE206~) 때에는 **한자**(漢字)**라는 말 자체가 없었던**, 그래서 "한자는 원(元) 때 몽고문자에 대칭해서 단지 한족이 쓰는 문자를 말한 것"이라는 설명(*中文大辭典)에 의한 것일 뿐이었습니다.

그러니 지금 **우리의 문자**를 쓰고 있는 저들에게, 저들 문자의 어머니의 나라의 천손인 우리마저 '**한자**'(漢字)**라는 명칭으로 따라 말하고** 심지어 한자 이전의 천손의 글인 녹도문, 갑골문(甲骨文: 1400~1200BCE 소, 거북의 뼈에 새긴 글), 전자(篆字)마저 '**한자**'라고 말하는 것은 **언어도단을 넘어 못난 후손의 망발**이 아닐까?

맞아요. 우리 배달나라(BCE3897)의 **녹도문과→** 한자의 기원이라는 **금문**(廣義의)**에서→** 발전된 **갑골문을→** 조금 바꾸어 단지 '**한**(漢)**이란 국가가 바꾼 글자**'라는 뜻이었으니 결코 한(漢) 때 한족이 발명한 글자가 아니라는 것입니다. 다시 말하면, 한족이 동이의 변방국가였던 **은**(殷)**에서** 우골(牛骨: 소의 뼈)로 점을 쳐 왔던 **동이의 관습에서 비롯된 갑골문**을 가져다가 **흉내**를 내면서 쓰다가 진시황 때 **전자**(篆字)로, 한(漢) 때는 **예서**(隸書)**와 해서**(楷書) 등으로 써 내려오던 것을 지금 우리가 **한자**라고 말하고 있는 것이지요.

그럼에도 지나는 **창힐을 지나문자의 시조로, '창힐문자에서 한자가 기원**'되었다고 주장하나, 창힐은 동이 지역인 산동사람으로서 배달국 치우천왕(BCE2707~) 때 가져간 '**사슴발자국 문자**'였을 뿐입니다.

그러하기에 지나의 역사의 아버지로 꼽히는 서량지와 북경대 고고학 주임교수인 엄문명 역시 "중화족(지나족)보다 동이는 최소한 3000년 이상 앞서 역사를 개척했다. 따라서 **한자** 또한 동이가 발명한 동이의 옛 글자였다." 라고 말했던 것이고 여기에 쑨펑(孫鵬) 창힐문화연구회장을 비롯하여 대만의 문자학자 이경재(李敬齋), 지나 사학자 쩌우쥔멍(鄒君孟), 장원(張文), 필장박(畢長樸) 등의 학자들도 한자(이글)의 창시가 (북방의) 동이였다고 한결같이 말하는 것이지요.

*안호상 자서전에는 자신(초대 문교부장관)의 **부끄러운 고백**이 실립니다. 세계적인 석학이었던 지나의 **임어당**(1895~1976) **박사**를 만난 자리의 대화입니다. "**중국이 한자를 만들어 놓아 한자를 쓰는 우리나라(한국)도 문제가 많습니다.**"(안) "그게 무슨 말이오! 한자도 **당신네 선조인 동이가 만든 문자를 우리가 빌려 쓰는 것인데, 그것도 모르고 있었소?**"(임) ……!"(안) 70년이 더 지났어도 한국만 모릅니다!


## 이제, 한자(漢字)가 아닌 이글(夷글, 夷契)로 합시다!

그래서, 한국학연구가인 **이재량님**(알평공 경주이씨 우제회 회장)은 지금 한국인에게 '**의미 있는 제안**'을 합니다. "우리는 글자를 처음 발명해 **인류에 공헌**한 겨레입니다. 지구상 최고의 소리글자라는 **한글**(하늘글자)과 최고의 뜻글인 **지금의 한자 모두를 창안해 내었기 때문**이지요.

그러나 우리의 뜻글자가 '한자'(漢字)라는 명칭으로 인하여, 세계는 **중국**(지나)의 **한**(漢: BCE206~)**이 만든 글자**로 오인하고 있고 우리에게는 우리 조상의 글이었던 사실조차를 왜곡하게 만듭니다.

지나는 1창힐이 문자를 발명했다고 하고 2문화의 신(?)이라는 **복희씨가 문자를 갖고 태어났기에 문자가 시작되었다고** 하는데, 전에 내려오던 글을 얻었다(복희씨의 창조가 아닌)는 말이고 복희씨 또한 우리 배달한국 제5대 태우의 한웅(3512~3419BCE)의 막내아드님이고 창힐 역시 치우한웅(14대)의 스승인 자부(紫府)선인의 제자 동이인이었으니, 글(문자)을 이미 사용했던 사람들은 누구였겠습니까?

그래서 뜻있는 분들이 '한자'(漢字)라는 말을 피하여 **'은자'**(殷字: 단군조선의 제후국인 殷에서 갑골문이 나온 것에 근거)라고 하고 또는 **'동방문자'**라고 말하지요. 그러나 **은이 시작하기도 전**, 천 년이나 앞선 **'골각문'**(갑골문의 기원)이 나온 것에서 '은자'는 의미가 없고 또한 동방문자의 **동**(東)이 **'우리나라'**를 뜻하는 동방(東邦)인지, **동쪽방향이나 동양**을 말하는 동방(東方)인지가 막연하여 그래서 세계인에게 한국의 문자인지인지, 차이나문자인지를 모호하게 할 뿐입니다.

이제 저는 **한자**(漢字)라는 호칭을 '**이글**'(夷글)로 바꾸어 부르기를 **전 국민에게 제안합니다**. 인류시원의 땅 동방에서 문명·문화를 시작했던, 문명의 주인인 이(夷)가 창안한 글이란 의미의 '**이글**'! 무엇보다 우리 겨레는 예부터 문자를 '**글**'이라고 말했으니, 지금부터 영광스러운 우리 선조인 동이(東夷)를 뜻하는 '이글'로 불렀으면 합니다. 후손에게 **바른 역사의 틀**을 물려주어야 하지 않겠습니까?"

이러한 '이글 제안'에 인제대 **진태하 교수님**과 한문능력개발원 **전한준 원장님** 등 많은 분들이 크게 환영하며 **한겨레가 모두 뜻을 함께하기를** 고대합니다. 이-글, 이글, 이글!

그래요. 우리의 조상님께선 삼라만상의 이치에 따라 글자조차 한 글(陽: 하늘, 밝음, 남쪽, 動)과 이글(陰: 땅, 밤, 어둠)로, **음 · 양**으로 참세상 을 보게 하셨으니, 이제부터 조상님께서 우리 후손을 위해 창안하신 글자임을 깨달아 '**이글**'로 부르면서 이글(한자)을 **차이나의 글자라고** 오해하며 배척하지 말고 더불어 써 **합리적이고 완벽한 문자생활**을 하 는 것이 조상님에 대한 도리가 아닐까 합니다.

## 녹도문은 세계의 어머니글

어머니의 땅, 동방의 배꼽문자인 녹도문에서 ☞땅의 사물을 상형화 하며 나온 동이의 글('夷글')이 지금의 **한자**라면, ☞하늘의 소리를 기록 한 천손 동이의 글이 **한글**(훈민정음)이었습니다.

훗날, **서쪽으로** 오래 전 아나톨리아(소아시아)에서 넘어가 석기시대 문화를 꽃피웠다는 **키프러스인의 문자**와 **최초의 알파벳으로, 왼쪽으 로←오른쪽에서 썼다**('우횡서')**는 페니키아문자** 등에 영향을 주었다고 하지요. 고대에는 이스라엘, 아랍은 물론 그리스(~BCE5C)와 게르만 인까지 '**우횡서**'했다는 것이나 그리스문자를 유래시킨 페니키아인들 이 **천문과 건축과 항해에 능했던 까닭**은 왜일까?

정연종 씨는 *한글은 단군이 만들었다에서 배달국(BCE3898~)의 녹도문자와 **페니키아문자**(BCE800)**와 키프러스문자**(BCE600)를 비교하 여 **같은 글자였음**을 밝혀냅니다. 전북 익산 호암리와 우리 땅 많은 곳 에는 태곳적 비밀을 간직한 비슷한 무수히 널려 있지요!

전북 익산 호암리 암각화들 출처: 김경상의 한반도 삼한시대를 가다. 메소포타미아 지역(수메르)

문자 출처: 위키백과, 비교표 (상)배달국의 녹도문자 (중)페니키아 티파나그라문자

(하)키프로스 문자 출처: *한글은 단군이 만들었다 정연종 저

…쉽게 '국뽕'으로, '유사역사학'으로 매도하지나 않았으면…!

그렇게 <u>우리는 역사의 뿌리를 잊고 부정</u>했기에

**한글의 창제연도**(1446 ?)**가 가장 늦게 인식**되어 오히려 '몽골의 **파스파문자**(1265년 창제)나 왜의 **아히루문자**(신대문자 일종)**를 모방한 것**'이 아니냐는 수치스러운 말까지 듣고 있습니다. **인류의 시원문화를 열고 그 뿌리가 잔뜩 있는 우리 겨레**이기에 '신의 문자'를 만들고 활자와 인쇄술마저 발명하며 문자의 혁명을 이루었던 것은 **그만큼의 오랜 문자생활의 시행착오를 거쳐왔던 결과**였을 텐데, 그런 우리 문자가 '세계문자사의 기원'에서 **가장 늦다**(?)는 것이 더 이상하지 않나요?

우리의 글은 1녹도문에서 유래되어 3세 가륵단군 재위 2년(BCE2181)에 재상이었던 을보륵이 지어 올렸던(*단군세기) 2**가림토**(加臨多: 가리다, 구별하다)**문자**가 훗날 세종이 창제(1443년)했던 3'**훈민정음**'의 바탕이 되고 4지금의 위대한 '**한글**'로 빛을 보게 된 것일 뿐, *세종실록(25년 계해년12월)에는 "임금께서 언문 28자를 지으시니, 이 글자는 옛 전자(篆字)를 모방하였다." 라고 분명히 기록하여 '가림토문자'라는 모태를 일깨우며 후손에게 '문자의 시원과 뿌리'를 찾으라 하십니다.

경북 경산군의 상형문자와 한글자·모가 새겨진 글바위골 문자 출처: 정도화 교수, 가림토문자 38자
출처: 한배달, 산동성 환대시 가림토문자 ㅅ ㅈ × ㅜ 녹각유물 출처: 플러스코리아

한글은 **세종 당대의 연구로만** 이루어진 문자가 아니었습니다!

그래요. 고대에는 **의식과 뜻을 중시하는 전통**을 이었기에 소리글자보다 **뜻글자**(한자)를 더 **많이 쓰다**가 실용주의와 애민주의를 내세웠던 세종 때에 이르러 비로소 **수천 년 전의 겨레의 문자였던** 가림토문자가 화려하게 재탄생되어 나온 것이 **훈민정음**이었으니, 한글의 역사는 **세종대왕**(1443)보다 **3600여 년 앞선 4200년**인 셈이었지요!

길림시 송호상 교수는 *동이민족이란 논설에서 "**산동성 환대**(桓臺)시 지하 6m 깊이에서 발굴된 '**녹각에 새겨진 ㅅ ㅈ × ㅜ 등의** 가림토문자'는 C14(방사성 탄소 연대)측정결과 **3850년 전의 것으로** 확인되었으니 *환단고기의 '**가림토 문자가 4000여 년 전에 있었다**'는 내용을 증명하고 있다." 라고 하여 우리(강단학자)가 위서(거짓 책)라고 내친 **가림토 문자가 허위의 기록이 아니었음**을 증언합니다.

그런데 4200 년이 넘는 가림토 문자 38자에는 I, X, O, M, P, H의 **알파벳의 자모도 있습니다**. 알파벳의 역사는 겨우 3000년을 넘지 못하니 문자의 뿌리 역시 우리였을 개연성을 부인할 수 없는 것이지요.

↓ 1가림토문 2훈민정음 3신대문자, 4구자라트문자, 5파스파, 6갑골문자 비교 출처: *한글은 단군이 만들었다 정연종 저, 페니키아문자 출처: 네이버지식백과, 구자라트 간판 출처: MBC

정연종 씨 또한 저서 *한글은 단군이 만들었다에서 배달국의 '녹도문자'(BCE3898)와 단군 때 '가림토문자'(BCE2181)가 아시아 전역은 물론 수메르지역에서 사용되었고 서양문자의 시원(?)으로 알려진 수메르인들의 설형문자(쐐기문자 cuneiform BCE30C경)는 '동방에서 왔다는 사람들의 문자'로서 근 3천 년간 고대오리엔트에서 광범위하게 사용되었던 문자였음을 밝혀내고 '가림토문자가 변한 훈민정음과 재팬의 신대문자, 인도의 구자라트문자, 몽골의 파스파문자, 갑골문자 등과의 유사성을 찾아냅니다.

다들 애쓰십니다!

그런데 학자들은 이 수메르문자의 영향을 받은 것이 그리스 문자(BCE9C) 히브리문자(BCE3C)이고 최초로 알파벳을 사용한 문명으로, 히브리 문자, 그리스 문자, 아랍 문자, 로마자, 러시아의 키릴 문자 등의 조상격이라는 표음문자인 페니키아문자(고대 가나안 북쪽 셈족문자, BCE10C~8C 원래 상형)는 이집트문자에서 영향 받았고 이집트문자는 다시 수메르문자에서 영향을 받았음을 밝혀냅니다.

그러니까 수메르 문자→이집트 문자→페니키아 문자→그리스 문자, 히브리 문자, 아랍 문자, 로마자, 키릴 문자…!

그런데 **서양문자의 아버지**로 알려진 수메르문자는 점토판에 '**쐐기모양**'의 설형(楔形)기호로 전하고 있습니다. 재팬학자 우에노 게이후쿠(上野景福)는 '**수메르에서 사용한 설형문자는 태호 복희씨의** 팔괘부호와 흡사했다'고 합니다. 아는 만큼 보이는 법, 팔괘에서 발전된 수메르인들의 태음력과 60진법까지 꿰뚫어 본 것이지요.

복희씨를 차이나는 **제 문화의 조상**이라 말하지만, 대만의 역사학자 서량지(徐亮之)는 *중국사전사화(246쪽)에서 '중국의 역법도 그 시조는 동이며, **동이인 태호 복희씨에서 비롯**되어 소호(동이)에게 계승되어 발달시켰던 것'이라고 합니다. 또한 우리처럼 **태음력과 60진법**을 사용했던 수메르인들의 '**쐐기문자**'도 처음엔 오른쪽에서 왼쪽으로 우횡서와 우리처럼 세로쓰기를 했다고 하네요. 그래서 히브리대학(이스라엘)의 조철수 교수의 말은 우리가 잊었던 문화를 느끼게 합니다.

"수메르어와 한국어는 같은 뿌리에서 나온 언어다!"

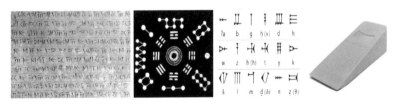

수메르에서 영향받은 아카드쐐기문자 출처: 위키피디아, 좌독기의 팔괘무늬 출처: 궁중유물전시관,
원시시나이문자 중 쐐기문자 '우가리트문자'(표음) 출처: 위키백과, 쐐기(楔) 출처: 나무위키

또한 인류최초의 셈(count)글자 '**산문**'(算文) 역시 **신시 배달국시대** (BCE3898)에 **이미 있었다**고 *태백일사 소도경전본훈은 전합니다. 산문은 저도 어릴 적, 땅에다 그리며 놀았던 숫자였었지요.

그런데 희한한 것은, 산문이 왜의 셈숫자는 물론 수메르 숫자와 서양의 셈글자인 로마 숫자가 거의 같다는 것입니다.

정연종 씨는 소아시아(터키)에서 영국까지 이동하여 샤머니즘, 고인돌, 동양의 음양사상과 순장무덤문화를 전하며 고대 아일랜드에 살았다는 고대 켈트족(아리안)의 '오감(감, Ogham)문자' 등과도 흡사하다고 합니다. 켈트족은 우리처럼 돌(stone)을 [돌]이라 말하고 한국인의 숲숭배사상처럼 나무에 영혼이 있다며 숭배하고 심지어 글자의 이름조차 나무에서 따와 '켈트나무문자'라고 불리는 글자를 금석문이나 비문 등에 남기며(약 400개) 유럽의 주요 민족들의 조상이 되었던 신비의 민족이었기에 저들의 문자는 관심을 받는 것이지요.

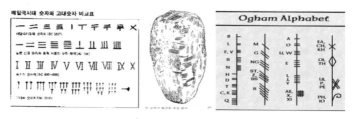

↓ 배달국시대의 산목, 재팬의 셈문자, 로마 셈문자, 수메르 셈문자 비교 출처: *한글은 단군이 만들었다, 맨 섬에서 발견된 켈트족의 금석문 오검(감)문자 출처: 위키백과, 오검 문자 출처 : http://www.joellessacredgrove.com/Celtic/tree.html

이 모든 것들을 연결하는 고리가 바로 '글' 입니다.

배달국시대(BCE 3898~) 때 이미 신지(글 만드는 벼슬)인 고글(高契)에게 신시(배달국)의 역사를 기록하게 하여 *배달유기를 짓게 했다고 합니다. 그래서 우리가 모든 문자를 아울러 말하는 '글'이란 먼 조상님의 존함인 고글(高契)에게서 유래되었음을 알게 하지요.

글(契)이란 옛 발음을 간직하고 있는 유일한 사람들이었습니다. 지금은 글(契)이란 글자와 발음(글)마저 계(契), 설(偰, 楔, 契) 등으로 바뀌어져 **한겨레의 영광이 감추어져** 있네요.

어때요? 우리 문자의 흔적들이 세상에 참 많-이도 보이지요?
'하늘이 내린 신의 문자'니 '인류의 가장~ 위대한 발명품'이라고 하는 것이 우리 겨레에게 전하는 것은 **인류의 문명을 가장 일찍 시작했던 사람들의 당연한 축복**일 것입니다.

이제 한국인들은 어깨를 쫙 펴고 세상을 바라봤으면 하지만, 우리가 **우리의 말과 문자에 대해서 무엇을 알고 있었고 사랑해 왔었나**를 조상님을 앞에 두고서 냉엄하게 반성해야 할 것입니다.

### 수메르문명어의 모어, 한국어

우리가 '인류문화의 시원국'을 주장하려면, **우리의 언어**는 지금 인류문명의 뿌리민족(?)이라고 평가를 받는 **슈메르어를 반드시 넘고 껴안아야** 할 것입니다.

**수메르인들이 가지고 온 문명**은, 당시 근처의 이스라엘의 조상이라는 히브리(Habiru: 떠돌이, 산적)인들을 저급한 문화로 만들 만큼, 상상을 초월하는 고급문명이었지요. 가죽을 벗겨 입고 다녔던 당시, **옷감을 짜서 옷을 만들고 염색하여 입고 다니고 2층집을 지을 정도의 뛰어난 건축술**에, 문자(설형문자)가 있어 **경제거래의 계약문서**까지 남기는 것을 보고 엄청난 문화충격을 받았을 것입니다.

아직도 수메르문명을 수수께끼라고 말하지만, 결코 아닙니다!
수메르문명(4000~2000BCE경)에 **온통 한국의 문화**가 있었는데 그들의
언어는 **어디에서** 나왔겠습니까? 수메르문명의 어미문명이 한국이었
음이 뻔한데도, **우리 스스로가 애써 부정**을 하고 있기 때문이지요.

반면, 프랑스, 독일, 헝가리, 터키, 이란, 재팬, 지나, 인도 등 전 세
계 언어학자들은 **어떻게든 슈메르어와 자기 모국어의 유사성**을 찾아
자국의 언어가 세계의 뿌리언어임을 내세우려 한다고 합니다.

얼마 전에는, 약 2천 년 전에 만들어진 이스라엘 소금호수 **주변 동
굴에서 발견된 사해문서**에서 '帝제, 日일, 屍시' 같은 이글(한자?)이 발
견되지요. 그러자, 지나는 '수메르문명이 지나에서 간 문명'이고 '한
자가 영어의 기원'이라고 주장하며 **제 문화로 껴안아** 버립니다. 이글
이 우리 천손의 글이었으니, 정작 고대한국의 문화였건만…?

이 또한 우리가 역사를 버렸기 때문입니다.

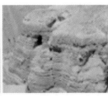

사해문서와 발견된 동굴 출처: 박영미, 박정빈, 우물(井)은 수메르어 우문[umun]
출처: Hanwha 미래한국, 사르곤 왕의 상투(부조상) 출처: 유영모

이스라엘 최고의 명문인 히브리대학에서 수메르어와 앗시리아어
를 가르치던 조철수 박사(1950~)와 강신택 박사(하버드대), 윤복현 교
수를 비롯한 많은 학자들은 1**언어의 특징**이며 2**문장구조** 3**수사** 등에
서 **거의 완벽하게 같은 언어**이기에 '수메르어와 한국어는 같은 뿌리'

라고 주장합니다. 영국의 대표적인 이집트학 학자 윌리스 버지(E. A. Wallis Budge(1857~1934)가 저서 *애급어(1910)에서 '이집트어의 동북아 이주민설'을 주장한 것처럼 말이지요. 〈대영백과사전〉 또한 "수메르어의 교착어의 성격이 터키어와 다르고 **한국어와 같다**."라고 말하며 수메르문명이 한국의 문명이었다고 말합니다.

　**－수메르어**는 주어나 목적어 다음에 '은, 는, 이, 가' 등 **조사가 붙고** 용언(동사와 형용사)에는 **어미가 붙어** 변하는 **우리말의 교착어의 특징과 같고** 영어와 지나어의 어순(주어+서술어+목적어)과 다른 '주어+**목적어**+동사'로서 우리말 어순과 같은 문장구조이며 수메르어에서 **하나와 첫 번째**를 뜻하는 말(수사)을 '**아스**'(as)라고 하는데, 이는 우리가 지금도 '**아시**(처음) **빨래**'로 쓰고 있고 옛적, **아침**을 '**아사**'라고 했던 **우리말에서 유래**했기 때문이지요. 그래서 'Asis'란 명칭이 **해**(문명)**가 처음 뜨는 곳, 해 뜨는 아침**을 의미하게 된 것입니다.－

　그래서 **우리말과 단어의 형태**(음)**가 비슷한 것**이 참 많지요. 엄마(어멈)는 **움마**(uhma), **우뭄**(umum), 아빠는 집에서는 **압바**(abba), 아버지는 **아붐**(abum), 남에게는 **아비**(abi)라 불렀습니다. 특히 동생(아우)를 **아우**(후ahu)라고 부르는 종족은 우리와 수메르밖에 **없다**고 하고 어른은 ur, 하늘(한울)은 **an-ur**(가장 높다는 뜻) 달(月)은 dar, 대갈(머리)은 **da-gal, dad-dil**, 길(road)은 **gir**, 굴(穴)은 **gur**, 구릉(산보다 낮은 언덕)은 **kur**, 노래는 **nar**, 밭(田)

은 bad, 우물(井)은 umun(우문), 칼은 kar…! 여기에 **대명사**(인칭, 지시)는 **발음과 뜻도 일치한**다고 하지요. 나는 na(나)로, 너는 ne(네), 지시대명사 이는 i(이), 그는 ge(게)로 같고 심지어 **존칭을 할 때 이름 뒤에** −nim(님)을 붙이는 것까지 유사하다네요.

그리고 **언어 외에 문화도 참 많이 비슷합니다!**

수메르인은 동이의 특색인 **난생신화**를 갖고 있고 **편두**(납작한 뒷머리)와 엉덩이의 **푸른 반점에 광대뼈**와 **쌍꺼풀이 없는 눈**, 검은 **머리카락에 여인은 물건을 머리에 이고** 다니고 **남자는 상투**를 틀었습니다. 수메르 문명을 다시 통일한 4300년 전, **사르곤 왕도 상투를 틀었**다지요.

하늘(sky)을 '**아눌**'이라 하고 천신(天神)을 **탕구리**(당골네, 탱그리)라고 하고 **무궁화**(샤넬의 장미: 성스러운 땅에서 피는 꽃)에 애착하고 **최고지도자의 상징을 봉황**으로 삼았던 사람들, 스스로를 **검은 머리의 사람들**이라는 뜻으로 '**웅상기가**'를 말했던 것 또한 자신들이 이 땅의 관습처럼 **큰 사내나무**(어른나무, 웅상)를 세우고 **씨놀음**(씨름)을 했던, 동쪽에서 소도(蘇塗)를 행했던 한국인이었다는 것을 드러낸 **문화적 상징**이었습니다.

**태양을 숭배하고 12궁도**(우리의 12간지: 자,축,인,묘,진,사,오,미,신,유,술,해)에 **60진법**(고조선의 60진법)을 사용했고 **순장 등 묘장제도**와, 옛 수메르의 땅의 베두인(이스라엘의 원주민)은 초상이 나면, **베옷을 입고 대나무 작대기를 집고** '아이고 아이고…'라는 곡을 했다고 합니다.

그리고 언어학자이신 강상원 박사님은 옛날 우리나라에서 갈라져 나갔던 '수메르'가 산스크리트어(세계공용어)로서 수(Su)는 생명(life), 메르(mer)는 종자(씨 seed vessel of lotus)를 뜻하는 말이었음을 밝혀냅니다. 그래요. 종자를 개발하여 신석기 농업혁명을 이룬 이 땅의 사람들은 벼와 콩, 귀리, 보리, 밀 같은 **생명의 씨**(종자)**를 인류최초로 만든 토기그릇**에 보관하여 갖고 갔던 것이고 **한겨레 특유의 발효**(fermentation)**문화로 주위의 보리로 처음 맥주를 발명**하여 마셨으며 농업에 필요한 소(牛)**문화를 중시**하고 우리와 똑같은 형태의 **샅바씨름을 즐기며 조각상을 남겨** 놓았지요.

그래서 고고학자 사무엘 노아 크레이머(英 Krammer 1897~1990)는 저서 *역사는 수메르에서 시작되었다에서 "수메르 사람은 높은 문화를 이룩한 민족이며, 그들은 아마 바다를 통해 동방에서 왔다." 라고 했고 또한 우에노(上野景福) 교수, 요시무라(와세다) 교수, 미국의 언어학자 C.H 고든 박사 등은 '수메르인들은 메소포타미아에서 자생한 민족이 절대 아니고 동방에서 이동해 왔다'고 거듭 강조했으며 볼(Ball) 교수(옥스퍼드) 또한 '**굴**(窟)**을 파고 주거생활**을 하는 습속은 **동방에서 수메르로 옮겨온 원시전통**'이었다고 말합니다.

〈사이언스〉지의 '헬리코박터균의 세계분포도로 살펴 본 **과거의 인류이동**'이라는 연구논문의 발표(2003.3.7)는 고대한국인(쌀문화를 시작했던)이 쌀문화에서 비롯된 헬리코박터균의 원종유전자(노란색)를 갖고 **1만2천 년~8천 년을 전후로 남쪽과 서쪽, 그리고 동쪽 등으로…**

대대적인 문화의 이동이 있었다는 사실과 함께 동아시아에서 고립되어 조상화된 원균이 한국인에서만 100% 독립적으로 발견된다는 사실을 과학적으로 밝혀냅니다.

그래요. 전 〈베를린 브란테부르크 학술원〉 교수였던 김정양 박사 또한 **수메르점토판의 기록**에서 '우리는 **동쪽 안산**(Anshan 천산)**을 넘어 왔다.** ―중략― 아득한 **옛날 동방에서** 학자, 건축가, 노동자 등 전문가 3000명이 이곳에 왔고 ―중략― 우리는 **원래 외지에서 온 사람들**이다. 이제 고향으로 돌아간다며 북동쪽으로 갔다'는 내용을 보았다고 합니다. 그래요. 서양의 학자들 역시 '수메르인이 동방에서 왔다'는 점토판의 기록을 **애써 무시하며 부인**해 왔던 것이지요.

만주 집안현 고구리 각저총의 씨름, 수메르의 청동씨름상 출처: 개벽, 북방신화의 우주수, 세계수 출처: KBS1, '헬리코박터균의 세계분포도로 살펴 본 인류이동' 〈사이언스〉 출처: 한국인권신문

아, 유레카! 이제 **수메르의 신들의 왕**, 최고신인 안(An)이 왜, '**한**'으로 들리고 어째서 **소를 타고 있고 광대뼈가** 많이 튀어나오는 등 전형적인 동북아시아 사람인지, 왜, **새날개가 있고 손에는 삼지창**(한국의 3사상)이 들려있고 **수메르신화의 모신이 왜**, 남무라 하여 한국어 **어미, 엄, 암, 무**(母)와 유사하고 우리처럼 하늘을 '아눌'이라고

하고 높은 분을 부를 때는 뒤에 '**님**'(nim)자를 붙여 '**아눌님**(하늘님), 아
**누님**(하느님)'이라고 했는지 이제 알겠습니다.

그래서 도시이름 **우르**(Ur)가 슈메르어로 '**소**'(牛우)를 뜻하고 고대 이
스라엘어(히브리어)의 알파벳의 처음 알레프, 알프가 '**황소**'를 뜻하고 영
어의 'A'를 **황소의 대가리 형상**이라고 저들이 알고 있는 것도 소문화를
중시해 왔던 동방사람들의 문화였기 때문은 아니었을까!

사실 수메르언어가 해독된 지는 불과 150년, 반면 'A'가 **아침해가
바다에서 처음 떠오르는 모양**을 뜻하는 해 뜨는 동방의 글자였음을
한종섭 박사는 *알파벳은 우리글에서 밝혀냅니다. 그래요. 재팬이
옛날 왜를 건국하게 해준 '**가야, 고구리, 백제, 신라**'를 **신의 나라, 하
느님**이라고 기록(*고사기, *일본서기)하고 **한국인이 가는 곳마다** 신의
이야기를 만들어 전해 온 것처럼, 이 땅의 해처럼 밝은 문명·문화를
갖고 떠난 한국인들이 서역에서 신(GOD, 갓)이 되었던 것이었지요.

아, 'ASIA'나 '**동방**' 그리고 '오리엔트'의 라틴어 'Oriens'가
**다―, 해 뜨는 곳**을 뜻하고 문명이 동(東)쪽에서 시작했다고 회자되는
이유가 다 신(神) 같은 해겨레의 문화에 있었습니다.

오사카의 백제왕신사 출처: 푸른 들, 소를 타고 있는 안(An) 출처: 나무위키,
알파벳 A 황소 출처: *알파벳의 역사

아직도 혹자는 '**우리의 문화가 수메르에서 건너왔다**'고 하는데, BCE3500년경 **지구라트**(천문관측소, 제단, 무덤 등의 기능 일종의 피라미드)를 쌓으며 **찬란한 고급문명을 가지고 왔던 수메르문명**은 마치 섬(島)처럼, **주변과 다른 새로운 문명**으로 어디에선가 온 문명이었지요. 외계인이 만든 것이 아닌 **지구의 어딘가에서 오랜 진화를 겪으며 들어온 것**이었단 말입니다.

그래서 영국의 월터 에머리(Walter B. Emery 1902~1971) 교수(런던대)는 '제3의 문명'이었을 것이라고 말했던 것이지요. 그런데 인류의 최초문명(?)이라던 수메르문명과 이만큼의 **많은 공통점을 갖고 있는 민족**은 지구상에서 **유일하게 우리밖**에 없습니다.

훗날, 수메르 연구의 대가인 크래이머 박사의 "그 수메르인은 동방에서 왔고 **상투머리에 흰옷**을 입은 후두부가 평평한(편두) 동양인이다."라는 발표가 이어지자, 더 이상 따지면, 문명의 기원이 **동양으로 넘어가** 서양인의 자존심이 상할 것을 염려한 서양학자들이 **이심전심으로 옛 한국과 수메르의 문제를 덮었던 것뿐**이지요.

그럼에도 뿌리 역사도 없는 재팬은 재팬대로, 지나는 지나대로, **하다못해 서쪽에 있는** 독일, 영국 등 국가마저도 자기네와의 연관성을 주장하며 **서로 수메르문명을 껴안으려** 합니다! 반면 우린, 국가의 지원을 받는 **강단사학계**(민족사학자 제외)**는 여전히 요지부동, 아─무 생각이** 없고 오히려 아무 도움 없이 **힘들게 연구한 민족사학자들을 국뽕**(국수주의), **유사 역사라며 권력부대를 동원하여 매도만** 하구요.

우리 역사가 밝혀지지 못했던 이유는 우리 안에 있었습니다.

## 인도의 드라비다어의 어머니언어

인더스문명의 주역인 **드라비다인의 언어**는 우리와 어떨까요?
언어학자들에게 회자되는 말이 있지요. '**한국어는 이 세상 어떤 언어와도 친족**(親族: 8촌 이내 혈족)**관계를 형성하지 않는다.** 다만 예외가 있다면, **드라비다어**(타밀어)다!'

그래서인지 1만년에 이르는 드라비다인들의 언어는 **한머리**(반도)**의 사투리** 거의(80%) **전라도 사투리**라고 합니다. 그렇다면, **드라비다인들이 본래 슈메르인들인 만큼 수메르인들의 언어도** 한머리땅의 사투리였음을 알게 합니다. 이 말은 '고대한국(마고한국)이 이들 문명 (수메르문명, 인도문명)과 언어의 모국이었음'이 드러나는 것이지요.

그래요. 윤복현 교수와 재야사학자 김종학님은 인더스문명의 주역이 수메르에서 이주해 들어와 인도 북부에 살던 드라비다족으로 그래서 **인더스문명은 수메르문명에 절대적 영향을 받았음**이 고고학적으로 증명된 바 있다고 말합니다.

앞서 프랑스 선교사 샤를르 달레(Claude Charles Dallet 1829~1878)는 *조선교회사(1874)에서, 그리고 **한글의 우수성을 국제사회에 알리는데 앞장섰던 미국인 선교사 호머 헐버트**(Homer Bezaleel Hulbert, 1863~1949)는 *한국어와 드라비다 제어의 비교문법(1906)에서, 또한 미국의 클리핀저(Clippinger) 등의 언어학자는 '한국어와 드라비다어는 동계'임을 이미 주장한 적이 있었지요.

> "조국을 위해 피 흘려 죽어갈 때, 당신의 조상은 무엇을 하였는가?
> 이제, 긴 침묵을 벗고 역사광복에 동참하자!" -역사의병 다물

인도의 드라비다어족 분포지역 출처: (사)동이문화원, 프랑스 샤를르 달레 출처: 한국교회사연구소, 1만 년 한국역사를 설명하는 스리랑카의 묘우아이스님과 박석재 박사 출처: 박석재 박사

그런데 **드라비다어 중 타밀어는 우리 말과 너무나 흡사**합니다. 〈한국타밀연구회〉 김정남 회장은 많은 어려움을 거치며 '우리말과 **고대 타밀어**(드라비다어)가 **자연현상과 호칭**, 동·식물, 곤충에서 **농경사회의 용어, 전통민속놀이** 등에서 너무나 똑같음'을 찾아냅니다.

우리말의 '**아빠, 왕**(王), **비단, 삼, 길쌈, 벼**(禾), **풀**(草) 등'은 그 발음과 뜻이 완전히 일치하며 **암마**(엄마), **아바지**(appacchi: 아버지), **님**(nim: 님), **안니**(언니), **도렌**(도령), **난**(나), **니**(너), **남**(他人남), **강가**(강), **살**(sor: 쌀 米), **날**(nal: 날day), **나ㄹ**(nar: 나라), **날씨**(nalssi: 날씨), **눈이**(nuni: 눈), **막**(mak: 목), **빨**(이빨), **깐**(눈깔), **궁디**(궁뎅이의 경상도 사투리), **꼰티**(konti: 꽁지), **골리**(kolli: 골谷), **두**(도)**라이**(turai: 도랑), **발리**(vali: 바람), **찌찌**(자지), **아리**(알粒), **불**(불알), **얼**(ul: 얼魂), **바나깜**(반갑다), **와요**(와요)…, 그리고 "**난 서울꾸 완담**"(난 서울로 왔다), "**니 인거 바!**"(니 이거 봐!) 등…

대화에서 눈만 맞추면, 거의 알 수 있을 정도로 같지요!

그런데 어느 학자는 **현대타밀어가 우리말과 일치하는 말이 1800여 단어**라고 하여 '우리말이 **타밀어에서** 영향을 받았다(?)'고 합니다.

그럼 '고대타밀어'에 비해 **현대타밀어가 너무 많이 달라진 이유**를 어떻게 설명하지요? 이런 것 아닐까요? 타밀어(드라비다 언어 중 가장 오랜 역사의 언어)는 반대로 한국에서 들어온 문명한 언어이기에 **상층문화에서 쓰던 문어체**(고급) **언어**였는데, 세월이 지나 **대중**(토착인)**이 쓰는 구어체 언어에 밀려 우리말의 흔적이 지워졌기 때문이라고!**

*아래의 말들은 **우리 땅의 기층어**(토속어)**에서 간 말**이었지만, 현대타밀어에서 너무 많이 달라진 말들이지요. (*우리말: 고대타밀어 – 현대타밀어)

*봄: Pom[폼] – 시노, 여름(녀름): Nyorum[녀룸] – **고다이**, 가을: Kaul[가울] – **밋디**, 겨울: Kyoul[교울] – **쿨러**, 하늘: Wannam _ Ahayam, 땅: [땅] – **닐람**, **타라이**, 밤(night): Pamn[팜] – **문노르카람**, 바람: Varam[파람], vali – **카드**, 구름: Kurum[구룸] – **무킬**, 비: Pi[피] – **말라이**, 소나기: Sonagi[소나기], Suram – Thider Malai, 소금: Sogum[소금, 소흠] – **우푸**, 지붕: Chipum[치품] – **쿠라이**, 나뭇잎: [닢] – **엘라이**, 벼: [비야] – **넬루**, 호박: Hopak[호팍] – **푸사니카이**, 잔디: Chandi[찬디] – **카단**, 닭: [탁] – **셔발**, 달걀: [달걀]: Talgyal – **무따이**, 메뚜기: Vettukki[베뚜끼] – **베뚜끼리**, 소: so[소], go[고], gaya[가야] – **파수**, 말: Mal[말], Ma[마] – **구티라이**, 범(tiger 호랑이): Pum[펌], Pom[폼], Horangi[호랑이] – **풀레**, 오리: Ori[오리] – **밧투**, 기러기: Kirogi[기로기] – **카투바수**, 사자: Saja[사자] – **신감**, 노루: Noru[노루] – **만**…

어때요? **고대타밀어가 우리말과 많–이 같죠?**

무엇보다 **가장 역사가 오랜 원시적인 스포츠**이며 한국고유의 문화였던 씨름: Ssirum[씨룸], 막걸리: Maguli[마굴리], 떡: Ttok[똑], 솥: Sott, 머리: mori[모리], thalai, 삿갓: Sakat[사캍], 쪽: Chok[촉], 가마: Kama[가마], 지게: Jige[지게], 치마: Chima[치마], 저고리: Chogori[초고리]…,

심지어 고인돌에서 유래된 '주춧돌': Chuchuddol[추추똘]이나 천손겨레의 북두칠성의 운행으로 천손사상에 의해 만들어진, 한국이 기원이라는 인류최초의 놀이인 '윷놀이'마저 Yudh Noori[윤노리]라고 말하며 도·개·걸·윷·모 역시 To[도]·Ke[개]·Kol[골]·Yuth[윤]·Mo[모]로 같이 발음합니다.

분명 **인도 타밀어에 의해 우리말이 영향 받은 것**이 아닌,
**우리 땅의 문화를 가진 사람들이 퍼져나가 이룬 문화였던 것이지요!**
우린 이 모든 것들을 고인돌과 함께 '뿌리문화'로부터 고스란히 이어왔으니까요. 그래서인지 타밀어를 쓰는 스리랑카가 전하는 한국사는 놀라움 그 자체이기고 합니다.

13년을 '우리의 일만 년 역사'의 기록을 찾기 위하여 **스리랑카를 오갔던 박석재 교수**(서울대 천문학)에게 2016년 8월 갈리암마님이 찾아와 "한국의 일만 년이 넘는 역사가 기록된 역사서가 '리띠깔라 절'에 있는데 **부피가 1m 정도 된다.**" 는 말씀을 들었으나 경비가 없었다고 합니다.(아, 가난한 역사가들!)

놀라운 것은, 스리랑카의 청소년들은 학교에서 '한국이 만년이 넘는 역사를 갖고 있다'고 배우고 있으며 차이나와 재팬은 이러한 **한국의 역사**가 두려워 왜곡하고 있다는 점까지 알고 있는데, 정작 한국의 10대에서 대부분의 한국인들이 **이러한 역사를 모르고 있는** 사실에 **경악**하고 있다는 것이지요.

그래서 인도 메갈라야주 박물관장의 "**인도인들은** 지금까지 조상이 한국에서 왔다고 생각해 왔는데요!" 라는 말과 제임스 처치워드(英)가 *잃어버린 무 대륙(The Lost Continent of Mu 1926)에서 말했던 '인도로 문명을 전파했다는 동방의 어머니 나라'는 분명 동방에서 문명을 시작했던 '**우리나라**'를 생각하게 합니다.


## 동·서언어의 뿌리- 산스크리트어의 어머니언어는?

반면, **한겨레의 한 줄기가** 수레를 끌고 서쪽 중앙아시아에서 광명신(환님)을 섬기며 '**마한조다르문명**'을 일으켰던 알이한(아리안)족이 있었습니다. 이들도 **고대한국어**(훗날의 산스크리트어: 인도·유럽어족의 조상어)**를 잊지 않고 사용했던** '해겨레'(알이한)의 또다른 갈래였지요.


이들이 인도 북부로 밀려오자, **드라비다어족은 남쪽으로** 밀려나고 높은 문화의 **아리안의 언어**가 <u>인도의 고급문장언어</u>가 되는데, 이 언어가 바로 인류학자들이 **완성된 언어**라고 말하는 '**산스크리트어**' 즉 '**범어**'(梵語: BCE17C~)였습니다. 그래서 '**아리아**'(arya)란 산스크리트어로 '**고귀한, 거룩하신, 성스러운**'이란 뜻이었다고 하구요.

28개 국어에 능통하며 **영어의 뿌리를 처음 캐**, 〈옥스퍼드 범어사전〉을 편찬하여 영국을 일약 세계학문의 선진국으로 오르게 했던 영국의 윌리암 존스 경(Sir William Jones 1746-1794)은 일찍이 '영어는 물론 유럽제어도 산스크리트어에서 유래되었음'을 밝히고 **'서로 다른 모습**을 하고 있는 지금의 언어들이 과거에는 동일한 형태를 지니고 있었으리라'는 가설을 처음 제시합니다.

권중혁 선생도 *유라시아어의 기원과 한국어에서 **"범어**(산)는 **고대 희랍어와 고전라틴어와 더불어 인도 · 유럽어군의 핵심**을 이룬다. 이 범어가 우리말의 음소 메커니즘 위에 서있다는 점은 인도 · 유럽어도 **우리말의 음소 기반 위에 설립**되었음을 의미한다." 라고 말하지요.

세계적인 언어학자인 메릭 룬른박사(스탠포드대)는 더 나아가 '산스크리트어가 동 · 서언어의 뿌리'라고 발표합니다. (음소 phoneme: 자음이나 모음이 소리의 위치 · 높낮이 · 길이 · 강약 등으로 의미를 분화 · 변별시키는 구실을 하는 운율적 요소)


여기에 러시아의 세르게이 스타로스틴과 알란 봄허드(Allan Bomhard) 등 비교언어학자들에 의해 언어도 **유전자처럼 그 기원의 재구를 추적하여 이웃어**(노스트라틱어)**를 찾는 연구**(바벨 프로젝트)가 있었는데, 여기서 인류학계의 큰 별이라 불리는 콜린 렌퓨 박사의 **'인도 · 유럽어의 본고향**이 현재의 유럽이 아니라 아시아 대륙 쪽에 좀 더 가까이 있었다'는 연구사실이 알려지면서 지금으로부터 **약 1만 년 전에** 는 **유라시아 일대**에서 어떤 한 종류의 말로 모두가 소통이 가능했다는 큰 가설이 힘을 얻게 됩니다.

윤복현 교수 또한 아리안인 '샤카(塞색)족의 본류라 할 수 있는 인도북부지역의 종족에서 서쪽보다는 중앙아시아나 동아시아인의 유전적 영향이 선사시대로 소급해 갈수록 우세하다'는 연구결과를 인류의 유전적 성향을 다루는 유럽잡지 *European Journal of Human Genetics의 발표(2003.11)를 소개하면서 인간의 B형(아시아형) 혈액형의 유전적 다양성에서 중앙아시아와 동유럽의 유전적 형태가 우리 고조선과 고구리 지역과 상당히 밀접한 관계에 있음을 깨닫게 합니다.(아래의 도표)

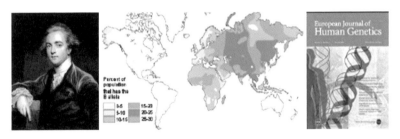

윌리암 존스 경 출처: WIKIPEDIA, *European Journal of Human Genetics
출처: WIKIPEDIA, 윤복현교수

  언어학자이자 사학자인 강상원 박사님(전 콜롬비아대 교수)은 윌리엄 존스 경의 〈산스크리트어 옥스포드사전〉 첫 페이지에 '인도와 유럽 언어는 동일어족'(Cognate Indo-European Languages)이라고 써진 글을 소개하면서 '우주의 글, 완성된 문자, 순수한 언어'로 알려져 왔고 세계언어의 뿌리(?)로 알려진 산스크리트어(범어, 悉曇싯담, 실땀)의 근원이 정작 우리 조상이 몇 만 년부터 써온 한국의 토속향토어(마문명을 일으킨 동이의 언어)였음을 일깨웁니다.

▶다음은 강상원 박사께서 '우리가 뜻도 모르고 생각 없이 써온 말'을 *산스크리트어 옥스포드사전으로 밝힌 말입니다.

*짓구석(ji임금-guh동굴, 궁전-sax돌: 임금의 궁전이던 지석=고인돌) *메느리(me nri: 동포를 헤아려 거느리는 리더) *마누라(Manura; 女神, 여자 제사장, 여자 추장) *즘심(jm-sim: 간단히 먹는 것) *앤처음(〉맨처음: 엄마의 자궁에 있을 때부터) *은-나(una: 0에서 1까지의 하나) *쬬다(cuda: 醜추하다 추한 사람) *늠(nme: 놈 person fellow) *그랑께(g-lan-ge: 그렇게 이해하고) *아따(atta: 높이 존경해서) *머하노, 머락카노(mahano 어찌 생각하는가?) *오라카이(카이: 확인하다) *거시기(gesh-kheys: 머릿속에서 찾아서 밝히다 한자의 揭示게시) *머시기(mas-kheys: 잘 헤아려 밝히겠다) *~할께야(kheya: 하겠다고 밝히는 바이다) *오메(ome: 헤아릴 수 없이 놀랍건데) *어떡한다냐(ut-katha-niya: 후회하다) *~짠혀(janiya: 너도 알고 있잖어) *그라믄 쓰겄다(grah-mun-sidh-gady-ta: 헤아리고 이해하여 밝혀내다) *아-씨바(a-siva: 하늘의 신을 부르며 재수 없다는 말) *너미랄, 니미랄(nemiral: 자유를 잃고 역경에 처하다) *땀시롱(tama-si-rong: 어리석은 판단으로, 때문에) *앙거(angha: 安居, 해치지 말고 편히 있으라, 앉어라) *(먹고)잡다(jabh-ta: 잡아채다) *왔수다(suta: 빼어나게 반짝이며 상서롭게 왔다) *요-요-(yuyu: 말을 끝낼 때 소리) *했슈(siyu) *해부러…!

#잠깐 쉬어갈까요? 제주어인데, 무슨 뜻일까요?
"두 가시가 어드레 경 돌암서? 이디서 놀당 가게마씀." (답- p304)

일찍이 민족사관을 확립한 **단재 신채호 선생**은 그의 \*조선상고사에서 "\*단군세기와 \*단기고사에 기록된 제3대 가륵단군 때(BCE2181)의 문자 산수가림다(가림토문)를 **여진족**은 '산수그리토'로 발음하였고, **인도로 건너가면서 '산스크리트'**가 된 것으로 유추한다." 라고 하여 산스크리트어의 유래를 언급합니다. **구자라트 지방**(인도)에서 우리와 **발음과 형태가 비슷한 글을 지금도 쓰고 있는 까닭**은 무엇일까?

구자라트어 출처: 나무위키, 41세의 석가모니 소장: 대영박물관, 강상원 박사님의 손가락
\*산스 크리트어 '마누라' (옥스포드대사전 748쪽) 출처: YouTube, 신채호 출처: Deskgram

　아, 그래서 고급언어라는 산스크리트어를 사용한 **샤카족**(석가모니 부족, 아리안의 일종)**의 외모**가 인도인이 아닌 우리와 같았던 것인가!

　안창범 교수가 석가모니의 열반지인 '구시나라'(拘尸那羅)에서 우리나라의 **'나라'**를 듣고 파란하늘을 뜻한다는 '파라니밀'(波羅尼蜜)에서 우리의 **파란색**이 들리고 '차마'(叉摩)에서 우리말 **'참다'**(忍)를 느꼈던 것이나 일찍이 영국의 저명한 사학자인 빈센트 스미스(Vincent A Smith)와 퍼시벌 스피어(Percival Spear) 등 학자들 또한 '석가모니의 종족인 석가족은 태생적으로 몽골리언이었을 가능성이 높으며 동쪽에서 이주한 고리족으로서 스키타이(아리안의 일종)'이라고 말했던 것들이 다 뜬금없는 주장은 아니었습니다.

독일학자 쟈(야)콥 그림(Jacob Grimm 1785~1863)이 '동이어에서 산스크리트어가 왔다'고 말했던 것은 **동이에서 나갔던 아리안의 언어**가 바로 서양언어의 뿌리가 되었던 **산스크리스어**였다는 말이었습니다. 여기에 인류학계의 거두 콜린 렌퓨 박사의 '**인도 · 유럽어의 본고향**이 현재의 유럽이 아니라 아시아 대륙 쪽에 좀 더 가까이 있었다'는 주장과 메릭 룬른박사(스탠포드대)의 '산스크리트어가 동 · 서언어의 뿌리'라는 주장이나 영국의 윌리암 죤스 경이 '지금의 언어들이 **과거에는 동일한 형태**를 지니고 있었고 **약 1만 년 전**에는 유라시아 일대에서 어떤 한 종류의 말로 모두가 소통이 가능했다'는 가설들이 모두 세상과 소통했던 언어가 바로 고대한국어였음을 말했던 것이지요.

그래서 누군가 말합니다. "We are **One**, We are **Altaians**. We are the Main Stream of World History." 맞아요. 우리는 **하나, 알**(Al: 태양, 神, 지고지선의 가치, 진리, 사랑, 문화)을 **품었던**(胎胎tai) 원조 **알타이안들**, 그래서 알은 **아리**가 되고 **아라**가 되고 **할**과 **엘**이 되고 **신**(神)이 되었던, 우리(한국인)가 바로 인류역사의 큰 흐름이었습니다!


### 영어와 아리안어의 어머니언어

지금 지구상에서 가장 영향력 있는 언어는 **영어와 유럽어**일 것입니다. 학자들은 영어는 **아리안이었던 켈트족이 살던 영국과 아일랜드 등지**에 앵글족, 색슨족 등 여러 게르만민족이 이주하여 형성된 언어라고 합니다. 켈트족은 지금은 **게르만족, 슬라브족** 등으로 동화되었지만 대부분의 유럽인들은 아리안의 족보에 속해 있다고 합니다.

몽골의 아르(알) 한가이(Khagai)산맥을 비롯 **중앙아시아**와 이제르바이잔 그리고 **동유럽** 멀리 지구의 서쪽 끝 **아일랜드의 뉴그레인지**까지 퍼져 있는 거대한 봉분(적석목관묘) 쿠르간(kurgan)! 이들의 쿠르간 옆에는 **선돌과 고인돌**이 있고 **빛(빗)살무늬토기**(Pit: 빗살. 러시아말로 Yam-comb Pottery)가 출토되는 것으로 우리 땅에서 시작된 낯익은 문화를 영위하면서 시베리아에 토대를 두고 전 유럽으로 확산되며 피와 골격이 변했던 사람들이 있었음을 알게 합니다.

그래요 **아리안**이란, 본디 코카사스 북단과 카자흐스탄 지역에서 **목축을 했던 사람들**(얌나야인)이었는데, '가을하늘'님(인터넷상 이름)은 이들의 언어가 바이칼 인근 말타부렛에서 발굴된 말타소년(Malta Boy)의 유전적 뿌리 즉 **검은 머리, 갈색 눈의 사람들의 언어**로 바로 '인도 · 유럽어의 기원'이었다고 합니다. 본디 아리안은 당시 유럽인들보다는 희었지만, **흰 피부와 금발이 아니었다**고 하고요. 문명이 일어난 동아시아에서 온 사람들이기에 '**아리안**'이란 **고귀한 사람**(산스크리트어 아리야에서 유래)을 의미하는 말이었다고 합니다.

이들이 남하했던 역사적 사건이 소위 '아리안의 대이동'(BCE20C~)으로 **이란과 인도**로, 아나톨리아(터어키 히타이트문명)에 영향을 미치고 일부가 **유럽지역으로 이동**(켈트족)하여 그리스와 라틴문명에 영향을 주었던 것입니다. 이들도 **넓은 의미의 아리안**이라고 하지요. 그러하기에 **영어, 독일어, 프랑스어**에서 종종 한국어발음의 말(한국어)이 들린다고 했던 것이지요.

그래요. 인류 문명은 '서(西)로 ←동(東)에서 이동'했다고 합니다.

그래서 제주도에서 **아시아 최초의 사람 발자국**(5만여 년 전 호모사피엔스)**화석**(100여점)은 물론 우리 땅에서 출토된 **구석기 시대 유골의 2/3 가량**이 **서구형의 장두형**이었던 의문과 그리고 한국인의 피부색이 **아시아인종 중 가장 희고 키와 골격이 크다**는 연구결과들…?

남쪽 부산 앞바다 **가덕도에서 7천 년 전 인골** 수십 구가 **유럽**(독일)**에서 출토된 인골과 매장형식도 같았고** 또한 제천시 **황석리**(13호 유적지)에서도 **유럽인의 조상**으로 여겨지는 인골(BCE 970 또는 BCE 450~410)이 발굴되고 **아리랑의 고장 정선군 아우라지**(여량2리)에서도 고인돌과 함께 출토(2005년)된 **3천 년 전 키 170cm** 정도의 사람 인골이 **영국인 남성과 비슷한 DNA 염기서열**이었던 것이나 **남한강변인 원주와 충주 지역을 비롯한 우리나라 많은 곳에서 유럽유전자를 갖고 있는 유골**이 나오는 의문들이 다-, 풀리는 것이지요.

그래서 고고학자들이 **독일인의 뿌리**(조상)가 본래는 고대 한국인의 체형과 풍습을 가진 동북아시아 인종이 정착과정에서 **코카서스지방의 인종과 혼혈된** 아리안(Aryan)이었다고 했었던 것입니다.


뿐만 아니라 대대로 '우리나라' 한국인의 땅(지금은 남의 땅 중국땅)이었던 '**산동성 임치**(臨淄 Linzi)**에서의 2천 년 전 사람들의 유전자가 독일인이나 북유럽계와 가깝고 중앙아시아 사람들의 유전자와 가깝다**'는 논문의 발표(2000.08.10)는 춘추전국시대의 혼란을 겪은 **2000년 전까지도, 옛 '우리나라' 강역에선** 지금의 유럽인의 선조가 함께 살아 왔었음을 알게 합니다.

그래서 이 수많은 종족의 사람들을 품어준 땅, 큰 울타리를 '우리나라'라고 했고 이 땅의 사람을 '백성'(百姓)이라 했고 사방에서 모여든 사람이기에 '남남북녀', 농경과 유목 등 많은 삶의 방식의 만남을 **견우와 직녀**, 그래서 동 · 서 · 남 · 북을 아우르는 중심에서 **오행사상과 오방색**이 나오고 **화합과 조화를 강조하는** '홍익인간'(弘益人間)이란 사상마저도 나왔던 것입니다.

아이러니한 것은 **독일인들 스스로 우수한 인종의 상징**으로, 자부심으로 여겼던 '아리안'이란, 결국 그들이 열등한 민족이라며 제거의 대상이었던 **코카서스 지역**(아리안의 고향)과 **중앙 아시아인**들이었고, 또한 이들은 동방에서 출발한 사람들이었으니…, 뿌리를 모르는 저들의 인류학이라는 것이 참 안쓰럽네요.

그러하기에 우리 **한국땅의 정기를 받고 이 땅의 시원문화로 은혜를** 입은 자들이 감-히 어머니의 나라이며 문명 · 문화의 나라를 지켜온 천손 한국인… 손흥민을 두고 인종차별을 합니다. 참…!

**어머니의 땅을 지키고 살아온 한국인들은 존중받아야 합니다!**

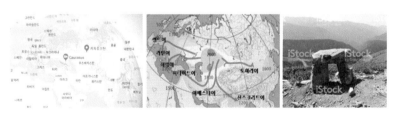

아리안의 중간정착지 카자흐스탄, 코카서스 출처: 구글지도, 아리안의 확산 언어의 분포 출처: 위키피디아, 그리스 · 로마신화(프로메테우스) 속 코카서스산맥의 고인돌 출처: iStock

이렇게 아리안어에 기본한 '**영어**'란 결국 ←**고대 로마어**(BCE 12C, 라틴어)**에서 왔고**, 라틴어는 ←**고대 그리스어**(BCE 20C, 희랍어)에서 왔으며 **고대 희랍어**는 ←**인도에서 왔다**고 학자들은 말합니다. 그래서 **인도어를 유럽**(歐羅巴구라파)**어의 모어**라 하여 구라파 앞에 인도(印度)를 두어 '**인구어**'(印歐語)라고까지 불러왔던 것이지요.

그런데 박대종 소장과 윤복현 교수를 비롯한 많은 학자들은 **인도어**가 ←고대 한국어인 동이어에서 왔다고 합니다. 이미 **타밀어와 산스크리트어**, 무엇보다 거대한 흐름이었던 **아리안어**까지 우리말의 흔적이 나타났으니 어쩜 당연한 주장일지도 모르지요.


'제프리 초서(Geoffrey Chaucer 1340~1400)의 *캔터베리 이야기 (Canterbury Tales)**는 중세영어**(Middle E)**로 써진 것으로서 현대영어**(Modern E)**와는 사뭇 다른 영어**이며, 더욱이 약 천 년 내지 천오백 년 전의 **고대영어**(Old E- CE450~700)**는 지금의 영·미인도 외국어로 느낄 정도로 판이하게 다른 모습을 하고 있다'고 경희대 한학성 교수(응용영어통번역과)는 말합니다. 여기에 현대영어에는 없는 토씨(훗날의 전치사)가 **있었고**, 어순도 우리말(S+O+V)과 **같았다**는 말들을~

여러분은 어떻게 생각하십니까?


〈대종언어연구소〉의 박대종 소장은 '오랜 세월이 흐르는 동안 인류 최초의 모어(Mother Language)는 세계 각 지역에서 나름대로의 변음과정을 거쳤지만, 각 **언어 간의 음운대응법칙**을 발견하면, 언어 간의 유사성과 공통점을 파악할 수 있다.

그런데 우리말이 **영어와는 총 13개에 달하는 음운대응법칙이** 발견되고 영어의 **중요 어근 333개 중** 약 70% 어근이 동이어(옛 한국어)에서 왔는데, 이러한 사실은 '언어의 흐름' 또한 시작과 끝을 의미하는 간방(艮方: 동북방)인 한국**에서 시작되어 한국에서 끝난다**는 역학(易學)과도 부합한다' 고 말합니다. 그래서 박대종 소장과 윤복현 교수 등 많은 학자들은 '영어가 고대 한국어에 어원을 두고 있는 **수메르어와 아리안어에서 기원했다**'고 주장하면서 많은 말들을 찾아냅니다.

*고대한국어의 음에서 **유래한 영어** (현 한국음: 영발음)

*우리: we *고을: Gaul(골-켈트족의 거주지) *갓(제사장이 쓰던 모자): 갇(God) *상투: saint(세인트 성인) *굿: good *똑똑하다: doctor(박사) *씨(氏): Sir(써) *씨: seed(씨드, 종자) *울: wall(벽으로 쌈) *뿔: bull(불 황소) *말: mare(말의 암수) *많이: many *셈하다 : sum(섬 합계) *고삐: curb(재갈, 구속) *피리: flute *슬슬: slow slow(슬로) *노: row(배를 젓다) *덤블: 텀블(tumble 혼란) *구부리다: 커브curve(curve 굽다) *선하니: sunny(서니-해같이 밝은) *부지-런하다: busy run(빨리 달리다)/ *매달다: medal(매달) *소쿠리: sack(사크 부대) *콩: corn(콘) *바구니: bag(바그, 배그-가방) *아름: arm(팔) *보리: barley *잎: leaf *또: too *깎다: cut(자르다) *숯: soot(숫 검댕, 매연) *국: 쿡(cook 국요리) *탄: tan(햇볕에 타다) *뻘어: bitter(비터-쓰다) *불어: blow(불다) *서둔(둘다): sudden(돌연한) *입술: lip *색시: sexy(쎅시, 매력적인) *사랑: salon, saloon(사롱 밀회의 장소) *머리얹지: marriage(혼인

하다) *배어: bear(배어 아이를 낳다) *개구쟁이: 개그(gag 익살, 속 임수) *아기: egg(에그 계란) *함부로: humble(천하게) *엉터리: untrue(거짓의) *안: un(부정접두어) *생각하다: think(싱그, 생각하다) *에비: evil(나쁜, 사악) *쓰레기: slag slaggy(슬럭 슬러지 녹은 쇠찌끼) *똥: dung(배설물)…!

여기에 수사의 첫 번째인 *하나(한, 안)의 고대음은 켈트족이 말했던 '아나(ana), 오네', (지금 영어는 색슨족의 사투리인 one) 특히 인체의 처음과 끝을 뜻하는 '입'과 '똥'이 영·미인의 lip(맆), dung(덩)에서 그 음과 뜻이 같게 나타난다는 것은 무엇을 말할까요? 그래요. 같은 뿌리…!

또 고대한국 뜻글자(이글)의 음에서 유래한 영어가 있지요.
*(뜻과 현 한국음: 현 지나음)→영발음
*去(가다 거: 취)→ go(고우) *旦(동트다 단: 딴)→ dawn(돈:) *車(수레 거: 처)→ car(카) *萬(많이: 완)→ many(메니) *朴(나무껍질 박: 푸)→ bark(박) *色(색 색: 써)→ sex(섹스) *汝(너 여: 루)→ you(유) *畏(두려워할 외: 웨이) → awe(오:) *視(보다 시: 스)→ see(시:) *地(따지: 띠)→ geo(지오) *液(물 액: 예)→ aqua(알우아) *鉢(그릇 발: 쁘)→bowl(버울, 보울) *願(원하다 원: 유엔)→ want(원) *涕(울다 체: 리)→tear(티어) *拉(납치하다 납: 라)→ rap(랍)…. 현 지나의 음과는 안 맞잖아요!
이제 영어의 기원이 한국어였다는 이유를 아시겠지요!

(답: "두 내외가 어디로 그렇게 달려가나? 여기서 놀다가 가지요."-같은 나라에서도 말이 이렇게 다른데 영어와 이 정도 뜻과 음이 일치한다면, 어떠세요?)

# 한국어는 알타이어족 이전의 언어!

우리 한국어가 이렇게 **영어**를 비롯한 **아리안어**와 **타밀어**와 **산스크리트어**와 **수메르어**와 **이글어**(한자어)를 낳았던 모어였음에도 우리가 이들 언어의 모어(母語)라고 주장하지 못하는 것은 '**식민**(**종속**)**사관**'…, 바로 우리가 학교에서 **못이 박히게 쇠뇌당하며** 들었던 '한국어는 알타이어'라는 말 때문이지요. 그래요 <u>우리가 어느 지엽적인 어족에 속하는 한,</u> 각기 다른 어족의 언어의 모어(母語)가 될 수 없기 때문입니다. '**알타이어족**'(Altaic language family)**이라는 개념**은 단지 1928년 람스테드(Ramstedt 핀란드 헬싱키대)가 **한국어를 연구하지 않고** 몽골어, 만주어, 투르크어와 함께 **알타이어**에 넣었기 때문이었지요.

언어 · 인류학자들은 우리말의 기초어휘들이 인도−아리안계, 유럽어 및 차이나어, 재팬어 **등과 가깝고** 오히려 알타이어나 몽골과는 **관련성이 적다**고 합니다. 어휘가 적고 문법이 비슷하다는 것은 **겨레의 뿌리는 다를 수 있다**는 말이라고 하지요. 왜냐하면, 말이란, **단어가 먼저, 그것도** 원시어(유전 중심)**가 먼저 생겼을 것**이며 수천 년이 지나 문법이 만들어지고 그래서 **무슨 어족**(語族)**으로** 자리 잡았을 테니까요.

초원지대였던 '알타이지역'이란 처음 문명이 없었을 때는 **아리안들이 우리의 언어를** 어느 정도 지켰겠지만, 훗날 이 아리안들이 다시 이동하고 난 뒤, **여러 문명과 민족의 접합점에 있으면서 말이 뒤섞이고 언어구조가 비슷해졌을 뿐입니다!**

그래서 언어학자들 사이에는 '알타이어족'이라는 <u>개념이 **성립되지**</u>

않는다'는 주장이 있어 왔지요. 여기에 알타이어족에 속해 있는 언어들은 **음운대응의 규칙성의 차이가 너무 심해 동일어족의 성립요건이 되지 않을 뿐**만 아니라, **문법적 유사성**으로도 어족을 정할 수 없다는 점을 들어, **1970년대 이후**에는 알타이어족의 존재조차 **인정하지 않고 있는 실정**입니다.

평생을 알타이어 연구를 한 김방한 교수(서울대), 강길운 교수(충남대) 같은 석학들도 분명히 '우리말이 **알타이어에 소속되지 않는다**'고 하며 세계언어학의 대가인 데이비드 크리스털(David Crystal 영국 웨일드대) 명예교수나 유하 얀훈넨 교수(핀란드 헬싱키대) 역시 '한국어와 **알타이어족**과는 **전혀 관련이 없다!**' 라고 단언합니다.

그래요! **알타이어족이 성립된 역사**는 기껏해야 5~6천 년 정도, 그런데 만 년이 넘는 역사 속의 한국인(알이한)의 언어를 지엽적인 **알타이 언어들에 꿰어 맞추는 것** 자체가 '어불성설'인 셈이지요. 한국어는 알타이어족 이전의 언어였기 때문입니다.

뉴그레인지 쿠르간 출처: 위키디피아, 구스타프 욘 람스테트 출처: 이글루스, "한국어와알타이어족과는 전혀 관련이 없습니다!" 데이비드 크리스털 교수, 유하 얀훈넨 교수 출처: KBS1

**알타이어족의 큰 특징**으로는 1**모음조화**가 있고 2체언에 **조사**가, 용언에 **어미**가 붙는 **교착어** 3어두에 특정 자음이 쓰이지 않는 **두음**

법칙  4어순이 주어+목적어+동사(SOV)라는 것들을 들지요.


첫째, '모음조화'(vowel harmonization)란 '첫 음절의 모음이 양성(깡)이면, 뒷 음절이 양성모음(깡+총)이 이어지고 음성모음(껑)이면, 음성모음(껑+충)이 뒤따른다는 법칙'이라고 하지만, 언어학자들은 소위 모음 위주의 언어였던 알타이어족의 언어에서 나타나는 '자연스러운 현상'이었을 뿐 아니라 알타이어족의 언어가 아닌 다른 동양계 언어에서도 나타나는 자연스러운 현상이라고 합니다.

반면, 알파(α)라는 모음밖에 없었던 희랍어(그리스어), 아람어, 셈족계 문자들은 전부 '자음음절문자'로서 모음조화가 있을 수 없는 개념이기에 상대적 비교를 할 수 없는 법칙이었다고 합니다.

즉 자연음인 의태·의성어에서, 서술어의 어간·어미에서 나타나는 음운의 동화현상(음운이 같아지는 현상)이나 활음조(음을 자연스럽게, 매끄럽게 함)현상일 뿐이었던 것이지요.

무엇보다 '어(음성모음)머(음성)니'와 '엄(음성)마(양성)'와 같은 가장 기본적인 호칭마저도 제각각이고 또한 '살(양성)어(음성)리랏다' 등과 같은 경우에도 지켜지질 않으니…, 솔직히 깡총깡총보다 깡(양성)충(음성)깡충이 더 편하지 않습니까?  사실 '조화'(harmony)란 말 자체가 남·녀와 같이 양성에 음성이 어울리는 것이 더 맞는 말인데…,

이 정도로 같은 어족이라 함이 말이 돼(나)?


둘째, '두음 법칙'이란 ㄴ이나 ㄹ이 어두(첫음절의 첫소리)에 오는 것을 꺼린다 하여 ㄴ, ㄹ을 떼어버리고 발음하지 않는다는 법칙이지만,

심지어 성씨(姓氏)의 예로 류(柳: 버들 류씨, 劉: 묘금도 류씨)씨를 유로 발음함으로써 유(俞, 庾)씨와의 구별마저 쉽지 않는 등 '의미와 근본을 무시하고 편함으로 떼어버렸다'는 비판 속에서 같은 동포인 **북한조차 인정하지 않는 것이 두음법칙**이지요.

  셋째, 우리말이 **중심되는 말**(실질적 뜻이 있는)에 **문법적 기능을 하는 말**(토씨, 어미 등 접사)**을 붙이는**(아교처럼) **교착어**(膠着語)이기에 우리 언어가 '알타이어'라고 고집하지만, 우리말은 **순수한 교착어가 아닌, 교착어와 굴절어의 성격을 다 갖고** 있다고 합니다. **그만큼 발전된 부분**을 함께 갖고 있기 때문이지요.

  그리고 지구의 언어 중 **50% 이상이 토씨가 있는 교착어**이고 무엇보다 **알타이족이 아닌** 미얀마, 베트남, 남부인도어, 스리랑카어, 아프카니스탄어, 파키스탄어, 네팔어 등도 **토씨가 있으니**, 그냥 언어의 일반현상일 뿐인데, 이게 무슨 학설…? 이 정도가 지금의 인류학이고 언어학이고 역사·문화라고 하는 것이지요!

  *그래머 스케치의 저자 심동화씨는 "우리말은 교착어가 아니다. 고대영어(광의 ~1066년)도 지금의 고립어가 아닌 한국어와 비슷한 굴절어였다.(God 신은, God es 신의, God um 신에게, God ne 신을) **영어와 페르시아어는 역사적으로 굴절성**이 강했지만, 현대영어는 고립성이 강하고 현대 페르시아어는 교착어에 가깝다. 터키어의 경우 교착어에 속하지만, 동사가 인칭, 수에 따라 굴절한다는 점에서 굴절성 또한 있다."라고까지 밝혀냅니다.

그래요. **언어가 이만큼 변할 수 있다는 것**과 교착어, 굴절어, 고립어 중 **어느 한 유형으로 똑 나눌 수가 없는 경우가 많다는 것**입니다. 더구나 우리말은 인류최고(最古), 최고(最高)의 언어이기에 **지엽적인 한 어족에 넣는 것은 큰 과오**가 되는 것이지요.

넷째, 어순이 **주어+목적어+동사**(SOV)라서 우리가 알타이어족이라며 인도 · 유럽어나 지나어와는 완전히 다르다고 하지만, 천만에요!
심동화씨 또한 '고대영어의 문헌들을 보면, 우리처럼 S+O+V(동사가 문장 끝에 옴)와 지금의 S+V+O의 **두 어순이 거의 비슷한 비율**로 쓰이고 있는데, 이는 **옛날 영어엔 우리말 조사와 비슷한 역할**을 하던 것들이 있어서 우리말 어순과 같은 문장 즉 God him excusi.(신은 그를 용서할거다.–10C 기록문헌)처럼 쓰이기도 했었다'고 말합니다.
그리고 **'옛 라틴어 산문'**과 **'옛 영어'** 또한 대체로 SOV 어순이었다고 하고 **'옛 한문'**(이글문)도 우리말 어순(SOV)과 똑같았다고 하니…, 그래요. 아주 먼 옛날에는 **아시아와 중동, 인도와 유럽**이 다 우리처럼 S+O+V 어순, 하나의 말로 거의 통할 수 있었다는 말입니다.

*고대언어의 어순– 파랑: SOV, 빨강: SVO, 노랑: VSO 출처: Matthew S. Dryer, *어족분포('대한민국은 어느 색도 아니다')– 시노티베트어족(빨강) 우랄 알타이어족(진초록) 인도유럽어족 (밝은 초록–아리안 이동) 출처: 꿈돌이의 얄팍다식

최근 언어학자들은 '**언어의 세계지도**'(The World Atlas of Language Structures)를 통해 '한국어가 **계통이 불분명**하고 주변국과 **뚜렷한 차이가 나는 다른 유형의 언어**로 그 어떤 언어와도 **연결고리가 없는** 수수께끼언어, 고립된 언어'(language isolate)라고 하는 것이나 한국어를 알타이어족으로 분류하여 한국인을 혼란에 빠지게 했던 람스테트마저도 끝내는 '한국어는 앞으로 더 연구를 요하는 불가사이한 언어'라고 했던 것은 모두 **현 인류의 문명·문화의 기원이 한국**이었음을 몰랐기에 나왔던 표현이었습니다.

**다 우리에게서** 나간 것이었지요.

군더 프랑크가 *리 오리엔트에서 '**빛**(○ 알)은 동양에서 **시작**된 것, 세**계문명**의 근원은 동양이었고 **동양역사의 시작이 곧 세계역사의 시작**'이었다고 한 것이나 세계적인 철학자 윌 듀런트(1885~1981 컬럼비아대) 교수의 "유럽과 미국은 아시아 **문명의 응석받이이자 손자**였다. 그래서 **조상인 동양의 풍요로운 유산**을 이해할 수 없었다." 라고 했던 석학들의 말이 생각 없이 한 말이 아니었습니다. 이들에겐 **우리의 시원문화를 모르는 한** 영원히 풀리지 않는 수수께끼일 뿐이지요.

문제는 '**우리가 꼭 어디에 속해 있어야** 하고 **그래야 마치 족보 있는 사람, 나라**'라는 중심 없는 우리의 생각(식민사관)이었기에 그래서 진정한 우리의 모습을 볼 수 없었던 것입니다. 아직도 **학교시험**이나 〈교원양성 국어문제집〉에선 '한국어는 알타이어족'을 정답으로 하고 있으니…, **이 나라 참– 어렵네요!** 이정현의 '바꿔, 바꿔– 모든 걸 다 바–꿔!' 란 노래가 가슴을 칩니다.

## 아메리카 인디언, 한겨레

그런데 **동쪽으로→** 베링해협을 넘어 **아메리카 대륙에 정착한** 동이인 들이 있었습니다. 지금은 우리와 많이 변해버린 사람들, 소위 **인디언 의 조상들**이지요. 〈울산반구대 암각화〉에 그려진 것과 흡사한 6~9 인승의 카누를 타고 **고래잡이를 했다는 기록을 남긴** 오제테 마을의 '**마카인디언**' 그리고 **아버지**(아바지)를 부족이름으로 썼던 '**아파치인디 언**'은 우리의 또 다른 선조이셨습니다.

상투 튼 인디언, 머리 따고 애 업은 인디언 처자, 상투 튼 머리, 갓, 쪽 짓고 한복 여인, 비녀로 쪽진 여인들 아기 업기, 또아리 틀어 물건 이기 출처: 손성태 교수

그래서 온통… 우리의 풍속과 유물들입니다!

우리처럼 **윷놀이**를 하고 **그네**(그네)를 타고 **팽이**를 치고 **자치기**를 하 고 **실뜨기**를 하고 여자를 **가시나**, 이쁘다를 **이쁘나**, 나무를 묶은 다 발을 **다바리**라 하고 지붕을 **덮이**, 허깐을 **허갠**, 도끼를 **토막**, 여보시 오를 **보시오**라 하면서 **팔짱**을 끼고 머리를 **땋고 상투를 튼** 사람들, **맷돌과 물레**를 돌리고 **산끈**을 잡고 서서 아이를 낳고 우리처럼 태어 날 때 **금**(神신, 검, 금)**줄**을 **왼**(신들의 영역)**새끼줄**로 꼬아 걸었던 사람들, 신생아의 엉덩이에는 마고반점(한반점)이 있고, 한겨레와 인디언밖에 없다는 **포대기로 싸서 등에 애기업기**, 물건을 **머리에 이고**…!

곰(熊, 검神)과 새를 숭상하고 깃털을 꽂고 막걸리를 빚어 먹고 죽은 사람의 입에 노잣돈(저승길)으로 옥구슬을 넣어 주기, 자정에 제사를 지냈고 제사 후 사용한 종이를 불태우고 음식을 나누는 풍습, 마을을 리라 하며 집을 비울 때는 정랑을 걸어 놓았던 사람들…!

코신(꽃신)을 신고 나막신을 막(하)신이라 합니다. 북미의 오리건 주에서 발굴된 짚신 75켤레는 약 9천 년 전의 것(방사선 탄소측정)으로 동이의 짚신과 흡사했다고 하며 〈알래스카 박물관〉에는 곡옥(曲玉)에서 향로, 촛대, 청자기 등 많은 유품과 심지어 불상(佛像)까지 보관되어 있고 〈미국 워싱턴 인디언 박물관〉에는 한국고유의 문화인 햇(빛) 살무늬 토기를 비롯하여 나무절구, 소쿠리, 광주리, 베틀, 어망, 물레 등 우리 선조들이 쓰셨던 것과 동일한 생활도구들로 송호수 교수(*한민족의 뿌리 사상)의 입을 다물지 못하게 했던 것들…!

직접 인디언박물관을 가 보세요.

멕시코의 윷놀이, 베틀 여인, 여러 종류의 짚신 출처: 윤복현 교수, 제주도
대문의 정랑 '주인이 없으니 들어가지 마시오' 출처: 양파

〈대륙조선사 연구회〉의 김재관씨는 "인디언 중에 이시이(이씨 李氏) 족이 있는데, 이들의 깃발은 갑골문자로 '나무 목(木) 밑에 아들 자(子)'를 기록한 것이나 미국의 가장 아름다운 국립공원 요새미티공원은 인디언 말로 '웅주 마티' 즉 웅 수 많지(곰의 수 많지, many bears)였었다.

미국 동부의 **커네티컷**은 인디언말로 '**큰네터갓**' 즉 **큰 내터 가**(큰 강의 넓은 땅), 캐나다의 도시 **토론토**는 '**토론 터**'(추장들이 모여서 토론하던 터, meeting place), **북미 인디언들이 철인5종경기**(돌과 통나무도 지고 가서 산 위에까지 다녀오는)를 할 때, 동네 원로들의 응원가 '에이 챵해이라 코시앵헤 창헤이라'는 놀랍게도 '**에이 장해라! 고생해, 장해라!**'였다." 라고 합니다. 그렇다면, 나이아+가라(폭포)는 **네 가람**(네 강) 맞네요!

여기에 김성규 회장(코리안신대륙발견모임)은 **호피인디안의** '**캐치나**(kachina) **풍물놀이**'가 우리의 캐지나칭칭나네와 이름도 풍물도 거의 일치함에 놀라 **인디안 파우와우**(powwow: 미국 인디언 원주민 연례축제)**에 참가해 '코리안 · 인디안 합동풍물놀이**'를 주도했다지요. 어느 '**호피**'(虎皮: 범가죽)**부족의 인디언은 자기 부족의 유래를 한국아이들의 대화에서 알고서 감격의 눈물을 펑펑 쏟았다고 합니다.

손성태 교수는 저서 *아스테카인들은 우리 민족이다에서 '**아스텍어**(나와틀어)**와 잉카어**(케추아어)**의 문장 구조**(S+O+V)는 물론 **조사의 종류와 쓰임새가** 한국어와 아주 유사**하다**'고 합니다.

*꼰애뜰(con e tl): 큰애들 *딸(tal): 딸 *따(tla: 땅의 옛말): 따, 땅 *아스땅: 아스달 *뜰(tl): 들 *멕시코(Mexi co): 맥이곳(땅) *맥이가 진 고(Mexica tzin co): 맥이가 (전쟁에서) 진 곳 *콘(corn): 콩 *콩알(corn el 작다): 콩알 *타다(ta ta, tla tla 불타다): 타다 *내가(ne ka): 내가 *난(nan 나는): 난 *다조타(ta cho ta): 다 좋다 *마이스(maiz): 맛있어 *다도안 이(tla toan i 다 도와준 사람): 다 도운 이 *

**다 마틴 이**(tla matin i 점쟁이): 다 맞힌 이 ***니 그 다 마티**(Ni c tla mati): 너 그것 다 마쳤다 ***치 남 바**(chi nam pa): 약간 치올려 만든 채소밭(남새:푸성귀 · 채소의 옛말) ***꼬아**(coa 꼬고 있는 것): 뱀 ***꼬아태백**(coa tepec): 뱀산 ***태백**(Te pec: 산, 피라미드): 태백(한국인의 산) ***다 지왈 태백**(Tha chihual tepec): 다 지은 피라미드 ***마까기 뜰**(ma cahui tl): 막 까기틀(막 까는 도구 · 무기)…!

어때요? 무조건 국수주의자로 매도하지 말고 곰곰이 큰- 틀에서 논리적으로 생각해 보세요. 참-, 가련한 우리의 역사거든요.

파우와우 축제의 김성규 회장 출처: 김성규, '호피의 정체성을 찾다' '역사기록으로 본 멕시코와 한겨레의 공통점' 손성태 교수의 강의 출처: STB, 마까기 뜰 출처: 손성태 교수

그리고 미국 UCLA의 〈HLA(인간조직적합항원)센터〉 교수들은 **한국인 외에 세계 어디에도 나오지 않는 유전자 HLA A2, B62, C3가 인디언에서 나오는 것**으로 보아 '**한국인과 인디언들이** 100퍼센트 똑같다'는 것을 밝혀냅니다.

아, 7C 중까지 고구리 인구 1100만 명이 사라졌던 '한국사의 미스터리'를 손성태 교수는 아메리카로 이동한 겨레에서 찾아냅니다. 그래요. 8천 년 전 반구대 암각화를 그렸던 선사시대 코리안들이~~

고래를 따라 한머리땅에서 연해주를 지나 쿠릴열도와 캄차카반도, 그때는 이어졌던 **알류샨열도**를 지나 아메리카로 간 것이었고 이어 **고대조선**이 망하고 **고구리와 발해**(후고구리)가 망하자, 계속 이곳으로 한겨레가 이동했던 것을 말이지요. 그래서 인디언 보호지역으로 내몰리며 불렀던 **체로키족의 슬픈 애국가**는, 지금은 서양인의 노래('어메이징 그레스')로 빼앗겼지만, 구구절절 **조선의 영광**을 염원하는 우리 말의 흔적은 지금의 한국인의 가슴을 울립니다.

아막낙섬 온돌, 고래뼈탈, 반구대 암각화의 탈 조각 출처: 김성규 회장
웹사이트, 연합뉴스, 병산탈 출처: 한국민족문화대백과

그래서 알래스카의 **아막낙섬**에서 한국의 **'전통온돌'**(3천 년 전)이 발견되었던 것이고, 경상도의 **병산탈과 유사한 '고래탈뼈'**가 발견되고 (2007년 미국의 고고학회지) 알류샨 열도의 코디악섬, 미국(시트카 마을) 캐나다(시애틀 인근 퓨젯사운드, 오제테 마을) 등에서 **고래와 고래탈뼈의 '암각화'**가 발견되는 것이지요.

김장근 고래박사는 "한반도의 선사인이 새긴 **반구대 암각화의 고래잡이 모습**은 러시아 **추코트카**, 그린란드의 **에스키모**, 미국 알래스카와 북부 대륙 연안 **인디언의 포경과 동일**하다." 라고 하여 **고래문화를 시작한** 한머리땅 사람들의 이동이었음을 알게 합니다.

**차이나**는 이미 **인디언**(첫 아메리카 주인)이 제 **핏줄**이라고 터무니없는 주장으로 홍보까지 하는데…. 그래요. **어머니의 나라 한국이 품어 '큰 한문화 · 경제벨트' 안에서 함께 번영을 누려야 할 우리의 소중한 가족입니다.** 저 세상 떠난 **내 착한 아우가 200$를 인디언 손에 쥐어 주었다**고 하여 참, 잘-했다고 했었지요.

체로키 인디언의 애국가 출처: by Susan, 사람과의 평화협정을 배신한 서구인들 출처: 영화 '늑대와 함께 춤을', 조상의 고향을 찾은 인디언 후예(서울 역사문화공원 공연) 출처: 다물

영화 *늑대와 함께 춤을 이란 영화를 통해, 이들 인디언이 서구인들이 말했던 광기어린 살인마가 아닌 '**주먹 쥐고 일어서, 하얀 구름, 머리에 부는 바람, 발로 차는 새, 예쁜 코**' 등의 평화로운 이름을 가진 사람들이었고 정작 평화협정을 **깨고 인간적인 배신을 한 자들이 저 서구인이었음**을 알았습니다! **영국 청교도인들은** 약 8천만~1억의 **인디언들을 살육**한 후 신에게 감사를 드렸지요. 유태인에 대한 독일의 **홀로코스트**(600만 명)**는 비교가 안 되는 인류최대의 학살**이었지요.

**어릴 적 미군에 의해 인디언이 도륙당하는 영화**를 보고 박수를 쳤던 일들이 너무나 부끄럽습니다. 저들이 '살인마'라는 주홍글씨를 찍어 도륙하고 **근본**(COREAN)**마저 바꾸어 엉뚱하게 인도인**(인디언)이라 불렀던 수우족 인디언의 기도입니다.

## *자연과 사람을 위한 기도문

(수우족 인디언)

바람결에 당신의 음성이 들리고
당신의 숨결이 자연에게 생명을 줍니다.
나는 당신의 수많은 자식 가운데
작고 힘없는 어린아이입니다.
내게 당신의 힘과 지혜를 주소서.

나로 하여금 아름다움 안에서 걷게 하시고
내 두 눈이 오래도록 석양을 바라볼 수 있게 하소서.
당신이 만드신 만물을 내 두 손이 존중하게 하시고
당신의 음성을 들을 수 있도록 내 귀를 열게 하소서.
당신이 우리 선조에게 가르쳐 준 지혜를
나 또한 알게 하시고
당신이 모든 나뭇잎, 모든 돌 틈에 감춰 둔 교훈들을
나 또한 깨닫게 하소서.
내 형제들보다 더 위대해지기 위해서가 아니라
가장 큰 적인 나 자신과 싸울 수 있도록
내게 힘을 주소서.

나로 하여금 깨끗한 손, 똑바른 눈으로
언제라도 당신에게 갈 수 있도록 준비시켜 주소서.

그리하여 저 노을이 지듯이 내 목숨이 다할 때

내 혼이 부끄럼 없이

당신 품으로 돌아갈 수 있게 하소서.

'이-제, 당신을 봅니다!' (I SEE YOU!)

## 말과 문자와 문명의 종주국

그런데 과학잡지 〈사이언스〉에 게재되었던 두 연구논문인 '헬리코박터균의 분포로 본 **인류의 이동**'(2003.3.7)과 '농업기술의 전파와 **언어의 이동**'(2003. 4.25) 모두 **1만 년**(1만2천~8천) **전** 집단의 출발지(기원지)가 우리 땅 한국이었음을 밝힙니다.

이제 확실해진 것이지요. 4대문명지로의 문명과 언어의 전파가 어디에서 시작되었는지를, 어째서 **한국인의 언어와 문화는 수수께끼투성이**며 인류의 **천손신화와 난생신화가 왜 한국땅에서 중첩**되어 나났는지, 또 한국인은 도무지 알 수 없는 '**미스터리한, 신비의 민족**'이라는 물음들로 가득했었는지… 이제, 우리 겨레가 천산에서 기원했다거나, 알타이로부터 들어왔다는 어쭙잖은 **서구학자와 식민사학자의 학설**들이 와르르 무너지게 된 것입니다!

〈사이언스〉 연구논문 '농업기술의 전파와 언어의 이동' 출처: 한국인권신문, 문명의 이동 루트 스텝지대(녹색벨트), 천손신화와 난생신화의 접합점(기원지) 출처: 한민족의 기원

무릇 **문자보다 말이 먼저였던 인류사**에서, 지금 가장 많이 쓰는 **세
계언어의 조상어**가 결국 '**한머리땅의 고대언어**(사투리)'였던 것입니다.
그래서 박대종 소장은 '우리말이 세계제어의 **기준점** 곧 **중심점**이었으
니, 나머지 음들은 중심에서 여러 각도로 갈라져 나간 **변음**이었음을
들어 우리나라가 세계어문의 종주국'이라고 주장하는 것이지요.

여기에 윤복현 교수는 '우리의 **신시배달국시대**의 이 땅의 사람들
이 온 세상에 흩어져나가 훗날 변화하면서 **언어가 혼잡**하게 되어 서
로 알아듣지 못하게 되었고 또한 인류최초의 문자인 '**녹도문자**'를 썼
던 이 땅의 사람들이 떠나가 **수메르문자**와 유대인의 히브리문자, 인
도문자, 페니키아인들의 **알파벳문자의 기원**을 이루고 지금의 **이글**(한
자)과 재팬문자, 몽골문자 등을 이루었다.'고 합니다. 그래요. **언어와
문자 또한 우리 땅의 시원문명 · 문화**에서 비롯된 것이었으니, 우리
한겨레가 언어와 문자의 시원민족이었다는 것이지요. 이것이 훗날
전해졌던 **바벨탑**(the Tower of Babel) **이야기**인 것입니다.

많은 연구결과를 통해서 알 수 있듯, 어쩌면 **고정관념이 없는 인공
지능**(AI)**에 이 모든 자료**(왜곡과 편견이 없는)를 넣으면, '옛 한국이 세계
어문의 종주국이었고, **옛 지구역사는 곧 한국의 역사**이며, 옛 지구문
명의 **큰 흐름**(the Main Stream)은 한국문명이었다'는 결론이 과장 없이
나올 것이고 그리하여 어째서 **세계최고의 문자**(한글)가 한국인에게 있
고 왜, **한국인의 두뇌**(IQ)**가 세계최고**인지 또한 밝혀질 것입니다. 그
래요. 우리는 지어내지 않아도 지구문명의 중심(中心)이었지요.

이 책을 읽는 당신이 한국인인 것을 진심으로 축하드립니다!

한 번 왔다가는 인생이라면, 그래도 **세상의 주인**으로서 세계의 문명 · 문화를 시작하고 세상의 판을 짰던 천손(天孫)의 뿌리인 것이 그리고 이 시원의 땅에서 살고 있는 것이 얼마나 행운입니까?

…그러니, 우리가 그러한 세상으로 함께 만들어 봅시다!

학자들 견해를 종합하면, 이런 겁니다.

지구상 언어— 6천여 종, 이중 문자까지 갖춘 언어는 불과 100여 종.

그런데 우리의 '한글'은 지구상의 모든 문자 중 **자연의 감동을 풍부하게 표현할 수 있고 세상의 무엇이나 어떤 표현도 할 수 있는 독보적인 문자**라고 합니다. 그래서 모든 언어가 꿈꾸는 '알파벳의 별'이라 말하고 '인류의 최고발명품'으로 선정하고 인류의 '위대한 지적유산(star, 명품)이라 극찬을 받고 심지어 한글을 두고 '문화의 혁명', '언어의 기적', '불가사이한 문자', 세계문자역사의 '눈부신 돌연변이'라고까지 불리고 그래서 땅(사람)의 글이 아닌 '하늘(하느님)의 글', '신(神)의 문자', '우주인의 글'이라 말하는 문자이지요.

우리의 선조님들 **정말 대단하신 분들** 아닙니까?

지구상의 언어와 문자 중에, **인류가 표현할 수 있는 최고의, 최상의 수식을 받으며 '기적'으로까지 표현되는 것은 우리의 언어와 문자의 역사**가 다른 민족과 비교할 수 없이 오랜 문화였다는 것을 방증하는 것은 아닐까? 그래서 많은 지역에서 **우리의 문화와 신앙과 말과 문자의 자취들이** 보였던 것은 아닐까? 너무 아픈 우리 역사이지요.

많은 학자들은 말합니다. '한국인은 **참으로 불가사이한 사람들**이며 한글은 한국인을 넘어 **인류가 지켜내야 할 보물**이다' 그래요. 우리는 '**한글**' 하나만으로도 지구상 최고의 문화대국인 셈이지요.

그럼에도 아직도, 우리의 정체성의 근원을 **인도, 바이칼, 몽골, 중앙아시아의 알타이, 수메르, 심지어 아프리카**라고 그곳이 **우리의 성지**이고 **어머니의 나라**인 줄 알고 헤매며 '한국어의 조어(祖語)가 **알타이어**'라고 반복하면서 **인류의 성지인 우리 땅**에서 언어의 화석과도 같이 소중한, 인류의 뿌리말의 자부심을 잊고 아름다운 천손의 말을 천시하며 **다시 언어의 바벨탑을 세우려** 합니다.

'언어는 정신'입니다. 우린 천손의 언어를 잊었기에 산스크리트어(인류공용어)의 뿌리였던 우리말(토속어)을 지금 홀대하고 인류의 문화를 이(夷)끌었다는 근거인, **고귀하고 위대한 사람들의 말** '홍익인간'(弘益人間)을 교육이념에서 삭제하려 합니다.

'말은 **정신(혼)의 지문**이며 글이란 **선조의 문화적 역량**'이라는 작가 최명희의 말은 그래서 이 시대 **한국인을 향한 피 끓는 절규**입니다. 그의 *혼불에는 일제시대, **팻말을 철사줄로 꿰어 건 학생**이 하루종-일 복도에 서 있지요. "나는 **조선말**을 썼습니다. 나는 개입니다."

"언어는 정신의 지문입니다. 한 나라, 한 민족의 정체성은 '모국어'에 담겨 있습니다."–호암
예술상 시상식에서 최명희, 역사를 지키려 했던 개의 모습 출처: 다물, 바벨탑
출처: JW.ORG, 한겨레의 영산, 백두산, 출처: HERMITAGE

# 시원역사를 간직한 알~이~랑, 아사달!

지구인의 고향이라는 아프리카는 **7만 년 전쯤**, 사하라지역(초원)이 사막화되고 **5만 년 전** 지구의 대빙하기와 **3만 년 전** 소빙하기로 먹이사슬이 끊어집니다. 이때 현 인류(?)의 문화의 조상격이며 한국인의 조상의 큰 하나의 흐름이 아프리카를 벗어났을 것입니다.

아프리카에서 가장 진화한 호모 사피엔스였던 이들은 아프리카 중부지역의 B **르완다**(르완다어와 세소토어: 한국어와 영어, 유라시아어의 원시공통조상어)에 머물렀다고 합니다. 소토(sotho)란 **'갈색 인종'**이란 뜻으로 여늬 아프리카 흑인들보다 **밝은 색을 띈 사람들**이었다고 하지요.

이들은 ↓**점차 아프리카 남부를** 거쳐 아프리카 **동쪽→ 해안가를 따라 북상**↑하다가 B-1 동쪽으로→ **사우디아라비아와 인도의 남쪽 해안가를** 따라 이동하고 **동남아의 거대한 순다대륙에 머물다가 화산과 잦은 지진을 피해 북상**하며 마침내 드넓은 지구의 낙원이었던 서해평원에 정착합니다. 또 다른 무리는 B-2 위쪽으로 ↑**중앙아시아를** 거쳐 무수한 우여곡절을 겪으며→ **바이칼호수를** 거쳐 더 훗날 마침내 ↓서해평원과 한머리땅에 도착한 무리도 있었지요.

그러나 우리 땅에는 이들보다 훨씬 먼저, 아프리카의 호모사피엔스(16만 년 전 '이달투')가 나오기 A **훨씬 전 이미 아프리카를 벗어나** 현생인류 이전의 '호모에렉투스'와 '네안데르탈인'과 '데니소바인' 등의 **인류들을 정복하고 교접하고 사람의 문화를 시작했던**, 지구상 가장 먼저 호모사피엔스로 진화했던 지구의 최강자가 살고 있었습니다.

강과 호수와 바다에 온갖 식물(木)이 무성하고 온갖 동물이 생명을 구가했던 동방의 낙원! **먹이사슬이 완벽했던 땅!** 그래서 동물의 왕들이 모이고 **인류의 강자들이** 모여 살던 땅이었지요! **이 땅에서 대를 이어 진화하며 문명을 열었던** ∧ 토착의 무리들과 만난 것입니다.

이렇게 옛 땅 '우리나라'는 동·서·남·북의 여러 인종이 들어와 큰 회오리로 섞여 시너지를 내며 **농경과 목축과 고래까지 잡으며 해양문명을 시작했던,** 세계의 석학들이 찾고 있는 현인류의 그(The) 시원문명·문화의 알·씨의 땅, 신화(神話)의 땅, 신(神)들의 나라였지요.

그래서 우리 땅의 모든 것이 **한나라**(하늘나라)요, **한님**(하느님)으로 불리고 **한겨레**(하늘겨레), **한글**(하늘글), **한국말**(하늘나라말), **한복**(하늘옷)…, 온통 하늘나라문화였던 것이지요. 아, 신성과 성배의 원천이었으나 천손 한국인이 잊고 있던 '아리랑의 땅, 그(The) 모국'이었습니다.

윤복현 교수는 감격에 겨워 말합니다. "인류사와 민족사를 통하여 **현 인류문명의 뿌리는 한국인들의 한−문명**(the Main Stream)임을 알 수 있다. 서해의 마고문명이 한머리땅에서 유라시아와 아메리카로 퍼져나간 것이다. 그래서 태양과 광명으로 상징되는 '한'은 **칸**(몽골)이 되고 **간**(지나와 왜)이 되고 수메르에선 **안**이 된 것이다. 바로 **한**이 '**머리·임금·중앙·근원**'임을 알 수 있는 것이다. 마치 **태양**이 빛으로 만물을 낳고 기르듯이 한머리땅(한반도) 사람들은 전 세계로 이동하여 **만주의 송화강문명, 요하문명**(홍산문화 포함), **수메르문명**(그리스문명의 근원), **이집트문명, 인더스문명, 황하문명, 마야문명, 아즈텍문명**을 건설하여 현대문명의 근원을 만든 것이다."

그래요. 최소한 8~5천 년 전까지(아니 2500년 전까지도)는 우리가 지구상에서 문명·문화가 가장 앞섰다는 것이지요. 이 땅의 알들이 **인류의 문명·문화를 시작**하면서 탄생된 말이 지금의 '한국어'였고 '알이랑'이었을 것입니다. 그래요. **해**(ㅇ대알)**처럼 지극히 큰**(높고 밝은) **가치를 '알이'**(아리)**라 부르고 이 알**(씨. 문명)**을 퍼뜨려 삶을 이롭게 했던 가장 귀하고 신성한 존재를 '랑'**이라 불렀던 겨레였습니다.

이 땅의 많은 알들은 **'알이수'**(아리수: 알을 품은 강)가 흐르는 땅에서 **'너랑 나랑 우리랑'** 함께 오순도순 살았던 **'알이다운'**(아리따운: 사랑스럽고 아름답다) **이**(夷)**들**이었지요. 퓰리처상과 노벨문학상 수상자인 펄벅(1892~1973 한국명: 朴眞珠) 여사가 "한국은 고상한 국민이 살고 있는 보석 같은 나라다. 대단히 높은 긍지를 가진 민족이다." 라고 말했던 것은 **세상을 이끌었던 큰 정신**(홍익인간)**과 미래를** 느꼈기 때문입니다.

이를 웅변하는 말이 우리의 해 돋는 땅 '아사달'이지요. 세상에는 아스타(Asta)라고 전해진 말로 아리안의 선주민어로는 **'고향**(home land), **신성한 곳, 부활**(Easter), **동방**(East)**'**이었고 그래서 고대 카자흐스탄에 **'아스타라'**라고 불리던 오래된 도시가 있었으며 알타이어로는 **'불의 나라, 신성한 곳, 밝은 곳'**이었고 수메르어는 **'신성한 곳, 왕권이 있는 곳'**(Ashite)**을,** 켈트어는 **'신이 사는 곳'**(Astur)**을** 말했다고 윤복현 교수는 전합니다.

아, **이 밝은 땅**(달, 따, 타, 터, 土)을 떠난 이들은 옛 조상들의 땅(아사달)을 '신이 살고 **왕권**이 있고 **신성하고 밝으며 문화**(불)가 높고 모든 것을 살리는(부활) 동방의 고향'이라고 불렀던 것입니다. 그래서 토(土터)를 '**성인**(大)**의 땅**'이라고 했던 것이었지요.

신용하 명예교수(서울대)는 이 땅을 벗어난 사람들이 '붉게 떠오르는 해 속의 아침 산'(땅: 아사달)을 이글(한자)로 쓴 것이 '**조선**'(朝鮮)이었던 것이고 이 **아사달문양**을 고조선 전기의 독특한 3대문화의 하나라는 '팽이형 토기'에 새겨 넣거나 국기에 넣어 자신들이 하늘나라의 후손이었음을 드러내었던 것이라고 말합니다. 인류를 품에 안고 첫 문명을 잉태했던 **아사달** − 해(태양)의 나라, 물의 나라, 알(씨)들의 나라, 신들의 코어땅, 아리랑의 나라는 지금 서해바다물에 잠들어 있습니다.

지나 산동성(대문구문화: 4300~2200BCE) 고조선의 '아사달 문양' 팽이형 토기
출처: 신용하 교수, 몽골의 아사달문양과 카자흐스탄 기(旗)

그때, 이 땅의 **씨**(알)를 갖고 **개와 가축**을 이끌고 어깨에 **매**(鷹)를 얹고 **배**와 **수레**를 만들어 타고 끌며 **세상 끝까지** 갔지요. **신**(神)**과 민족**과 **노래** 이름에, **산맥**(산)**과 바다** 이름에 알(ㅇ☼)을 붙이며 알을 만들며 그렇게…! '알라, 알타이, 알알해, 아리야(아), 아리랑…', 아, 아리안, 코리안(꼬리, 구이) 노마드(Nomad), 디아스포라들!

이렇게 알(ㅇ)신앙의 사람들이 퍼져나가 인류의 아리안을 이루지만, 때론 아리안의 일부가 훗날 부메랑처럼 신기하게 유전자를 찾아 (스키타이, 흉노계) 선조의 고향 한국을 다시 오기도 합니다.

**이러한 정서**에서 때론 '곱고 그리운 님들'(신용하)이 되고 '애인'(임환영), '진리에 충실한'(러시아 화가 니꼴라이 레리흐)이 되기도 하고 '큰 하천 강'(강무학)도 되면서 아리라 하고 '이별의 슬픔'과 때론 '힘든 고통에서의 한'(恨), '참나를 찾는 마음', '사랑의 노래'로 불렸던 것이지요.

그래요. 시원의 땅, 사람(천손)의 꿈을 그리며 꺼지지 않는 불꽃이 되어 사랑과 진리를 전하면서 '통곡'을 승화시킨 노래였습니다!


알~이랑─은 '천손(天孫)겨레'의 문화코드이며 세계의 인류사의 **중심 맥박**이었지요. 비교할 수 없이 **높은 문화를 갖고 와 알태**(알을 품은) **해 준 이방인**, 선진문명을 전파한 (고마운)사람들! 우리처럼 스스로를 '하느님의 아들'이라고 하는 아리아인! 문명의 씨앗을 퍼뜨렸던~,

이 신비한 사람들 '아리안은 동쪽 어딘가에서 왔다'고 합니다. 우리 땅에서 **광명으로 함께 누렸던 해 같던 삶의 기억**은 우리 겨레의 **노래가 되고 정신에너지가 되어** 세상으로 퍼져나갔던 것입니다. 높고 고귀한 사람들! 그래서 **아리는 '크다, 높다, 고귀하다, 큰 강'** 등의 뜻으로, **산스크리트어 '아리야'**(आर्य[ārya])로, 이탈리아의 노래 **'아리아'** (Aria 공기)로 퍼졌고 이 공기(air) 같던 사람(랑)들의 노래 아리랑은 8천만 한국인을 넘어 70억 **세계인의 아리아가 되고 망향가**가 되어 지금 떼창으로 불리고 **유목민 훈족축제**(헝가리 외 27개국) **'쿠룰타이'에서는 한국을 초대**하면서 천손의 백일몽을 깨웁니다.

서양식 오선지에 처음 아리랑을 알렸던(1896) 호머 헐버트(1863~
1949)는 "아리랑은 **조선인에게 쌀과 같다!**" 라고 합니다. 현재 50여종
3천여 수의 '원본 아리랑'이 전해지는데 이들 **대부분이 '남한'에 존재**
한다는 사실 또한 아리안의 근원이 어디였는가를 알게 하지요. 지금
한국인에겐 모든 것이 **아리아리하고 아리송한 역사**일 뿐입니다.

지금 **고산숭배사상도 알신앙도 없는** 지나가 또 **아리랑마저 자기의
노래**라고 우기는 것은 한국인은 정작 아리랑을 '유네스코 **인류무형유
산'에 등재**(2012.12.5)해 놓고도 한국의 지도자나 학자들조차 유래는커
녕 뜻조차 전혀 모르고 있는 것을 알고 있기 때문이지요.

예전 시진핑이 **주중한국대사에게 '아리랑의 뜻'**을 물었더랍니다.
과연 대답이나 제대로 했을까요? 그 후 '한국은 **중국의 일부**'라고 트
럼프에게 말해도 **한국인은 분노하지 않습니다.** 분노할 **자부심도** 분
노할 수 있는 **혼**(魂)**도 없기 때문이지요.** 그래서 알(o)의 정신 얼이 없
어져 얼골에선 얼(이)빠지고 어리석기(얼이 썩다)에 외국인이 우리의 문
화를 물어오면, 얼떨떨(얼이 떨고)하고 어리(얼이)둥절하여 적당히 얼버
무리며(얼이 혼란스러워) 얼뜨기(얼이 붕 떠난 이)가 되어 늘 불안하고 자
신이 없습니다. (추천서: '한국인 자부심 더 시리즈')

1886년 헐버트의 오선지 아리랑 출처: KBS경인, 서경덕 교수가 직접 제작한 아리랑
영문판 홍보포스터, 헝가리 '쿠룰타이 축제' 한국참가(2016) 출처: astromankorea

몇 년 전 유서까지 남기고 죽기 전 **아리랑의 뿌리**(?)를 찾아 블라디보스톡에서 한민족(?)의 시원(?)인 바이칼호를 간 90을 앞둔 노학자들의 기사가 실렸었습니다.

　'그곳(√)에 **우리 민족**(√)의 원형(?)이 있고 한민족이 **시베리아 북방**에서 <u>한반도로 이동</u>(√)하며 불렀던 **대서사시였다**'며 몰려가 이 땅의 정체성에 혼란을 줍니다. 철학박사 추지노브와 유 게라심, 인종학자 구밀료브 등 **러시아학자들과 많은 서양학자들**이 아리랑의 근원을 아리아족(인도유럽족)과 연결시켜 해명하며 중앙아시아에서 **신석기시대**(BCE5000) 한반도로 이주했다는 말을 신봉했기 때문이지요.

　뒤-늦게 이분들의 충정은 이해는 하나 블라디보스톡이란 말조차 **'동방을 정복하라!'**란 말은 알고 갔으며 '겨레'라는 말 대신 **'민족이라는 말을 쓰면, 절대 한국의 정체성**(역사)**이 보이지 않는다'**는 것은 알(ㅇ)까? 그래서 바이칼호가 **시원문명지가 아니었고** 몽골인과 중앙아시아의 유목조차 **우리 땅에서 기원**된 사실은 <u>알</u>(ㅇ)고 있었을까?

　선문대 이형구 석좌교수는 "〈국립중앙박물관〉이 우리 문화의 원류(원형)를 추적하기 위해 국민 세금으로 10년 동안 '한·몽공동학술조사'를 실시한 결과 '우리 민족문화와의 **관련성이 확인되지 않았다**'고 하니 **'우리 민족과 문화가 시베리아에서 몽고를 거쳐 한반도에 왔다'**고 하는 친일사관의 가설에서 하루 빨리 벗어나야 한다." 라며 안타까워합니다.

　우리의 땅과 조상을 제대로 알았으면 좋겠습니다!

**"자기 조국을 모르는 것보다 더한 수치**(羞恥)**는 없다."**
-Gabriel Harvey (英 1546?~1630)

# 겨레여, 어디로 가는가? 이제 '아리랑'을 부르고 돌아오라!

아십니까? 바닷물이 돌지 않으면, 모두 죽는다는 것을. 5대양을 움직이며 **일 년에 4천 마일을 돌며** 지구의 생명을 지켜온 물줄기 '**흑조**'(黑潮) 그리고 **해 같고 공기**(空氣) **같고 바람 같던 사람들을!**

아십니까? 일찍이 인류의 구석기와 신석기문명을 화려하게 꽃피워 **육지의 길과 바다의 뱃길, 눈과 얼음의 길, 종교 · 사상의 길, 하늘의 길**(天文), **시간의 길**(易, 책력), **언어 · 문자의 길, 인체의 길**(의학), **놀이의 길** 등 세상의 모─든 길(road)을 이(夷)끌었던 **이**(夷)들의 역사를!

아십니까? 인류의 3대 발명품이라는 '**불과 바퀴와 돈**'을 발명하고 인류의 4대 발명품이라는 '**종이, 화약, 나침반, 인쇄술**' 모두를 발명하고 과거 2천 년 동안 최고의 발명이라는 '**인쇄술**'에서, 과거 1천 년 동안 최고의 발명이라는 '**금속활자**' 그리고 **인류의 최고의 문화라는** '**한글**'까지를 모─두 발명했던 미스터리한 사람들을!

이것이··· 한국인의 에너지였습니다···.

**해처럼 따뜻하고 밝고 만물에 통달했던 알들,** 동이(東夷)!
온통 '**불**(火)**과 해**(☀)**와 알**(ㅇ)' 투성이의 말을 쓰고 땅에선 **인류최초의 유물들**이 나오고 **인류시원의 영아기**(嬰兒期)**의 문화가 유독 많고 마을마다 솟대가 세워졌던** 여명(黎明)의 땅, 동(東)방!

이 땅의 '**불**(火)**과 해**(☀)**와 알**(ㅇ)'을 가지고 **동 · 서 · 남 · 북으로** 퍼져나가 문명 · 문화로써 **공기처럼 숨 쉬게 하며** 세상의 질서를 잡고 세계의 지도를 바꾸고 세상을 이끌었던 코리(九夷, 쿠리)들!

**도도한 흑조였고 바람의 전설이었던 사람들!**

그래요. '한국의 역사'는, 우리가 지금껏 공허하게 외쳐왔던, **단편적인 철학의 껍데기**가 아닌, **상생**(相生)**과 화합과 배려의 아름다운 문화와 거대한 에너지와 힘**(pax: 압도적인 힘으로 이룩한 장기간의 평화)으로 '진정한 홍익인간(弘益人間)을 실천한 역사'였습니다.

이것이 한국인이 하얗게 잊었던 '팍-스 코리아나'(Pax Koreana)이지요. 지금 이 땅의 한국인이 반쪽의 나라로 **'경제기적'**과 **'민주혁명'**을 이루고 세계최고의 IQ로 세계최고의 대학에서 수석을 휩쓸고 **기능올림픽과 수학·과학올림피아드 우승**은 물론, IT·전자·조선·자동차·철강·군수 등 산업분야와 의료·교육분야에서 **세계를 선도하고 각종 게임과 K-wave로 세계를 휘돌리는** 까닭입니다. 우리의 나라 '대한(大韓)'은 우리가 크게 상상하는 것을 뛰어넘습니다!

**'알이랑, 아리랑'**(Arirang 阿里郎)은 이 땅에서 '봉황'이 되고 '대붕'이 되고 '삼족오'(태양새, 불새)와 '용'(뱀)이 되어 우리 땅을 떠나 거대한 바람으로 세상을 휘감았던 코리안 디아스포라(Diaspora: 흩어 뿌려진 씨앗)들의 꿈과 애환이 서린 통곡이었고 인류의 대서사시였으며 이상세계와 시원의 땅을 그리며 불렀던 거대한 인류의 사모곡이었습니다.

'아리랑 고개 넘어' LP음반 출처: 정선아리랑연구소 소장자료, 무(無 개를 끌고 사라진 문명)
금문 출처: internationalscientific.org/CaracterASP, 펄벅여사와 소사희망원 출처:
일간경기, Je me souviens,(I remember) 출처: Pinterest

그래서 아리랑을 부를 때, 지역이나 인종, 신분, 사상을 초월하여 **무언가 모를 깊은 그리움과 먹먹한 슬픔이 어우러지는 가운데 뿌듯한 자부심**이 솟구치며 어머니의 평화를 느끼게 되는 것이지요.

지금 우리 **한국인이 해야 할 일**이 있습니다.
이제, 세계인이 'Who are you?'라고 물었을 때, '**나는 누구다!**'라고 답할 수 있어야 하고 '당신은 한국인인가?' 물었을 때, **세상의 주인이** 었던 한국의 역사(歷史)를 <u>**찬란했던 문화**(文化)</u>로써 말해 주어야 하고 '우리는 어디로 가야하나?'라고 물으면, '우리가 **가야하고** 함께 **쉬어 야 할 곳은 바로 이 땅**이다!'라고 분명히 답하는 일입니다.

겨레여, 어디로 가는가? 이제 '아리랑'을 부르고 돌아오라!

이제 "우리나라가 **어떤 나라**였는데…!" 라는 말과 "억장(億丈)이 무 너진다!" 라는 조상의 말씀을 곱씹어 한국인이 잊고 있는 99.8%의 역 사와 함께 **세상을 이끌었던 기억**을 찾아 인류시원의 문화주권을 지 켜야 하고 '**천손의 문화강토**'(문화의 주체)를 인지하고 축소된 '**한국인의 강**(영)**토관**'(한반도를 너머)을 넓혀 후손의 자부심으로 삼게 하여 세상에 '**진정한 사람**(human)**의 품격**'을 일깨워주어야 합니다.

그래서 **첫 문명**(문화)**을 열어**(開天) 인류사의 **중심**(中心)에서 이끌었 던 '울이나라'를 지키고 누구도 함부로 할 수 없는 나라를 이루어 보 배 같은 '**대한사람을 대한으로 길~이 보전해야**' 하지 않을까?

학자들은 말합니다. '한국의 미래전략은 (한국인이 한국의) **역사적 사 실의 인식으로부터 시작되는 것**'이라고. 이제 말해줍시다!

우리 땅이 '난생(알)설화'와 '천손신화'의 기원지였다는 것은 **알과 씨의 땅-** 인류의 문화와 언어가 시작된 땅, 종주국이었음을 말합니다.

이제 **해 뜨는 동방의 바다**가 문명을 함께 시작했던 생명의 땅이었음을 아들의 아들에게, 딸의 딸에게 전하고 고향을 떠나 전 세계에 떠도는 아리안, 알타이(알을 품은)겨레에게 알겨레의 영광의 역사를 기억하게 해 준다면, **하나의 Global 네트워크로 이루어 한국**(COREA)**과 감응**하며 거대한 한류(K-wave)와 함께 진정한 '팍스 코리아나'를 다시 이룰 수 있을 텐데…! 그래서 한결같이 덧붙이는 말이 있습니다.

**"알-태**(타이) **역사를 잃은 민족은 미래가 없다!"**


"박제가 되어버린 천재를 아시오? … 날개야 다시 돋아라. 날자. 날자. 날자. 한번만 더 날자꾸나 한 번만 더 날아 보자꾸나." 지금 천재시인 이상(李箱)은 묻습니다.

**"당신은 한-국인인가?** 이것도 모르고 죽는 게 한국인인가?"

이제 자식을 기다리는 어미의 마음으로, 다시 찾기를 바라는 이 땅의 아리새(마고할미)를 기억해 내어 **다시 세상에 아름다운 알**(○)**들을 지었으면** 합니다. 그래서 우리의 '배꼽'을 찾아 '어미'를 확인하여 돌아가 '함께 쉴 곳'도 찾아야 하며 장엄한 우리의 '신화'를 기억하여 **메마른 나무 위의 한국인의 영혼**도 이제는 쉬게 해야 하고 함께 '뿌리'(the root)를 확인하여 **화해와 용서**도 해야 합니다. "아리랑!"

**뿌리와 근원이 없는 나무**는 훗날 꽃을 피워 열매를 맺을 수 없으며 **신화와 어미가 없는 사람들**은 스치는 바람에도 불안하고 고독할 수밖에 없음을 알기 때문이지요. "알이랑, 아리랑 홀로 아리랑…!"

그런데 **우리는 언제쯤 하-나가 될까?**

어서 더 늦기 전에, **대-한국**(大韓國)**의 참모습**을 기억해 내어 **자랑스러운 문화**(文化)로 '**우리**'를 세우고 **천손**(天孫)**의 역사**로 '**하나**'가 되어 **한겨레의 통일**(統一)을 이루고 선조의 아름다운 꿈으로, 흩어진 세상의 '판'을 다시 짜야 합니다. 그래서 "애-썼네!" 라는 조상님의 울림 속에 까맣게 잊힌 **시원겨레의 터전 바다**도, 물고기를 거느렸던 **고래의 꿈**도 기억해 내어 함께 '**아리랑**'을 불러야 하지 않겠습니까? 그래서 하늘 떠나신 '위안부' 피해 할머님의 말씀이 가슴을 아프게 합니다.
"어찌, 느그들은 가만-히 있누?"


캐나다 속의 작은 프랑스 마을, 퀘벡(Que'bec)시의 자동차 뒷 번호판에는 한결같이 '나는 기억합니다' 라는 글귀인 '쥬 므 수비엥'(Je me souviens)이 써져 있습니다. '내가 **누구인지, 어디서 왔는지, 어디로 갈 것인지**를 늘 기억하자'는 글귀는 지금 기억을 잃고 **초라한 방랑자**가 되어 떠도는 한국인의 눈을 흐리게 합니다.


"역사광복의 소명(召命)을 이제, 당신에게 드립니다!"

역사의병 다물 박종원


"잘 가, 내 비밀은 이거야. 아주 간단해.
마음으로 보아야 잘 볼 수 있다는 거야.
중요한 것은 눈에 보이지 않아." *어린 왕자 에서

"잊지 않겠습니다. 대-한의 당신들을!"

한라인 자봉사 더 아리랑

'한국인 자부심 더 아리랑'
참고문헌 / 참고논문
REFERENCES

"그 날이 오면 그 날이 오며는,

삼각산(三角山)이 일어나 더덩실 춤이라도 추고

한강(漢江)물이 뒤집혀 용솟음칠 그날이

이 목숨이 끊지기 전에 와 주기만 하량이면,

나는 밤하늘에 날으는 까마귀와 같이

종로의 인경(人磬)을 머리로 들이받아 울리오리다

두개골은 깨어져 산산조각이 나도

기뻐서 죽사오매 오히려 무슨 한(恨)이 남으오리까"

-심훈 *그 날이 오면 (기미독립선언 기념시 1930.3.1)

## 참고문헌

- 한국인 이야기(너 어디서 왔니) 이어령 파람북 2020.2.12
- 한국인의 정신적 고향 이어령 삼성출판사 1968.11.30
- 흙 속에 저 바람 속에(이것이 한국이다) 이어령 갑인출판사 1984.1.1
- 한국고대문화의 비밀 이형구 새녘출판사 2012.12.27
- 우리 문화의 수수께끼 주강현 한겨레신문사 1996.6.13
- 명도전은 고조선 청동 화폐 성삼제 교육마당21(8월호)
- 로제타 스톤과 명도전(明刀錢) 이덕일 조선일보사 2005
- 리 오리엔트 안드레 군더 프랑크 이산 2003.2.28
- 팍스(Pax) 몽골리카 박윤 김영사 1996.6.30
- 한국인에게 문화는 있는가 최준식 사계절 1997.9.30
- Korean Impact on Japanese Culture, 존 카터 코벨 & 앨런 코벨
- 관념의 모험(Adventures of Ideas) White Head 오영환 역 한길사 1996
- 서구문명은 동양에서 시작되었다 존 M 홉슨 정경옥 역 에코리브르 2005.1.31
- 니벨룽겐의 노래 프란츠 퓌만 박신자 역 지만지 2008.9.1
- 북유럽 신화 이수현 정인 아르볼 2019.11.15
- 도깨비 문화 조자용 경인출판사 2019.12.27
- 조선무속고 이능화 창비 2008.10.6
- STEALING FIRE 스티븐 코틀러, 제이미 윌 김태훈 역 쌤앤파커스 2017.7.17
- 고구려 벽화고분 전호태, 돌베개 2016.8.25
- 한국의 암각화 임세권 대원사 1999.4.30
- 참전팔계 김민기 어드북스 2014.1.10 三一神誥 최동환 지혜의나무 2009.6
- 세상의 전부, 천부경 박정규 멘토프레스 2012.7.13
- 고조선은 대륙의 지배자였다 이덕일 · 김병기 역사의 아침 2006.11.30
- 고조선문명의 사회사 신용하 지식산업사 2018.8.1
- 한단고기 계연수 임승국 역 정신세계사 안경전 역 상생출판 2012.8
- 고조선(Древний Чосон) U.M 푸틴 1982
- 중국문명의 기원(中國文明的起源) 엄문명 문물출판사 1985

- 자아폭발(The Fall) 스티브 테일러 다른 세상 2011.9.30
- The Life Millennium 타임스(미) 1997년 밀레니엄 특집호
- 과정과 실재 White Head 오영환 역 민음사 2003.10.2
- 불함문화론 최남선 정재승 · 이주현 역주 우리역사연구재단 2008.12.12
- 세계최고의 우리 문화유산 이종호 컬처라인 2001.2.28
- 한국의 7대 불가사의 이종호 역사의 아침 2008.10.10
- '세계 최초 · 최고의 한국문화유산 70가지' —한국의 정신과 문화 알리기회 편저
- 영혼의 새 Sarah M. Nelson 이광표 역 동방미디어 2002.12.1
- 고구려의 그 많던 수레는 다 어디로 갔을까 김용만 바다출판사 1999.11.27
- 중국사전사화(中國史前史話) 서량지 화정서국 1943.10
- 검(劍)의 기원 변광현 미리내 2002.10.30
- 세계최고의 우리 문화유산 이종호 컬처라인 2001. 2.28
- 맥이 박문기(대동이의 참역사를 밝힌다) 정신세계사 1992.3.2
- 한글의 탄생 노마 히데키, 김기연, 박수진 돌베개 2011.10.9
- 士民必知 Homer Bezaleel Hulbert 1891
- 한글은 단군이 만들었다 정연종 넥서스 1996.12.20
- 나는 언어정복의 사명을 띠고 이 땅에 태어났다 박대종 2000.8
- 조선古語사전 실담어주역사전 강상원 조선세종태학원 2002.6.14
- 우리말과 한겨레 박영홍 백양사 2010.10.9
- 한자(漢字)는 동이족문자—주석 강상원 한국세종한림원 2007.2.20
- 한자는 우리글이다 박문기 양문 2001 *삼국지연의 나관중 도서출판솔 2003
- 금문의 비밀 김대성 책사랑 2002.2.28
- 春夏秋冬으로 풀이한 한자의 창제원리와 어원 이상화 카멜팩토리 2018.5.11
- 漢字는 우리의 조상 東夷族이 만들었다 진태하 명문당 2019.3
- 조선古語사전 실담어주역사전 강상원 조선세종태학원 2002.6.14
- 알파벳은 우리글 한종섭 동천문화사 2016. 10.28
- 한국 · 수메르 · 이스라엘 역사 문정창 한뿌리 2008.10.30
- 한국어와 드라비다 제어의 비교문법 Homer Bezaleel Hulbert 1906
- 고대사의 비교언어학적 연구 강길운 한국문화사 2011.5.20.
- 한국인에게 역사는 있는가 김종윤 바움 2009.6.30

- 언어로 풀어보는 한민족의 뿌리와 역사 정연규 한국문화사 1996
- 한국어와 알타이어 비교어휘1 박창원 제이앤씨 2008.8.1
- 언어학논고 김방한 서울대학교출판부 1999.5.20
- 한국어의 계통 김방한 민음사 1983.11.15
- 한국어 계통론 강길운 한국문화사 2012.6.30
- 한국어에 대한 관견(1928), 한국어 어원연구(1949) Gustaf John Ramstedt
- 서양 고대 101가지 이야기 슈테판 레베니히 성원book 2006.12.4
- 산스크리트 영어 옥스포드 사전(1904) Sir William Jones
- 그래머 스케치 심동화 다락원 2017.7.15
- 켈트족 크리스티안 엘뤼에르 박상률 시공사 2003
- 아리안의 후예 한국인 정다정 한솜미디어 2015.9.30
- 중남미 고대어와 우리말 구조 비교 —우리말의 흔적 손성태 2007.12.22
- 우리 민족의 대이동 손성태 코리 2014.8.1
- 국어어원사전 서정범 도서출판 보고사 2000
- Rules of the Aztec language Anderson, Arthur(1992) Utah Univ. Press

## 참고논문

- Altan Tobči 硏究 노트 김방한 알타이학보 01(1989)
- 한국어의 북방유래(Altaic어족설)의 가능성 최학근 2001
- 알타이언어의 새로운 연구 방향에 대하여 김주원 2008
  (한글학회창립 100돌기념 국제학술대회 발표논문)
- 한국어의 북방기원설 담론 김주미 한민족문화연구 2008

"동지들…, (역사) 독립된 조국에서 씨 유 어게인!"
— 역사의병 다물

"고맙습니다!

함께 해 주셔서....

*한국인 자부심 더 물이랑,  *더 코어랑

*더 알씨랑도

함께 해 주실 거죠?"

"나에게는 나의 장미꽃 한 송이가

수 백 개의 다른 장미꽃보다 훨씬 중요해.

내가 그 꽃에 물을 주었으니까!"

*어린 왕자에서

**한국인 자부심**

**더 아리랑**

**초판 1쇄 발행** 2020년 07월 07일
**개정판 1쇄 발행** 2022년 03월 01일
**지은이** 박종원

**펴낸이** 김양수
**펴낸곳** 도서출판 맑은샘
**출판등록** 제2012-000035
**주소** 경기도 고양시 일산서구 중앙로 1456 서현프라자 604호
**전화** 031) 906-5006
**팩스** 031) 906-5079
**홈페이지** www.booksam.kr
**블로그** http://blog.naver.com/okbook1234
**이메일** okbook1234@naver.com

ISBN 979-11-5778-535-3 (04910)
　　　979-11-5778-533-9 (SET)